L'ÊTRE HUMAIN
EN QUESTION

TRADITION ET **MODERNITÉ**

Bernard Ouellet • Robert Paradis

ERPi

ÉDITIONS DU RENOUVEAU PÉDAGOGIQUE INC.

erpidlm@erpi.com

5757, RUE CYPIHOT, SAINT-LAURENT (QUÉBEC) H4S 1R3

TÉLÉPHONE : 514 334-2690   TÉLÉCOPIEUR : 514 334-4720

w w w . e r p i . c o m

DÉVELOPPEMENT DE PRODUITS :
Isabelle de la Barrière

SUPERVISION ÉDITORIALE :
Sylvain Bournival

RÉVISION LINGUISTIQUE :
Jean Roy

CORRECTION DES ÉPREUVES :
Marie-Claude Rochon (Scribe Atout)

RECHERCHE ICONOGRAPHIQUE :
Chantal Bordeleau

INDEX :
François Morin

DIRECTION ARTISTIQUE :
Hélène Cousineau

SUPERVISION DE LA PRODUCTION :
Muriel Normand

CONCEPTION DE L'INTÉRIEUR ET DE LA COUVERTURE :
Martin Tremblay

ÉDITION ÉLECTRONIQUE :
Infoscan Collette, Québec

Dépôt légal – Bibliothèque et Archives nationales du Québec, 2008
Dépôt légal – Bibliothèque et Archives Canada, 2008
Imprimé au Canada

ISBN 978-2-7613-1938-6

234567890   SO   16 15 14 13
20388   ABCD   SM9

Avant-propos

QU'EST-CE QUE « PHILOSOPHER » ? UN RAPPEL

Il n'y a pas de philosophie que l'on puisse apprendre ; on ne peut qu'apprendre à philosopher[1].

Kant

Il existe des mots qui, pour la plupart d'entre nous, ont plus de valeur que de significa-tion claire et précise. Par exemple, le bonheur, l'amour, la justice, la vérité, la liberté… Ces notions, quotidiennement utilisées, et pourtant souvent dans l'ombre, sont des objets d'étude privilégiés de la philosophie. Réfléchir de façon critique sur ces notions sans avoir l'assurance d'obtenir une connaissance exacte de ce qu'elles représentent, ce n'est pas une activité vaine et inutile, c'est au contraire un défi, celui de dépasser les cli-chés, d'éviter certains préjugés, d'éclaircir pour soi des idées floues et de devenir par le fait même plus autonome et critique. Discuter de ces notions dans un cours de philo-sophie, c'est assumer le risque, comme le disait Raymond Aron, de penser autrement après qu'avant la discussion.

Il ne faut pas confondre l'acte de philosopher avec l'opinion, la science ou même la religion. La philosophie n'est pas une doctrine ou une théorie, ni une croyance. Tout comme à ses débuts, « la philosophie [demeure] l'expression d'une insatisfaction fon-damentale à l'égard des connaissances existantes ; dans ce sens, elle est davantage une réflexion critique que la possession d'un savoir[2] ». Depuis Socrate, le doute est un pas-sage obligé de l'activité philosophique. Nous nous situons directement dans cette lignée, et c'est pourquoi, dans ce manuel, on ne trouvera pas de réponses toutes faites aux ques-tions soulevées. La philosophie est une activité réflexive et productrice de sens pour la personne même qui l'entreprend. Ce qui ne signifie pas pour autant qu'elle est une porte ouverte au relativisme et à la subjectivité :

> [La philosophie doit] permettre d'examiner les éléments de manière à mettre en évidence le problème ou la question en jeu. [...] Pour éviter toute confusion et toute forme de dérapage logique, il faut aussi conceptualiser les notions importantes en cause et s'en tenir aux défini-tions qui en résultent. C'est la cohérence du discours qui est ici en cause. La réflexion ration-nelle suppose encore la capacité de faire valoir un point de vue, c'est-à-dire de le justifier dans le respect des règles du raisonnement et des principes de la raison. Les règles du raison-nement logique, le principe d'identité et le principe de non-contradiction sont les bases indispensables de la réflexion rationnelle. En résumé, l'action de philosopher passe par la problématisation, la conceptualisation et la justification rationnelle[3].

---

1. Cité dans Denis Huismann et André Vergez, *Philosophie*, tome 1 : « L'action », Paris, Marabout, coll. Marabout Savoir, 1994, p. 36.
2. Robert Paradis, Bernard Ouellet et Pierre Bordeleau, *Philosophie et rationalité. De la certitude au doute*, Saint-Laurent, ERPI, coll. Philosophie, 2001, p. 154.
3. *Ibid.*, p. 155.

LA PROBLÉMATIQUE

Le deuxième cours de philosophie vise à mettre en relation les acquis de la démarche philosophique que nous venons de résumer avec des conceptions de l'être humain, particulièrement celles issues de la modernité. Mais qu'est-ce que la modernité ? *Plus qu'un simple jalon de l'histoire, la modernité est une révolution culturelle profonde et sans précédent dans l'évolution humaine.* Elle se caractérise par une série de ruptures avec des conceptions considérées jusqu'alors comme immuables et, en même temps, par une série de fondations nouvelles de la culture que l'on peut ramener aux deux caractéristiques suivantes : l'affirmation d'une subjectivité libre et la rationalisation progressive de tous les secteurs de l'activité humaine au moyen de l'activité scientifique.

L'être humain peut-il se choisir lui-même comme objet d'étude ? A-t-il le recul nécessaire pour avoir une vision objective de ce qu'il est ? Ou bien est-il prisonnier d'une subjectivité qui rend toutes ses perspectives troubles et déficientes ? Une chose est certaine, il a la capacité de questionner son être. *L'être humain est un être qui s'interroge sur son être.* Quant à savoir si ses conceptions sont objectives ou subjectives, cela reste à évaluer. Mais ce n'est pas parce que la valeur de nos conceptions n'est pas assurée que nous devons nous interdire de réfléchir. La réflexion philosophique permet de donner un sens aux choses et, à l'occasion, d'orienter l'action.

Les conceptions de l'être humain recèlent de nombreuses problématiques. La formulation des questions que nous allons poser est déterminante. Faut-il le répéter ? En philosophie, les questions sont souvent plus importantes que les réponses. L'expression « conceptions de l'être humain » suggère spontanément la question suivante : « Qu'est-ce que l'homme ? », laquelle conduit à l'entreprise consistant à définir l'être humain. Il s'agit là d'une tâche hautement philosophique qui dépasse de loin les objectifs d'un cours d'initiation. C'est pourquoi nous allons reformuler cette question fondamentale de façon à orienter notre regard sur l'activité humaine, une réalité qui est plus à notre portée. En lieu et place de la question précédente, nous allons nous demander : « *Qu'est-ce qu'être un humain ?* »

Cette question fondamentale en implique, à son tour, quantité d'autres. Celles qui concernent la liberté sont devenues particulièrement significatives à l'époque de la Renaissance et tout au long de l'époque moderne (du XVIe siècle à aujourd'hui). On s'est demandé de toutes sortes de façons si la liberté pouvait être considérée comme le propre de l'activité humaine. Pour les théologiens de la Renaissance, la liberté pouvait être vécue comme un fardeau, puisque, selon la croyance chrétienne, l'homme chassé du paradis terrestre avait été abandonné à lui-même, c'est-à-dire condamné à la liberté. Du point de vue de plusieurs religions, l'homme est un pécheur, c'est-à-dire qu'il a la liberté d'aller à l'encontre de ce pour quoi il a été créé. À l'autre extrémité de l'époque moderne, Jean-Paul Sartre, un athée notoire, reprendra cette idée en créant la formule paradoxale : « Je suis condamné à être libre. » L'être humain serait obligatoirement libre, puisque, même en refusant de choisir, il choisit encore. De la pensée religieuse à la philosophie de Jean-Paul Sartre, le thème de la liberté a revêtu plusieurs visages, mais un trait revient de façon persistante : celui de la liberté obligée. Entre ces deux extrêmes, des philosophes ont réfléchi à partir de la thèse créationniste, qui défend l'idée que l'homme a été créé, à l'image de Dieu, absolument libre. D'autres ont fait de la liberté une caractéristique de la nature humaine et même un droit social inaliénable. Bref, une question semble s'imposer : *Sommes-nous condamnés à être libres ?* D'après ce qui précède, nous pourrions être enclins à répondre avec empressement par l'affirmative… Mais des philosophes matérialistes et diverses sciences contemporaines pourraient nous inciter à la retenue : ils expliquent l'action humaine à partir de déterminismes biologiques, sociaux et psychiques, ce qui laisse à la liberté bien peu de place, quand elle n'est pas reléguée aux domaines des mythes, des illusions ou des idéologies. Par exemple, si les lois de la génétique révélaient l'existence de gènes responsables de l'intelligence, de la criminalité ou encore de l'homosexualité, cela ne réduirait-il pas à presque rien la possibilité de la liberté ? Si je portais le gène de la criminalité, mes actes seraient-ils encore le produit de ma liberté ? Et en serais-je responsable ? Bref, que resterait-il de la liberté ?

LA DYNAMIQUE DES QUESTIONS POSÉES AU DÉBUT DE CHACUN DES CHAPITRES

Il n'est pas bon d'oublier les questions que pose la philosophie, ni de nous persuader que nous leur avons trouvé des réponses indubitables. Enseigner à vivre sans certitude et même sans être paralysé par l'hésitation, c'est peut-être la chose principale que la philosophie, à notre époque, doit apporter à ceux qui l'étudient[4].

Bertrand Russell

La problématique de la liberté consiste à chercher à savoir si celle-ci caractérise l'agir humain. Nous allons étudier historiquement cette problématique à l'aide d'une série de questions qui ont été débattues à des périodes différentes de la civilisation moderne et qui demeurent encore aujourd'hui significatives. Le schéma qui suit résume cette démarche.

Dynamique des questions inaugurales

Pour la pensée chrétienne, qui domine en Europe à l'aube de la modernité, être un humain c'est être condamné, à cause de la faute originelle, à être un pécheur. La toute-puissance et la sagesse par lesquelles Dieu gouverne le monde qu'il a créé entre en conflit avec la possibilité qu'aurait l'être humain de sauver son âme. Quel est donc ce Dieu qui aurait créé l'être humain et du même coup l'aurait condamné à souffrir éternellement dans le feu de l'enfer ? Alors…

La Providence divine et le désir de liberté des êtres humains sont-ils incompatibles ? (chapitre 1)

Après quelques hésitations au départ, la philosophie moderne ne cessera de discuter de la possibilité de la liberté et de la place qu'elle occupe dans les conceptions de l'être humain. La croyance en la liberté forcera la réflexion des modernes sur la question de la définition de la liberté. Alors…

---

4. Bertrand Russel, *Essais sceptiques*, Paris, Éditions Rombaldi, coll. Des prix Nobel de littérature, 1950, p. 17.

Qu'est-ce que la liberté ? (chapitre 2)

Il existe plusieurs réponses philosophiques à cette question. La liberté peut être définie comme le pouvoir absolu de la volonté ou comme une possibilité, non pas de nier les entraves, mais de les comprendre, ou encore comme un pouvoir d'agir. Si être libre, c'est agir, alors…

La vie en commun porte-t-elle atteinte à la liberté ? (chapitre 3)

Si la liberté est un droit, alors pourquoi seulement une minorité jouit-elle pleinement de ce droit ? Si la liberté fait partie de la nature humaine, comment se fait-il que certains de nos actes échappent à notre contrôle ? Alors…

La liberté n'est-elle qu'une illusion ? (chapitre 4)

Proposer une démarche de libération après avoir relégué la liberté au rang des idéologies et des illusions, n'est-ce pas une autre façon d'admettre que la liberté est incontournable ? Alors…

Sommes-nous condamnés à être libres ? (chapitre 5)

Sartre répond par l'affirmative et fait de la liberté le fondement de l'existence humaine, tandis que certaines sciences contemporaines qui prennent l'être humain comme objet d'étude nient la réalité de la liberté humaine.

STRUCTURE DU MANUEL

Les chapitres ont tous une structure identique, dont voici le plan:

1. Présentation de la question
2. Le contexte significatif
3. Le débat
4. Actualisation de la question
5. Que sais-je? (autoévaluation des connaissances et de la compréhension)
6. Exercices (liés aux compétences à acquérir)

1. Présentation de la question

Pour guider la réflexion sur la question «Qu'est-ce qu'être un humain?», nous avons, au début de chaque chapitre, formulé une sous-question portant sur le thème de la liberté. Pourquoi la liberté? Parce que ce thème est au cœur des conceptions modernes de l'être humain. Et, pour chacun d'entre nous, les fondements de la modernité sont encore incontournables, qu'il s'agisse de les valoriser ou de les critiquer. Chaque sous-question est liée logiquement à la question précédente de manière à permettre la progression d'une démarche *approfondie* portant sur un thème central des conceptions modernes de l'être humain.

2. Le contexte significatif

Pour faciliter l'établissement de liens entre les conceptions étudiées et les questions qui sont posées sur le thème de la liberté, ainsi que pour aider à les situer dans un contexte significatif, nous exposons au début de chaque chapitre un épisode de l'histoire de la modernité:

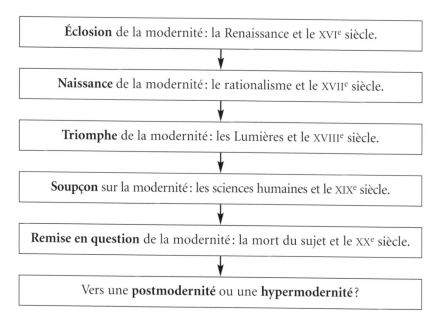

Éclosion de la modernité: la Renaissance et le XVIe siècle.

↓

Naissance de la modernité: le rationalisme et le XVIIe siècle.

↓

Triomphe de la modernité: les Lumières et le XVIIIe siècle.

↓

Soupçon sur la modernité: les sciences humaines et le XIXe siècle.

↓

Remise en question de la modernité: la mort du sujet et le XXe siècle.

↓

Vers une **postmodernité** ou une **hypermodernité**?

3. Le débat

Dans chaque chapitre, on trouvera la contribution de quelques philosophes à la question posée. Il s'agit d'un témoignage vivant de l'activité philosophique, et non d'un simple exposé académique de doctrines. Ces contributions illustrent le fait que les réponses trouvées en philosophie ne sont pas définitivement arrêtées, mais qu'elles marquent, au contraire, les *étapes d'un débat*. Il n'existe de réponses que pour celui qui en construit, qu'il soit élève, enseignant ou philosophe.

4. Actualisation de la question

Cette courte section est importante sur le plan pédagogique. Elle montre en quoi la question discutée est encore pertinente. De plus, elle incite les étudiants à tirer les conséquences du débat sur leur pensée et leur action. Par la même occasion, cet exercice permet d'illustrer l'utilité du discours philosophique dans notre société.

5. Que sais-je? (autoévaluation des connaissances et de la compréhension)

On trouvera ici deux séries de questions qui permettent au lecteur d'évaluer ses connaissances et sa compréhension du chapitre étudié.

6. Exercices (liés aux compétences à acquérir)

Cette dernière section propose des exercices qui visent la maîtrise des habiletés nécessaires à la rédaction d'une dissertation comparative. Dans cette dissertation, l'étudiant doit pouvoir caractériser des conceptions de l'être humain, les situer de façon significative dans leur contexte historique et en regard des courants philosophiques importants de leur époque, et aussi comparer des conceptions afin d'en tirer des conséquences pour sa pensée et dans sa vie.

Table des matières

AVANT-PROPOS III

CHAPITRE 1

**PROVIDENCE ET LIBERTÉ ou La Providence divine et
le désir de liberté des êtres humains sont-ils incompatibles?** 1

1.1 PRÉSENTATION DE LA QUESTION 2

1.2 LE CONTEXTE SIGNIFICATIF 4

    1.2.1 L'éclosion de la modernité 4
    Les débuts d'un temps nouveau 4
    Une rationalité balbutiante 6
    Un sujet qui s'éveille 9

    1.2.2 Un courant de pensée majeur: la scolastique remise en question 13

1.3 LE DÉBAT: ÉRASME, LUTHER ET CALVIN 14

    1.3.1 Érasme et le libre arbitre 15

    1.3.2 Luther et le serf arbitre 16

    1.3.3 Calvin et la prédestination 17

    1.3.4 Conclusion 18

1.4 ACTUALISATION DE LA QUESTION 18

Que sais-je? 19

Exercices 20

CHAPITRE 2

RAISON ET LIBERTÉ ou Qu'est-ce que la liberté? 21

2.1 PRÉSENTATION DE LA QUESTION 22

2.2 LE CONTEXTE SIGNIFICATIF 23

    2.2.1 La naissance de la modernité 23
    L'affirmation du sujet libre 23
    La rationalité nouvelle 26
    La rupture avec la tradition 27

    2.2.2 Un courant philosophique majeur: le rationalisme s'impose 29
    Définition du rationalisme 30

2.3 LE DÉBAT: DESCARTES, HOBBES ET SPINOZA 31

    2.3.1 Descartes: la liberté de la volonté 31
    Le projet de Descartes 32
    La méthode 33
    La philosophie première (la métaphysique) 34
    La conception de l'être humain de Descartes 37
    Conclusion 40

    2.3.2 Hobbes: la liberté de faire 40
    Le projet de Hobbes 40
    La conception de la nature de Hobbes: un ensemble de forces en mouvement ... 42
    La conception de l'être humain de Hobbes 43
    La conception de la liberté de Hobbes: une liberté de faire 45
    Conclusion 49

    2.3.3 Spinoza: la liberté et la nécessité 50
    Le projet de Spinoza 50

La Substance-Dieu-Nature 52
L'homme unifié… 54
Conclusion 58

2.4 ACTUALISATION DE LA QUESTION 59

Que sais-je ? 60

Exercices 62

CHAPITRE 3
NATURE HUMAINE ET LIBERTÉ
ou La vie en commun porte-t-elle atteinte à la liberté ? 63

3.1 PRÉSENTATION DE LA QUESTION 64

3.2 LE CONTEXTE SIGNIFICATIF 65
    3.2.1 Le triomphe de la modernité 65
    Le sujet et ses droits : un siècle de révolutions démocratiques 66
    La « glorieuse » révolution anglaise (1688-1689) 66
    La Révolution américaine (1775-1782) 67
    La révolution française de 1789 69
    L'exclusion des femmes 70
    Le triomphe de la raison : un siècle de révolutions scientifiques 70
    3.2.2 Le triomphe de l'idée de progrès : les « Lumières » 72
    L'idéologie des Lumières 72
    L'entreprise « éclairée » par excellence : l'*Encyclopédie* 73
    3.2.3 Un courant philosophique majeur au XVIIIᵉ siècle : l'empirisme domine 74
    Le précurseur : Francis Bacon 74
    L'empirisme de John Locke 74
    L'empirisme radical de David Hume 74

3.3 LE DÉBAT : JOHN LOCKE ET JEAN-JACQUES ROUSSEAU 75
    3.3.1 Le projet de Locke : renouveler les savoirs 76
    La conception de la nature 77
    La conception de l'être humain de Locke 80
    La conception de la liberté de Locke 81
    Conclusion 84
    3.3.2 Le projet de Rousseau : renaturaliser l'être humain 84
    La conception de la nature de Rousseau 86
    La conception de l'être humain de Rousseau 86
    De l'homme naturel à « l'homme de l'homme » 89
    La conception de la liberté de Rousseau 90
    Conclusion 93

3.4 ACTUALISATION DE LA QUESTION 94

Que sais-je ? 95

Exercices 96

CHAPITRE 4
LA CRITIQUE DE LA LIBERTÉ ou La liberté n'est-elle qu'une illusion ? 97

4.1 PRÉSENTATION DE LA QUESTION 98

4.2 LE CONTEXTE SIGNIFICATIF 99
    4.2.1 La modernité soupçonnée 99
    Le sujet devenu une abstraction 99
    Les contradictions du progrès 100
    La raison dans l'histoire 104
    Darwin et l'évolution 105
    Hegel et la raison dans l'histoire 106
    Nietzsche critique le rôle de la raison dans l'histoire 107
    Freud resitue la raison 108

    4.2.2 **Un courant philosophique majeur: l'historicisme dominant** 108

4.3 LE DÉBAT: MARX ET FREUD 110

    4.3.1 **Le projet de Marx** 110
        Le matérialisme historique: la «science» de l'histoire 111
        La conception marxiste de l'homme 115
        Déterminisme et liberté 115

    4.3.2 **Le projet de Freud** 119
        La conception du monde de Freud 122
        La conception de l'être humain de Freud 123
        La conception de la liberté de Freud 131

4.4 ACTUALISATION DE LA QUESTION 133

Que sais-je? 134

Exercices 136

CHAPITRE 5
LIBERTÉ ET DÉTERMINISME ou Sommes-nous condamnés à être libres? 137

5.1 PRÉSENTATION DE LA QUESTION 138

5.2 LE CONTEXTE SIGNIFICATIF 139

    5.2.1 **La modernité remise en question** 140
        Un revirement dans les ruptures et les fondations 140

    5.2.2 **Le progrès remis en question** 140
        La crise du capitalisme: la grande dépression de 1929-1939 141
        La chute des démocraties 142
        Les guerres mondiales 143
        Guerre froide, génocides et décolonisation 144

    5.2.3 **La raison remise en question** 146
        L'École de Francfort et la rationalité «instrumentale» 146
        Oswald Spengler: la raison comme essence de l'«homme de proie» 147
        Martin Heidegger et l'«arraisonnement» de la nature 148

    5.2.4 **Le sujet remis en question: l'antihumanisme** 149

    5.2.5 **Un courant philosophique majeur: l'existentialisme** 150
        Un courant prolifique 150
        Une rupture historique: la mort de Dieu 151

5.3 LE DÉBAT: LA LIBERTÉ SARTRIENNE ET LE DÉTERMINISME EN SCIENCE 152

    5.3.1 **Jean-Paul Sartre: à la recherche d'une liberté totale** 152
        La conception du monde de Sartre 152
        La conception de l'être humain de Sartre 155
        La conception de la liberté de Sartre 157
        Histoire et liberté 161

    5.3.2 **Le déterminisme dans les sciences** 164
        Déterminisme et sciences humaines 164
        Déterminisme et biologie 166
        La génétique et le néodarwinisme 168

5.4 ACTUALISATION DE LA QUESTION 172

Que sais-je? 173

Exercices 174

CONCLUSION 175

BIBLIOGRAPHIE 180

SOURCES DES IMAGES 184

INDEX 185

PROVIDENCE et LIBERTÉ

ou La Providence divine et le désir de liberté des
êtres humains sont-ils incompatibles?

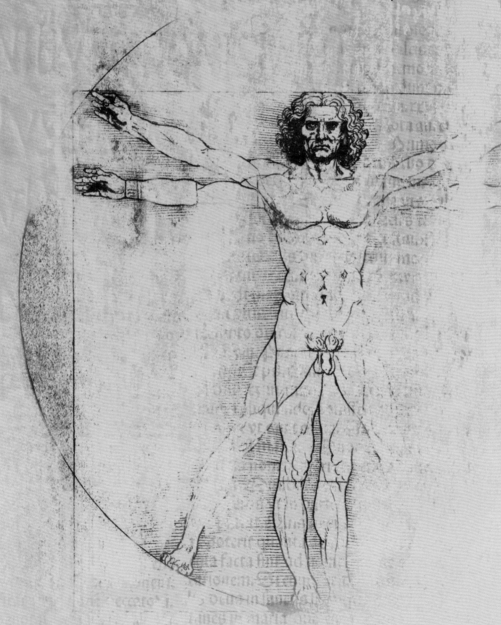

Comme nous l'avons mentionné dans l'avant-propos, chaque chapitre est organisé autour d'une question formulée au chapitre précédent, de façon à aider le lecteur à bien suivre l'exposition des idées tout au long de ce manuel. La question inaugurale de ce premier chapitre est issue du contexte d'émergence de la pensée philosophique moderne, que nous allons présenter dans les pages qui suivent. Il importe de situer les conceptions de l'être humain dans les contextes et les courants philosophiques qui les ont vues naître avant de les comparer. Il faut savoir établir des liens pertinents entre les époques, les courants philosophiques et les conceptions étudiées. Ce travail de contextualisation permet de comprendre en quoi ces conceptions sont nouvelles, c'est-à-dire avec quoi elles rompent et sur quoi leur nouveauté se fonde. À la suite de l'exposé sur le contexte, nous allons présenter une discussion sur l'opposition entre la toute-puissance de Dieu et la liberté, un débat qui a une portée actuelle malgré sa terminologie plus théologique que philosophique.

Dans l'Europe du XVIIe siècle, au moment où les défenseurs du rationalisme modernisent la réflexion sur la nature humaine et sur l'agir humain, c'est en termes religieux que les questions se posent. Il existe une conception de l'être humain bien ancrée dans la culture traditionnelle. Pour la tradition, *l'Homme est une créature de Dieu.* Cette idée est considérée, à l'époque, comme un dogme, c'est-à-dire une vérité incontestable révélée par les Saintes Écritures.

Bible : Recueil de textes sacrés, que les croyants disent inspirés par Dieu, divisés en deux parties, l'une (l'Ancien Testament) étant commune aux juifs et aux chrétiens, l'autre (le Nouveau Testament) étant propre aux seuls chrétiens.

Le premier livre de la **Bible**, la Genèse, rapporte le mythe d'Adam et Ève, qui révèle le dogme de la création des êtres humains. Ce mythe recèle une conception de l'être humain et fournit donc un excellent accès à l'état de la question qui nous préoccupe, à savoir : « Qu'est-ce qu'être un humain ? » Le mythe raconte que Dieu créa l'homme à son image et à sa ressemblance[1] et l'établit dans un paradis. Il imposa à Adam et à Ève une seule interdiction, celle de manger du fruit de l'arbre de la connaissance du bien et du mal. Cette connaissance est un privilège que Dieu se réservait. En fait, c'est le pouvoir de *décider par soi-même*[2] de ce qui est bien et mal qui est interdit. Le goût de la liberté est tel qu'Adam et Ève succombent à la tentation en portant atteinte à la toute-puissance de Dieu. Ils commettent ainsi le péché *originel*, le péché d'orgueil. En cherchant à devenir semblable à Dieu, l'être humain cherche à nier son état de créature. Le châtiment que Dieu imposa aux coupables, mais aussi à toute leur descendance, fut de les condamner à vivre une condition humaine marquée par l'ignorance, la misère, la souffrance et la mort. La première manifestation de cette condition est l'éveil de la concupiscence, c'est-à-dire que l'être humain, chassé du paradis terrestre (**figure 1.1**), devra vivre avec la présence constante et incontournable de la **tentation**, ce qui *fera de lui un pécheur.* Parce qu'ils ont choisi ce qui leur était interdit, ils seront privés de la Lumière divine et devront chercher seuls leur voie, la vérité et le sens de la vie. Le châtiment prévoit aussi la perte de la vie éternelle bienheureuse. L'être humain pourrait donc être damné, c'est-à-dire condamné aux peines de l'enfer pour l'éternité. Mais Dieu, dans sa grande miséricorde, accorde aux hommes[3] le pouvoir de racheter la faute originelle.

Tentation : Attrait pour quelque chose qui est défendu par une loi morale ou religieuse.

---

1. *La Genèse*, 1, 1-26.
2. Cela peut définir l'idée de liberté.
3. C'est le sens de la grâce divine.

Figure 1.1 Adam et Ève chassés du paradis terrestre.

Une multitude de problématiques philosophiques résident au cœur même du mythe de la création des êtres humains. Nous allons retenir celle qui expose le **paradoxe** que constitue l'existence d'une liberté humaine face à la toute-puissance divine. Comment un Dieu parfait, tout-puissant, omniscient et infiniment bon, a-t-il pu créer un monde où certains individus seraient voués à brûler pour l'éternité dans les feux de l'enfer ? En d'autres termes, il s'agit de savoir si la Providence, c'est-à-dire la sagesse divine qui gouverne la création, et le désir de liberté des êtres humains sont compatibles.

La problématique ainsi posée peut sembler étrange. Le vocabulaire religieux, la culture chrétienne issue de la lecture de la Bible et les questions soulevées par les croyances religieuses ne sont plus au goût du jour, mais tout cela reste d'une certaine manière présent dans notre culture. D'une part, on observe que, même si les croyances religieuses polarisent rarement les débats publics au Canada, environ 60 % des Canadiens croient que Dieu a joué un rôle direct ou indirect dans la création de l'humanité[4]. Aux États-Unis, cette proportion est encore plus élevée. D'autre part, le conflit opposant le monde musulman et le monde chrétien est loin d'être réglé. Prendre contact avec les racines de la culture occidentale moderne permet de mieux comprendre le monde contemporain.

> **Paradoxe :** Problème qui heurte le bon sens parce que formulé de façon apparemment contradictoire.

---

4. La Presse canadienne, «Une majorité de Canadiens est créationniste», Ottawa, 3 juillet 2007.

1.2 LE CONTEXTE SIGNIFICATIF

1.2.1 L'éclosion de la modernité

La naissance de la civilisation moderne a nécessité une gestation qui s'est étendue sur plusieurs siècles. Rares ont été les acteurs qui en avaient une conscience claire. Une civilisation naît d'une série de ruptures avec les manières, tant individuelles que collectives, de faire, de penser et d'agir d'une époque. Ces ruptures sont contemporaines des manières nouvelles de faire, de penser et d'agir. Nous allons, dans ce chapitre, exposer un certain nombre de ces ruptures et de ces **fondations nouvelles** qui nous paraissent signifiantes pour expliquer, entre autres, la naissance de l'homme moderne et de son monde.

Fondations nouvelles: Bases sur lesquelles une nouvelle civilisation va s'édifier.

Les débuts d'un temps nouveau

À la fin du Moyen Âge et au début de la Renaissance, l'Église catholique romaine jouait, en Europe occidentale, un rôle spirituel, économique, politique, social et culturel de premier plan. Elle était propriétaire d'environ 25 % des terres du continent et avait le pouvoir de prélever des taxes et de lever une armée. Elle gérait son propre système judiciaire, basé sur le droit canonique, contrôlait le système d'éducation, imposait sa morale ainsi que des pratiques religieuses. Ces pouvoirs étaient le résultat de multiples tractations avec l'aristocratie qui, en contrepartie, se servait de la caution de l'Église pour justifier sa place dans la société. Seule institution unifiée dans une Europe morcelée, l'Église cherchait à s'imposer à l'Europe, voire au monde entier, en mettant de l'avant un ordre chrétien qui consistait à « [...] unifier les croyants dans une seule foi et sous une seule loi, pour mieux les conduire au salut[5] ».

L'idée de Renaissance désigne une période historique couvrant grosso modo les XVe et XVIe siècles. C'est au cours de ces siècles que se mettront en place les conditions qui feront naître la modernité. On peut parler d'une période de transition entre la tradition et la modernité. Cette période sera marquée par une série d'événements historiques majeurs, d'innovations technologiques et de découvertes scientifiques déterminantes. Elle donnera lieu à la mise en place de nouveaux repères culturels et débouchera sur la naissance d'une toute nouvelle civilisation.

Les grandes découvertes

La prise de Constantinople par les Turcs en 1453 est sans contredit l'un des événements historiques signifiants de la Renaissance. Constantinople, rebaptisée Istanbul par les musulmans, devint un obstacle sur la route de la soie et des épices. Le Portugal et l'Espagne, qui étaient les pays dominants en Europe, se tournèrent alors vers l'océan pour trouver un autre chemin qui permettrait de rétablir les activités commerçantes entre l'Europe et l'Asie. Cette situation fit naître l'époque des « grandes découvertes ». On découvrit d'abord le Nouveau Monde, puis on navigua pour la première fois autour du globe, ce qui entraîna une remise en question de la *conception traditionnelle de la planète*. La rencontre de nouvelles civilisations, notamment les civilisations aztèque et inca, et de différentes cultures autochtones réparties un peu partout autour du globe

---

5. Yves Bruley, *L'histoire du catholicisme*, Paris, P.U.F., coll. Que sais-je?, no 365, 2004, p. 46.

bouleverse la *conception traditionnelle de l'être humain*. Bref, le dogmatisme religieux et la **scolastique**, qui dominaient depuis le Moyen Âge, sont contestés, ce qui favorise l'élaboration d'idées nouvelles et une plus grande liberté de penser. En retour, l'Église exerce une plus grande surveillance sur les idées et punit les penseurs qui menacent les dogmes religieux enseignés dans les écoles et les universités.

L'imprimerie

L'invention de l'imprimerie date du milieu du XVe siècle (**figure 1.2**), mais c'est véritablement au XVIe siècle qu'elle révolutionna la diffusion des idées. Avant l'imprimerie, chaque exemplaire d'un livre devait être copié à la main puis relié en **codex** (**figure 1.3**).

La diffusion des livres en Europe était très lente. Cette nouvelle technique contribua à la mise en place d'une nouvelle économie[6] et à accroître la rapidité avec laquelle les idées nouvelles étaient diffusées. Le livre imprimé, qui menaçait l'autorité de l'Église, devint un outil de controverse et un objet séditieux. Et cela, même si le premier livre imprimé fut la Bible. En fait, la plus grande accessibilité de la Bible aura comme conséquence de *favoriser la critique* de l'interprétation officielle de ces textes et d'*ébranler l'autorité de l'Église*. D'autres découvertes contribuèrent à remettre en question la tradition, notamment en astronomie, en anatomie, dans les arts et même en philosophie.

Scolastique : Philosophie et théologie enseignées au Moyen Âge dans les universités catholiques. On prétendait y enseigner la vérité, ce qui laissait peu de place au doute et à la critique. Voir plus loin, à la section 1.2.2.

Codex : Cahier formé d'un ensemble de feuilles ou de parchemins (généralement des peaux de mouton ou de chèvre) écrits recto verso et cousus ensemble.

Figure 1.2 Atelier d'imprimerie de la fin du XVe siècle.

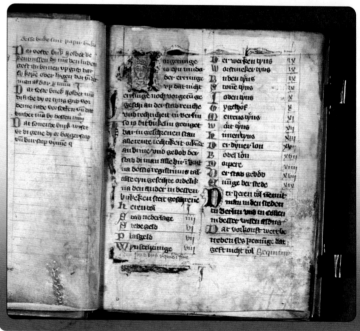

Figure 1.3 Un codex européen du XIIIe siècle.

6. « Au début du XVe siècle, les premiers hauts-fourneaux entrent en activité dans la région de Liège et le travail du métal connaît d'importants progrès. Ce sera précisément un orfèvre, Johannes Gutenberg (vers 1400-1468), né à Mayence en Allemagne, qui va être à l'origine de la découverte capitale des Temps modernes : l'imprimerie (vers 1440). [...] La mise au point de l'imprimerie ou typographie aura nécessité la combinaison de quatre éléments : le papier, la presse à imprimer, une encre permettant l'impression des deux faces du papier et un moule capable de former les lettres (caractères mobiles en métal) et de les reproduire en grand nombre. » Josiane Boulad-Ayoub et François Blanchard (dir.), *Les grandes figures du monde moderne*, Québec, Presses de l'Université Laval, 2001, p. 47-48.

Figure 1.4 La création d'Adam, d'après Bertram von Minden (XIVᵉ siècle).

Une rationalité balbutiante

Le nouvel esprit scientifique dans les arts

La Renaissance est souvent associée aux bouleversements de nos représentations de l'homme en peinture et en sculpture. Considérons par exemple deux illustrations représentant la création d'Adam (**figures 1.4** et **1.5**).

L'illustration de la création d'Adam de Bertram von Minden est inspirée par la foi et centrée sur l'acte de la création. Dans *La création d'Adam* de Michel-Ange, c'est l'homme tel qu'il apparaît qui est au cœur du dessin. L'« Adam » de von Minden représente le bon chrétien, c'est-à-dire un homme asexué, humble, reconnaissant et soumis à son créateur ; tandis que celui de Michel-Ange représente un homme tel qu'on le voit dans la nature. On y voit poindre les représentations du corps humain soumis au travail de dissection dont parlera de Vinci. Dans la première illustration, c'est l'acte de création qui importe, alors que, dans la seconde, c'est l'homme de la nature qui prend toute la place.

La nouvelle esthétique est inspirée du nouvel esprit scientifique qui émerge à l'époque. En témoigne ce passage tiré des carnets de Léonard de Vinci :

> Ce que j'ai cherché finalement, à travers tous mes travaux, et particulièrement à travers ma peinture, ce que j'ai cherché toute ma vie,

Figure 1.5 La création d'Adam, d'après Michel-Ange (XVIᵉ siècle).

c'est à comprendre le mystère de la nature humaine […] savoir ce qu'il y avait à l'intérieur de nos corps. Pour cela, des nuits entières, j'ai disséqué des cadavres, bravant ainsi l'interdiction du pape. Rien ne me rebutait. Tout, pour moi, était sujet d'étude. […] Aucune investigation humaine ne se peut appeler vraie science si elle ne passe par des démonstrations mathématiques. Ceux qui s'adonnent à la pratique sans science sont comme le navigateur qui monte sur un navire sans gouvernail ni boussole. Toujours, la pratique doit être édifiée sur la bonne théorie. La science est le capitaine, la pratique est le soldat […][7].

Les dessins et les tableaux de Léonard de Vinci se situent au carrefour de l'art, des mathématiques, de la science et de la culture humaniste. L'homme de Vitruve (**figure 1.6**) est une étude des proportions de l'homme qui illustre une réédition d'un livre ancien, comme cela se faisait souvent à l'époque de la Renaissance. La préoccupation de Léonard de Vinci est ici de présenter un modèle géométrique de l'homme. Représenter la nature telle qu'elle est suppose le calcul. Dans le tableau représentant la dernière cène (**figure 1.7**), tout est, d'abord, perspective, calcul et proportion ; mais plus encore, chaque personnage se distingue par une posture qui le révèle en tant qu'individu, ce qui humanise la dernière cène de façon remarquable. *L'inspiration artistique s'éloigne de la symbolique religieuse pour se rapprocher de la pratique scientifique et de la culture humaniste.*

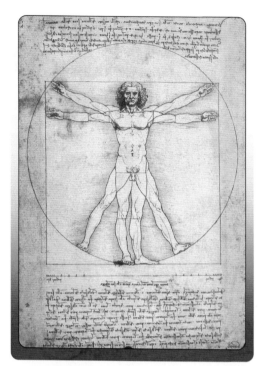

Figure 1.6 *L'Homme de Vitruve*, de Léonard de Vinci.

Le nouvel esprit scientifique en astronomie

Le nouvel esprit scientifique est en fait un courant de pensée qui, au cours de cette période historique transitoire, s'infiltra dans plusieurs domaines du savoir. On peut penser à la cosmologie et à l'hypothèse héliocentrique de Copernic qui remit en question la conception aristotélicienne du monde enseignée dans les universités.

Nicolas Copernic (**figure 1.8**) développa une cosmologie nouvelle qui servira de point de référence à l'édification de la *science moderne*. La tradition avait adopté la cosmologie aristotélicienne qui représentait l'univers de la façon suivante : la Terre au centre de l'univers était entourée de neuf sphères de cristal sur lesquelles étaient fixés les objets célestes. Les sphères engendraient le mouvement observable. L'astronomie traditionnelle permettait de calculer les mouvements des étoiles et des planètes. Cette théorie était en accord avec la conception religieuse de l'homme, à savoir que Dieu avait créé l'homme à son image et l'avait placé au centre de l'univers. Cette cosmologie et cette conception de l'homme étaient considérées comme des dogmes incontestables au même titre que les dogmes de la foi. Malgré tout, Copernic travailla à la fabrication d'un **almageste** qui fut un des documents les plus retentissants des Temps modernes. En fait, Copernic fit renaître une idée ancienne développée par Aristarque de Samos[8] : l'héliocentrisme. Cette théorie cosmologique est basée sur l'hypothèse que c'est en fait la Terre

Almageste : Recueil ancien d'observations astronomiques.

---

7. HYPO : serveur WEB de l'enseignement secondaire postobligatoire. *Textes d'humanistes* (consulté le 17 décembre 2007), http://hypo.ge-dip.etat-ge.ch/www/cliotexte/html/humanisme.liberte.html.
8. Aristarque de Samos, vers 310-230 av. J.-C.

Figure 1.7 *La Cène*, de Léonard de Vinci.

Figure 1.8 Statue de Nicolas Copernic (1473-1543).

qui tourne autour du Soleil. Alors que l'Église était en crise, la défense de l'héliocentrisme participait à affaiblir davantage cette institution. *Selon cette théorie, qui ramène la Terre au rang de simple planète parmi les autres, la Terre, et donc l'homme, n'est plus au centre de l'Univers, contrairement à ce qu'enseigne le dogme chrétien.*

Le nouvel esprit scientifique en anatomie

André Vésale (1514-1564), médecin et anatomiste d'origine bruxelloise et professeur à l'Université de Padoue, remit en question l'autorité de Galien en publiant un traité d'anatomie illustré. Alors que la dissection était considérée comme un viol du temple de l'âme par les défenseurs de la pensée traditionnelle, Vésale disséqua des cadavres humains et découvrit des discordances entre ce qui était enseigné dans les universités (théories de Galien) et ce qui est observable.

Selon Vésale, la description que Galien faisait de l'homme correspondait davantage au corps du singe qu'à l'homme lui-même. La publication d'un traité d'anatomie illustré décrivant le squelette, les muscles, le cœur et les vaisseaux sanguins, le système nerveux, les organes de l'abdomen et du thorax, sans oublier le cerveau, deviendra la nouvelle référence en matière d'anatomie (**figure 1.9**). *Vésale accordait plus de crédibilité aux résultats de ses observations qu'à l'autorité scolastique.* Ce changement de **paradigme** se fit dans la controverse. Les défenseurs de la tradition allèrent jusqu'à refuser de reconnaître ce que les rapports de dissection montraient en arguant que les sens peuvent nous tromper. Les idées nouvelles étaient jugées hérétiques, condamnées et interdites de publication. Mais elles finirent tout de même par s'imposer avec le temps.

Un sujet qui s'éveille

L'humanisme

En plus d'avoir ouvert la voie aux grandes découvertes, la prise de Constantinople[9] constitua un moment charnière parce qu'elle favorisa l'exode des intellectuels de Constantinople vers l'Europe occidentale, en particulier vers l'Italie. Ceux-ci emportèrent avec eux de nombreux documents, dont plusieurs textes originaux d'auteurs grecs, que les intellectuels occidentaux ne connaissaient pas ou peu. Ils allaient ainsi provoquer un retour aux sources de la culture occidentale, d'où l'idée de Renaissance. *Cela contribua à renforcer les valeurs associées à la civilisation grecque, telles que l'amour de la connaissance, le doute, la rationalité, l'autonomie et la liberté de penser, ce qui se traduisit par une dévalorisation des valeurs traditionnelles d'humilité face au savoir, de reconnaissance et de soumission aux autorités ecclésiastiques et scolastiques.*

L'essor intellectuel provoqué par le retour aux valeurs et à la conception de l'être humain de l'Antiquité gréco-romaine exacerba le mouvement de remise en question de la civilisation traditionnelle. Le comte de Mirandole, un représentant de l'humanisme renaissant, écrivait : « J'ai lu, dans des livres des Arabes, qu'on ne peut rien voir de plus admirable dans le monde que l'homme[10]. » Pour ce jeune philosophe, l'homme est une sorte de caméléon en possession de capacités intellectuelles potentiellement illimitées. C'est là que résiderait la dignité proprement humaine. Cette dignité lui viendrait de sa capacité d'autocréation par sa liberté indéterminée.

Selon lui, Dieu s'adresserait à l'homme en ces termes :

> [...] si nous ne t'avons donné, Adam, ni une place déterminée, ni un aspect qui te soit propre, ni aucun don particulier, c'est afin que la place, l'aspect, les dons que toi-même aurais souhaités, tu les aies et les possèdes selon ton vu, à ton idée. Pour les autres, *leur nature définie est tenue en bride par des lois que nous avons prescrites : toi, aucune restriction ne te bride, c'est ton propre jugement, auquel je t'ai confié, qui te permettra de définir ta nature. Si je t'ai mis dans le monde en position intermédiaire, c'est pour que de là tu examines plus à ton aise tout ce qui se trouve dans le monde alentour[11].*

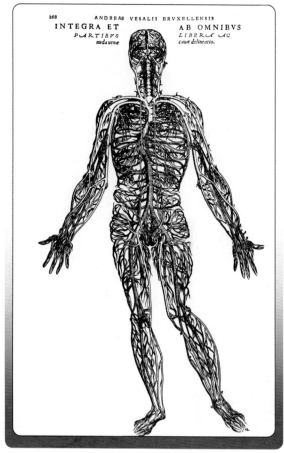

Figure 1.9 Le système vasculaire, d'après Vésale en 1543.

---

9. Pour comprendre l'importance de la prise de Constantinople par Mehmet II, il faut savoir que Théodose Le Grand, le dernier empereur romain à régner sur la portion occidentale et orientale de l'Empire romain, s'était converti au christianisme et avait même fait de cette religion une religion d'État. À sa mort, l'Empire romain fut partagé entre ses deux fils. L'unité romaine fut en conséquence perdue et la division du monde chrétien consacrée : l'Empire chrétien occidental avec Rome comme capitale et l'Empire chrétien oriental avec Byzance (Constantinople) pour capitale. Entre le Vᵉ et le XVᵉ siècle, les Empires romain et byzantin vont se démarquer considérablement.

10. Jean-Claude Margolin, «Humanisme», dans *Encyclopædia Universalis*, version 9, cédérom.

11. Cité par Josiane Boulard-Ayoub et François Blanchard (dir.), *op. cit.*, p. 24. C'est nous qui soulignons.

Figure 1.10 Pic de La Mirandole (1463-1494).

Pic de La Mirandole (**figure 1.10**) représente bien le philosophe de la Renaissance qui fera renaître le désir de liberté. Pour lui, la liberté n'est pas la cause de tous nos malheurs, mais est plutôt la caractéristique fondamentale de la dignité humaine. Un débat sur la liberté devint inévitable. Mais avant d'examiner ce débat, il faut encore préciser certains éléments du contexte.

Les mots « naissance » et « renaissance » suggèrent la présence d'événements heureux. C'est un peu ce que nous avons voulu montrer en rappelant l'apport du nouvel esprit scientifique dans les arts, en astronomie et en anatomie. La référence aux grandes découvertes et à l'humanisme en philosophie porte la même connotation positive. Mais la naissance comporte immanquablement une dimension douloureuse. L'origine de la modernité ne fait pas exception. Si l'on veut faire état de l'avènement de la modernité, on ne peut pas occulter la Réforme protestante et la Contre-Réforme, les guerres de religion et le conflit entre les intégristes et les libéraux.

La Réforme protestante

La Réforme protestante est l'aboutissement d'une longue série de critiques et de revendications. Bien avant le XVIᵉ siècle, des hommes d'Église prêchaient contre la richesse et le train de vie scandaleux de la papauté et pour un retour à la pauvreté prônée par les Évangiles. Mais ces revendications ne furent pas entendues. Tout au long de ces siècles, le fossé entre la hiérarchie ecclésiastique et ses fidèles s'agrandit et la propagation des idées « protestantes » fait son chemin. La goutte qui fait déborder le vase et provoque le mouvement de la Réforme est la campagne d'**indulgences** lancée par le pape Jules II pour financer la construction de la basilique Saint-Pierre à Rome. Le 31 octobre 1517, Luther fait parvenir à l'archevêque de Mayence ses *Quatre-vingt-quinze thèses* sur les indulgences qu'il affiche aussi sur la porte de l'église du château de Wittenberg[12] (**figure 1.11**). Dans ce texte, Luther dénonce le fait que des chrétiens bien nantis puissent acheter la **grâce divine**[13]. Au-delà de la controverse théologique, un conflit éclate et Luther devient le chef de file d'une véritable crise religieuse. Sommé de se rétracter, *Luther remet en question l'autorité papale et celle des conciles*. Il sera, en conséquence, excommunié par le pape Léon X et mis au ban de la société par l'empereur Charles Quint.

Pour Luther, c'est l'homme éclairé par la foi qui a le pouvoir de juger de ce qu'il faut faire pour son salut, et non l'autorité ecclésiastique. L'essentiel de son opposition à l'Église catholique peut se résumer de la façon suivante :

- La foi est la seule condition de salut.
- Les Saintes Écritures sont plus importantes que la doctrine élaborée par les papes et les conciles.

Indulgence : Rémission totale ou partielle par l'Église catholique des peines que les pécheurs méritent.

Grâce divine : Aide de Dieu pour assurer son salut.

---

12. Ce texte fut publié à près de 300 000 exemplaires entre 1517 et 1520.
13. « […] une visite aux reliques de l'église du château de Wittenberg assurait au pèlerin jusqu'à 130 000 années d'indulgences ! » Marc Simard et Christian Laville, *Histoire de la civilisation occidentale. Une perspective mondiale*, 2ᵉ édition, Saint-Laurent, ERPI, 2005, p. 169.

- Les **bonnes œuvres** sont inutiles, ainsi que le culte des saints, les indulgences et les sacrements qu'on ne retrouve pas dans la Bible.
- Tous les chrétiens sont égaux devant Dieu, ce qui rend le sacerdoce inutile.
- Chacun peut interpréter la Bible.
- L'Église n'a ni besoin de biens, ni d'une hiérarchie ecclésiastique.

On peut constater que le mouvement de la *Réforme*, qui donna naissance aux différentes Églises protestantes, *s'inscrit dans la tendance modernisante qui consiste à rompre avec l'autorité* ecclésiastique et scolastique et à valoriser l'individu. On y met en valeur l'individu guidé par la foi et non l'individu mû par un quelconque libre arbitre.

Guerres et religion

L'histoire de la «guerre des paysans» en Allemagne montre bien que Luther faisait une distinction claire entre la conscience chrétienne et la conscience individuelle. S'appuyant sur l'idée luthérienne de l'*égalité de tous les hommes* devant Dieu et sur une insatisfaction à l'égard de leur statut social, les paysans allemands exigeaient «[…] le droit de choisir leur curé et de ne payer que la **dîme** légitime, *l'affranchissement du servage, la liberté* de la chasse et de la pêche, celle des bois, la limitation des corvées, un salaire convenable, des **cens** modérés, des communaux préservés […] et une vie conforme à l'Évangile[14]». Les autorités politiques, refusant de reconnaître la légitimité de ces revendications, vont réprimer le mouvement devenu insurrectionnel et cela avec l'approbation de Luther. Ce dernier reprocha au mouvement insurrectionnel de transformer l'Évangile en instrument de révolte et il incita les princes à réprimer ce mouvement. La répression de la guerre des paysans fit près de 100 000 morts. Le luthérianisme n'était pas une licence pour faire ce que l'on voulait.

Luther Posting His Ninety-Five Theses

Figure 1.11 Luther placardant ses thèses.

La Contre-Réforme

Pour sortir de la crise, l'Église catholique convoqua à Trente, en Italie, un **concile**. Ces rencontres ne réconcilièrent pas les catholiques et les protestants, mais servirent plutôt à consolider la mission de l'Église catholique et à freiner la propagation des idées protestantes. Elles donnèrent lieu à une contre-réforme, que certains historiens catholiques appellent Réforme catholique. «Le Concile ne doit pas seulement apporter une réponse ferme et argumentée aux déviations doctrinales de Luther, il doit réaliser les aspirations réformatrices déjà anciennes dans l'Église[15].» Voici quelques points de doctrine réaffirmés par ce Concile:

- La foi et les bonnes œuvres sont nécessaires au salut.
- L'homme dispose d'un libre arbitre.

14. Georges Livet, «Guerre des paysans», dans *Encyclopædia Universalis*, version 9, cédérom. C'est nous qui soulignons.
15. Yves Bruley, *op. cit.*, p. 70.

- Les sept sacrements sont confirmés.
- La hiérarchie de l'Église est nécessaire.
- Le rôle des prêtres est repensé.
- Les Saintes Écritures sont complétées par la tradition.

On enseignera et prêchera dorénavant les dogmes tels qu'ils ont été compris et interprétés par la tradition. Par tradition, on entend la philosophie thomiste devenue, après le Concile, la philosophie officielle de l'Église catholique. Cette même tradition traita la physique d'Aristote, l'astronomie de Ptolémée et la conception de l'anatomie et de la physiologie de Galien comme des vérités au même titre que la vérité révélée dans la Bible. *Le Concile imposa donc à ses porte-parole une vision unique de Dieu, des Évangiles, du monde et de l'être humain. La pluralité des points de vue n'était plus tolérée et, pour s'assurer de l'obéissance de tous, le Concile raviva le tribunal de l'***Inquisition** (figure 1.12). En plus, le Concile créa l'« Index », un catalogue de livres et d'auteurs dont la lecture était interdite aux chrétiens. On retrouvait également dans l'Index les versions de la Bible non approuvées ainsi que des ouvrages prônant l'athéisme ou des idées contraires à la vision officielle de l'Église catholique. Bref, le Concile de Trente fut à la fois une réaction au protestantisme et une occasion de consolider les dogmes du catholicisme.

Inquisition : Juridiction ecclésiastique visant la répression, dans toute la chrétienté, des crimes d'hérésie, des faits de sorcellerie et de magie, active du XIIIᵉ au XVIᵉ siècle.

Figure 1.12 *Le Tribunal de l'Inquisition*, de Goya.

1.2.2 Un courant de pensée majeur : la scolastique remise en question

La *scolastique* est associée à la pensée enseignée dans les universités européennes entre le Xe et le XVIIe siècle environ. Elle est soumise à la théologie, mais vise à justifier rationnellement les dogmes religieux. Sa méthode est aristotélicienne, c'est-à-dire qu'elle utilise le raisonnement syllogistique non pas pour trouver la vérité, qu'elle prétend déjà connaître, mais pour la faire accepter. Comme il a été mentionné dans la section qui précède, elle est dogmatique et autoritaire. La scolastique est dogmatique en ce sens qu'elle revendique une vérité révélée et autoritaire en ceci qu'elle cherche à l'imposer. Elle s'appuie sur le modèle de pensée mathématique, pour laquelle la vérité doit s'imposer. Ainsi, celui qui refuse la bonne réponse est tout bonnement dans l'erreur et doit être puni.

L'Antiquité gréco-latine renaissante a amené de multiples influences qui ont participé à la crise de civilisation exposée dans ce chapitre. Parmi elles, le scepticisme, un courant de pensée qui était demeuré en sourdine tout au long du Moyen Âge. La publication de textes anciens qui résumaient l'argumentation sceptique des penseurs grecs va remettre à l'ordre du jour la réflexion sur la connaissance possible de la vérité. Pour l'essentiel, l'argumentation sceptique se résume à deux stratégies d'argumentation : certains prétendent que l'argumentation rationnelle est telle que *tout savoir véritable est impossible et que l'on doit se contenter, dans le domaine du savoir, du raisonnable et du probable*; d'autres affirment qu'*il est plus sage de suspendre son jugement sur toutes les questions concernant le savoir véritable, y compris sur la question de savoir si la vérité est possible ou non*. La suspension du jugement est une stratégie qui permet d'éviter la controverse dans le domaine du savoir et qui valorise la recherche de la paix intérieure associée au bonheur. Pour atteindre cet état d'esprit, les sceptiques vont promouvoir une philosophie du détachement et de l'indifférence vis-à-vis de toutes choses. *L'indifférence libère l'individu de l'obligation de savoir véritablement.*

La remise en question de la possibilité de la vérité en pleine crise religieuse eut des conséquences importantes sur la manière de penser de l'époque. Pour certains, l'argumentation sceptique est utilisée comme «arme de guerre» contre la pensée religieuse en crise et conduit à l'**athéisme** ou à l'**agnosticisme**. Cette même argumentation donne au *sujet pensant* (à l'individu) une place prépondérante sur l'autorité scolastique et accorde par conséquent une plus grande place à la liberté de pensée. Mais le scepticisme radical, celui qui propose la suspension du jugement, peut aussi être invoqué pour s'opposer au nouvel esprit scientifique qui veut comprendre la nature et expliquer ce qu'elle est véritablement. Le scepticisme, qu'il soit radical ou probabiliste, ne cessera de hanter la modernité.

Athéisme : Doctrine qui nie l'existence d'un Dieu personnel.

Agnosticisme : Doctrine qui considère qu'on ne peut pas se prononcer sur l'existence ou l'inexistence de Dieu.

C'est probablement le philosophe Francis Bacon[16] qui, à l'époque, incarne le mieux le courant scientifique de la modernité. Bacon, féru de philosophie grecque, reprocha à la pensée scolastique de chercher la vérité dans les livres. En lieu et place du savoir livresque, figé depuis des siècles, il préconisa l'exploration et l'étude de la nature : «Selon Bacon, Dieu a écrit deux livres, la nature et la Bible. Ces deux livres sont égaux en dignité

---

16. Francis Bacon (1561-1626). Philosophe et homme politique anglais, il a été chancelier d'Angleterre sous Jacques Ier. Il préconisa dans ses écrits une conception empiriste et expérimentale de la connaissance scientifique.

et en importance, et il est catastrophique de les mêler, donc de faire intervenir des passages de la Bible pour discuter de questions concernant la connaissance de la nature[17]. » Toutefois, la connaissance scientifique de la nature n'est pas directe ni spontanée, mais plutôt le résultat d'un travail méthodique de l'esprit, accessible à toute personne capable de raison. « Mais il ne suffit pas de mettre l'esprit en garde contre lui-même, il faut aussi construire une technique d'exploration de la nature qui soit à l'esprit ce que la règle et le compas sont à la main[18]. » Selon Bacon, il faut, dans le domaine de la connaissance scientifique, d'abord s'assurer que les observations de départ soient libres de toute idée préconçue. Cela étant établi, les faits doivent être notés, examinés, rassemblés et comparés de façon à faire découvrir des choses cachées derrière les apparences : les lois inhérentes à la nature. *Du coup, Bacon s'oppose à la tradition et au scepticisme.*

Le contexte que nous venons de présenter est à la fois fécond et ambigu. Les idées neuves et les nouvelles manières de faire vont bouleverser l'époque et engendrer une nouvelle civilisation. Que ce soit dans le domaine de la religion, de la science ou des arts, une tendance incontournable semble caractériser la civilisation naissante : le goût de la liberté. Mais ce goût est-il à l'origine de la faute originelle ou à l'origine de la dignité humaine ?

1.3 LE DÉBAT : ÉRASME, LUTHER ET CALVIN

Théologique : Relatif à l'étude des questions religieuses fondée principalement sur les textes sacrés, les dogmes et la tradition.

Pourquoi présenter, dans un cours de philosophie, un débat plus **théologique** que philosophique ? Parce que la philosophie est fondamentalement une réflexion critique et que le premier philosophe moderne que nous allons étudier, René Descartes, s'opposera à la façon dont le philosophe et théologien Érasme et les théologiens Luther et Calvin discutaient de la question de la liberté. Descartes, qui est très souvent présenté comme le père de la philosophie moderne, va transformer radicalement la problématique de la liberté. Pour bien comprendre la critique cartésienne, il est donc important de bien saisir les enjeux de cette problématique.

Omniscience : Science universelle, science de toute chose.

Omnipotent : Qui dispose d'un pouvoir absolu, qui est tout-puissant.

Pic de La Mirandole avait mis dans la bouche de Dieu des propos que l'on pourrait qualifier de scandaleux : le Dieu tout-puissant aurait, dans son projet de création, déterminé toutes choses à être ce qu'elles sont, à l'exception de l'être humain qu'il aurait laissé libre de se déterminer lui-même. L'absolue liberté dont il est ici question détonne à côté de la conception chrétienne d'un être humain condamné à cause du péché originel. Qu'advient-il de la toute-puissance et de l'**omniscience** de Dieu si l'être humain est le seul à pouvoir décider de ses limites et de sa nature ? Les théologies de l'époque ont compris l'embarrassante situation dans laquelle Pic de La Mirandole les mettait. Peut-on croire, en même temps, à la toute-puissance de Dieu et à la liberté absolue de l'être humain ? Il y a ici une contradiction : si Dieu est **omnipotent** et omniscient, il connaît d'avance les décisions que tout un chacun prendra. Mais alors, si c'est fixé d'avance, peut-on parler de liberté ? Des théologiens, tant catholiques que protestants, ont cherché à résoudre la contradiction entre la toute-puissance de Dieu et l'agir humain.

---

17. *Dictionnaire des Philosophes*, Paris, Encyclopædia Universalis et Albin Michel, 1998, p. 180.
18. *Ibid.*, p. 180.

Jamais, dans l'histoire du christianisme, les croyants n'ont été unanimes quant à la façon d'interpréter la difficile relation qui lie l'être humain à son Créateur. Certains croient que l'être humain possède en lui le pouvoir et la volonté de faire le bien et que Dieu n'a qu'à *assister passivement* au déploiement des volontés et à récompenser ou à punir les individus selon le cas[19]. L'Église a qualifié cette interprétation d'hérétique, c'est-à-dire contraire à ce qui est admis comme vérité, parce que c'est une façon de minimiser le rôle de la grâce divine et de nier que les hommes sont des pécheurs. D'autres interprètes sont d'avis que le pouvoir absolu du Créateur fait qu'il surplombe « […] d'un seul regard tous les temps humains[20] » et, de ce fait, sait d'avance qui sera sauvé et qui sera damné. *Ainsi, la sagesse de Dieu par laquelle il gouverne sa création (la Providence) entre en conflit avec le pouvoir qu'auraient les êtres humains de faire ce qu'il faut pour sauver leur âme.* L'idée d'un Dieu tout-puissant et **miséricordieux** semble entrer en contradiction avec l'idée, révélée dans la Genèse, qu'être un humain, c'est être pécheur. Examinons comment les théologiens chrétiens tentent de résoudre le problème.

> **Miséricordieux:** Qui a de la compassion, qui pardonne facilement.

1.3.1 Érasme et le libre arbitre

Pour Érasme (**figure 1.13**), représentant la conception catholique, l'homme serait animé par deux principes, en apparence contradictoires: d'un côté, la chair, orientée vers la concupiscence et le mal; de l'autre, l'esprit (né de l'Esprit Saint), orienté vers la sainteté et le bien.

La volonté humaine peut se tourner d'un côté ou de l'autre. C'est ce pouvoir de la volonté qu'il appelle le « libre arbitre ». Comme il ne peut prouver l'existence du libre arbitre, Érasme dit devoir se contenter d'opinions plus ou moins probables, surtout « […] quand le probable a toutes les chances raisonnables de coïncider avec le vrai[21] ». Sans le libre arbitre, il serait impossible, selon lui, de comprendre la « toute-puissance de Dieu ». Si les actions humaines sont déterminées par la toute-puissance de Dieu, cela revient à dire que Dieu opère en nous le bien et le mal. Mais alors: « Quel méchant s'appliquera à corriger sa vie? Qui pourra se résoudre à aimer de tout son cœur ce Dieu qui aurait fait un enfer brûlant d'éternels tourments pour y punir ses méfaits sur des malheureux, comme s'il se délectait des supplices infligés aux humains[22]. » Dieu, dans son infinie bonté, ne peut pas être responsable du mal qui existe dans le monde. Pour sortir de cette situation paradoxale, Érasme avance l'idée que le goût du bien qui

Figure 1.13 Didier Érasme (1469-1536).

habite l'homme pécheur serait un don de Dieu, une grâce divine. Érasme tente de réconcilier le rôle de la grâce et du libre arbitre dans son explication de l'action humaine. L'homme peut faire le bien, malgré sa tendance naturelle à faire le mal. Quand l'homme fait le bien, les choses se passent comme si c'était la grâce divine qui était à l'origine et à la fin de l'action. La volonté humaine accepterait le rôle de la grâce librement. L'homme agit bien quand il accepte d'écouter la voix de Dieu qui s'exprime en

---

19. Doctrine du moine Pélage qui minimisait le rôle de la grâce divine.
20. Bossuet, *Traité du libre arbitre*, Houilles, Éd. Manucius, coll. Le Philosophe, 2006, p. 14.
21. Martin Luther, *Du serf arbitre*, suivi de D. Érasme, *Diatribe: Du libre arbitre*, Paris, Gallimard, coll. Folio essais, 2001, p. 12.
22. *Ibid.*, p. 471.

lui. Quant à l'action mauvaise, Érasme l'explique de la façon suivante : l'action est mauvaise quand c'est le libre arbitre qui est à l'origine et à la fin du processus. Cela vaut même si Dieu est intervenu dans l'intervalle, puisque l'opération divine participe de tout acte. Mais l'homme agit mal lorsqu'il s'écoute, c'est-à-dire lorsqu'il écoute son penchant pour les choses défendues au lieu d'écouter la voix de Dieu qui s'exprime inévitablement en lui.

Dans cette interprétation, Dieu n'est pas réduit au rôle de spectateur, comme c'était le cas précédemment. Dieu est actif. Bref, Érasme prétend que *l'être humain a le choix d'accepter ou de refuser la grâce de Dieu* et en conséquence qu'il fait le bien ou le mal volontairement ou, si l'on préfère, *librement*.

1.3.2 Luther et le serf arbitre

Luther réplique en avançant l'idée du « serf arbitre ». En accord avec Érasme, Luther croit que la toute-puissance de Dieu n'est pas responsable du fait que certains font le mal. Mais il prétend que la volonté de mal faire n'est pas pour autant le produit d'un libre arbitre. Bien sûr, la volonté humaine fait agir, mais seulement dans les limites de ce qui est permis par le *libre arbitre divin*, seul véritable « libre arbitre ». Si, comme le prétend Érasme, le libre arbitre est cette force de la volonté qui permet de choisir la grâce ou la concupiscence sans contrainte ni subordination, mais alors *où est la toute-puissance de Dieu ?*

On ne peut pas croire, selon Luther, à la toute-puissance de Dieu et au libre arbitre en même temps. Luther illustre le concept de *volonté humaine* au moyen d'une métaphore, celle d'une *bête de somme* pouvant être montée soit par Dieu, soit par Satan. La volonté se laisserait ainsi guider par son cavalier et ne pourrait pas être conçue comme libre arbitre.

> La double réceptivité de l'homme, à Dieu et à Satan, mérite d'être exprimée et surtout prêchée au peuple chrétien dans un langage sans ambiguïté. *Le mot « libre arbitre » n'est pas très heureux, parce qu'il laisse entendre [...] que notre volonté ne dépend pas de « quelqu'un »* d'autre que de nous-mêmes. Puisque nous sommes faits pour être serviteurs (ou « esclaves » : pas de différence en latin), on dira que notre volonté est « serve » (servante, esclave). *Nous sommes des serviteurs consentants.* C'est cela le « serf arbitre », ou encore, si l'on préfère, notre façon humaine d'être libres[23].

Cette métaphore cherche à faire voir l'être humain comme un serviteur dont la condition de pécheur (péché originel) ne peut pas être contournée. C'est notre condition humaine et à cet égard, on ne peut pas ne pas pécher. Il n'en demeure pas moins que « [...] *c'est un point insoluble que Dieu damne celui qui, par ses propres forces, ne peut faire autrement que pécher et être coupable[24]* ». De toute façon, *la justice divine restera toujours, selon Luther, un véritable mystère.* Et pour résoudre la contradiction entre la toute-puissance de Dieu et les mauvaises actions qui conduisent à la damnation, *Luther propose de s'en remettre au mystère de la foi.* Et l'on ne peut espérer comprendre rationnellement un mystère.

Il semble donc que la foi, tant catholique que protestante, soit un ultime refuge pour ces religions prises avec l'incapacité de trouver une solution à cette contradiction. En ce qui a trait au salut éternel, Luther croit qu'il faut humblement accepter de ne pas

---

23. *Ibid.*, p. 24-25. C'est nous qui soulignons.
24. *Ibid.*, p. 453. C'est nous qui soulignons.

comprendre et s'incliner devant la toute-puissance divine et la forme de prédestination inhérente à l'acte de création.

Ce débat entre Érasme et Luther laisse entier cet autre problème théologique qu'est celui de la *prédestination*, c'est-à-dire «[...] cette doctrine [...] selon laquelle Dieu aurait, par avance, élu certaines de ses créatures pour les conduire au salut par la seule force de sa grâce et voué les autres à la damnation éternelle, sans considération de leur foi ni de leurs œuvres[25] ».

1.3.3 Calvin et la prédestination

C'est Calvin (**figure 1.14**), un autre représentant du protestantisme, qui poussera le plus loin cette idée de la prédestination et en tirera les conséquences tant logiques que théologiques. Il faut, selon lui, revenir aux vérités indiscutables du christianisme, à savoir que c'est Dieu qui est le maître du monde et des personnes et qu'il tient dans ses mains nos destinées. C'est Dieu qui choisit de sauver les hommes et la véritable liberté est de nature divine. Il n'est pas possible de sauver une âme en achetant des indulgences et en faisant la charité aux nécessiteux.

Figure 1.14 Jean Cauvin, dit Calvin (1509-1564).

Calvin invoque le passage suivant de l'Évangile: «Pour ce qui est d'être assis à ma droite et à ma gauche, dit Jésus, cela ne dépend pas de moi et ne sera donné qu'à ceux à qui mon Père l'a réservé[26]. »

La conception calviniste s'appuie sur l'idée que, dans l'acte même de la création, Dieu a prédestiné l'être humain à la vie éternelle et il s'est montré impitoyable à l'égard du péché. Aux yeux de Calvin, l'homme, quoique prédestiné, n'a rien à craindre, car la prédestination part de la *volonté «juste» de Dieu* et l'homme n'est pas libre quand il est dans le péché: «[...] quiconque commet le péché est esclave du péché [...][27] ». L'homme étant marqué par le péché originel, il ne peut pas être fondamentalement libre. Calvin propose donc de faire confiance à la justice divine et d'être sensible aux signes manifestes de cette justice, par exemple la réussite. Mais la question de départ demeure: si Dieu est juste, comment peut-il y avoir des damnés? Cette question, toujours en contradiction avec les principes de la raison, concerne, ici encore, le mystère de la foi. La prédestination, nous dit Calvin, est une vérité de la foi au même titre que «Dieu existe». L'absence de preuve rationnelle n'est qu'une façon de mettre à l'épreuve les croyants. Les vérités fondamentales sont révélées dans la Bible et non produites par la raison. Et la Bible, à plusieurs reprises, renvoie le chrétien à la menace de l'enfer.

Bref, le débat sur la liberté de l'homme et la toute-puissance de Dieu ainsi posé semble être une contradiction insoluble. Le débat religieux entre catholiques et protestants a le mérite d'avoir mis en place *l'opposition entre la liberté et le déterminisme* et cela pour les siècles à venir. Ainsi, au siècle suivant, Descartes, Hobbes et Spinoza seront amenés à justifier la place de Dieu dans leur système philosophique et leur définition de la liberté.

---

25. *Le Petit Robert – Dictionnaire de la langue française*, cédérom, version 1.2.
26. *Évangile selon saint Matthieu*, 20, 23.
27. *Évangile selon saint Jean*, 8, 34.

1.3.4 Conclusion

À la Renaissance, la foi comprise comme le tremplin vers la vérité est remise en question par les libres penseurs et les tenants de la méthode scientifique, mais elle demeure le cadre de référence prédominant, malgré les oppositions. Cette nouvelle rationalité est aussi mise en doute par le scepticisme renaissant. La liberté de penser, c'est-à-dire de refuser toutes les formes d'autorité, semble globalement résister et s'imposer comme un gain essentiel à la modernité.

Cette lutte constante pour l'affirmation d'une subjectivité libre et rationnelle constituera un défi sans précédent pour le discours philosophique. Les changements culturels profonds imposeront l'exigence d'éclairer la nature de la subjectivité humaine qui se veut à la fois principe organisateur de la connaissance et source des valeurs en général. Jusqu'à l'aube de la modernité, l'être humain fut considéré comme un sujet assujetti, soit à un ordre naturel immuable, soit à un Dieu créateur ou à une hiérarchie sociale déterminée par la naissance, soit aux dictats du passé. À partir de l'époque moderne, et grâce aux découvertes de la science guidée par la raison, l'être humain croit devenir maître et possesseur de la nature qu'il espère pouvoir transformer selon ses propres fins. Il se découvre une autonomie et une égalité qu'il affirme être naturelles. Il coupe les amarres avec la tradition qui se révèle fondée sur les croyances et la superstition.

Alors, s'il n'y a pas de Providence, ni de hiérarchie sociale justifiée par un droit divin, ni de passé fondateur immuable, sur quoi pourront se fonder la subjectivité et la liberté? Une réponse étonnante, mais nécessaire en elle-même, sera formulée par le philosophe René Descartes: «Je pense, donc je suis.» Mais quelle sorte de chose suis-je? C'est en cherchant une nature à la conscience de soi que la philosophie moderne tentera de déterminer ce *que c'est qu'être un humain*. Et sa réponse sera: *être un humain, c'est être libre!*

1.4 ACTUALISATION DE LA QUESTION

Pourquoi aborder la question «Qu'est-ce qu'être un humain?» dans l'optique religieuse? Parce qu'au moment où les premières manifestations de la modernité fragilisent la civilisation traditionnelle, c'est en des termes religieux que l'on conçoit l'être humain. Mais envisager l'être humain en termes de «pécheur», de «grâce divine», de «salut», de «Providence», n'est-ce pas là une façon dépassée de réfléchir à ce qui fait qu'un être humain est un être humain? Oui, mais en apparence seulement. Parce que, à y regarder de près, on constate que cette manière de penser n'est pas vraiment dépassée et qu'elle est à l'origine de plusieurs idées contemporaines.

Le questionnement sur l'origine de l'être humain n'est pas dépassé. On se demande, encore aujourd'hui, comment l'humanité a commencé. Spontanément, on se dit qu'il faut bien un commencement à toute chose. Avoir la conviction profonde qu'il y a eu, conséquemment, un premier homme et une première femme conduit les esprits au portique du mystère. Croire en un Dieu créateur du monde et des humains donne un sens au monde et à la vie. Cela permet aussi de chasser l'angoisse des questions qui s'imposent et des réponses qui fuient. Mais alors, la religion est-elle une chose du passé? Croire en Dieu, en une force créatrice de l'univers, croire en une continuité après la mort… tout cela est encore contemporain. Peut-on croire ainsi sans que cela ait des conséquences sur notre façon de penser et d'agir ?

Parmi les conséquences pour la pensée et l'action issues de la croyance en la Providence, il y a le problème philosophique de la liberté du sujet. La conception religieuse de l'être humain affirme qu'un être humain est ce qu'il est par une cause extérieure à lui-même : le projet divin. Aujourd'hui, on n'en parle peut-être plus à l'aide du concept de Providence, mais l'idée de prédestination n'a pas disparu de notre culture. Les croyances au destin, à la fatalité, au hasard, à la chance, au karma, etc., en sont des expressions contemporaines. Et comme dans le monde moderne la liberté se situe dans le peloton de tête des valeurs individuelles et collectives, la contradiction n'est pas résolue, mais accentuée. Il n'est pas rare de croiser des gens qui se croient à la fois libres et marqués par le destin ou voués à un brillant avenir. Qui n'a pas entendu ou même utilisé les expressions suivantes : « Ce qui est arrivé devait arriver », « C'était écrit », « Son heure était venue », « En amour, il faut trouver l'homme ou la femme de sa vie (sa douce moitié) ». Des adeptes de la spiritualité bouddhiste, de plus en plus nombreux en Occident en ce début de millénaire, croient que les actes qu'ils posent aujourd'hui sont les conséquences d'une vie antérieure. Sont-ce là deux manières vraiment différentes de penser ? Peut-on concilier fatalisme et désir de liberté ? Est-il possible d'agir comme si on était libre et penser comme si on était prédestiné ? Voilà une question qui semble encore pertinente aujourd'hui.

Que sais-je ?

Vérifiez vos connaissances
Ces questions vous permettront de savoir si vous avez retenu l'essentiel du chapitre.

1. Qu'est-ce que le mythe d'Adam et Ève raconte et révèle ?
2. Qu'entend-on par rupture et fondation nouvelle ?
3. Quel rôle jouait l'Église à l'aube des temps modernes ?
4. Quelles sont les raisons pour lesquelles on dit que la découverte du Nouveau Monde et la circumnavigation du globe sont des moments significatifs de l'émergence de la modernité ?
5. Quelles valeurs oubliées la Renaissance va-t-elle réhabiliter et quelles valeurs va-t-elle critiquer ?
6. Quels liens fait-on entre l'idée de la Réforme et celle de la modernité ?
7. Comment définit-on la tradition après le Concile de Trente ?
8. À quoi le Concile de Trente a-t-il abouti ?
9. Caractérisez les courants de pensée scolastique, sceptique et scientifique.
10. Pour quelle raison avons-nous présenté le débat de ce chapitre comme étant de nature plus théologique que philosophique ?

Vérifiez votre compréhension

Si vous pouvez répondre à ces questions, vous saurez que vous avez une bonne compréhension du chapitre.

1. Qu'est-ce qu'un mythe ?

2. Pouvez-vous reformuler la question qui caractériserait la problématique philosophique de ce chapitre ?

3. Pourquoi la prise de Constantinople est-elle une date charnière ? (Donnez deux raisons.)

4. En quoi les arts, l'astronomie copernicienne et l'anatomie de Vésale participent-ils à l'éclosion de la modernité ?

5. En quoi la citation attribuée à Pic de La Mirandole est-elle un exemple d'humanisme philosophique ?

6. Dans quel sens la Réforme protestante s'inscrit-elle dans la tendance modernisante ?

7. En quoi la toute-puissance de Dieu entre-t-elle en contradiction avec la liberté des individus ?

8. Comment Érasme défend-il l'idée du libre arbitre ?

9. Comment Luther défend-il l'idée du serf arbitre ?

10. L'idée de prédestination est-elle complètement dépassée ?

Exercices

Les exercices suivants visent à vous exercer à situer de façon significative des idées dans leur contexte (la modernité). Également, ils ont pour but de vous amener à réfléchir sur vos croyances et votre manière d'agir.

1. Définissez le concept de modernité.

2. Montrez que le « goût pour la liberté » est en rupture avec la tradition.

3. Montrez que ce même « goût pour la liberté » se construit sur des fondations d'une nouvelle civilisation.

4. Est-il cohérent d'agir comme si on était libre et de penser comme si on était prédestiné ?

RAISON et LIBERTÉ

ou Qu'est-ce que la liberté ?

2.1 PRÉSENTATION DE LA QUESTION

Dans le chapitre précédent, nous avons mis au jour un conflit entre la liberté humaine et la toute-puissance divine. Mais la quête de liberté propre à la Renaissance était motivée par un courant de civilisation si profond qu'il était difficile de le freiner. C'est ainsi qu'à l'aube de la modernité, Descartes, Hobbes et Spinoza vont faire passer le débat portant sur la Providence divine et le libre arbitre du domaine de la théologie à celui de la philosophie. Autrement dit, ils vont chercher à réconcilier le conflit qui opposait la foi et la raison en prenant, cette fois-ci, le parti de la raison. Ce changement de perspective a fait naître le rationalisme, un courant philosophique qui croit dans le pouvoir illimité de la raison. Le présent chapitre vise à retracer le parcours menant de la foi en Dieu à la confiance dans la raison. Ce changement de cap a modifié profondément la façon d'aborder la question fondamentale qui nous intéresse, à savoir « Qu'est-ce qu'être un humain ? » et a fait naître de nouvelles questions. Descartes, Hobbes et Spinoza sont quelques-uns des penseurs fondamentaux de la modernité qui ont proposé des conceptions rationnelles de l'être humain qui font une place à la liberté.

Poser la question « Qu'est-ce qu'être un humain ? » sur le terrain de la philosophie, cela suppose que l'on renonce aux arguments relevant du sacré et de l'irrationnel. Cela implique que l'on rejette les arguments d'autorité qui demandent d'accepter un point de vue sans comprendre. La discussion philosophique suppose de la part de la personne qui entreprend une telle démarche qu'elle réfléchisse de façon critique. Pour cela, il faut problématiser la question à débattre, conceptualiser les notions importantes et justifier rationnellement le point de vue avancé. Il faut voir aussi qu'en menant la discussion sur un plan strictement rationnel, on occulte certaines dimensions du problème, on en transforme d'autres et on en fait naître de nouvelles. C'est, par exemple, en abandonnant la définition de l'être humain caractérisé comme un pécheur que les philosophes modernes ont pu faire la lumière sur la contradiction entre la toute-puissance de Dieu et la liberté humaine.

Commençons par déterminer, sur une base provisoire, la composante générale des définitions de l'être humain. Pour les philosophes rationalistes du XVIIᵉ siècle, la raison distingue l'homme de l'animal ; elle est le propre de l'homme. Cependant, ils sont libres d'en faire usage et, de fait, les hommes n'en font pas usage en toutes circonstances. Cela place donc la liberté au cœur même de la définition de la raison.

On peut se demander si la liberté est une *manière d'être* dans le monde ou encore la *réalisation de l'action* humaine. Si notre volonté décide avant d'agir, la liberté pourrait être caractérisée davantage comme un pouvoir de décider plutôt qu'une action. On peut aussi envisager que la capacité de juger rationnellement soit un meilleur fondement de la liberté, puisque l'être humain a le pouvoir de juger ou de ne pas juger, de porter un jugement vrai ou faux. Ultimement, il s'agirait de savoir si la liberté peut être conçue comme le propre de l'être humain. C'est à ce genre de questions que les philosophes que nous étudierons dans ce chapitre faisaient face.

Descartes, le premier philosophe que nous étudierons, parle de l'être humain en termes de « chose pensante » créée, à l'image de Dieu, avec une volonté absolument libre. Hobbes, un philosophe plus matérialiste, envisage l'être humain comme un animal naturel qui doit devenir social, s'il veut agir librement en toute sécurité. Spinoza, quant à lui, a une vision **moniste** de la nature et de l'homme ; pour lui, l'être humain

Monisme : Système philosophique qui ramène l'ensemble des choses à une unité, ici la substance.

est une modalité de la nature qui a le pouvoir de devenir autonome, c'est-à-dire libre. La réflexion de ces penseurs sur la question « Qu'est-ce qu'être un humain ? » met ainsi en évidence une seconde question, tout aussi fondamentale que la première : « Qu'est-ce que la liberté ? » Cette question n'est pas insolite pour ceux qui entreprennent une réflexion philosophique sur ce que c'est qu'être humain et moderne, puisque la liberté est un principe fondateur du monde moderne.

2.2 LE CONTEXTE SIGNIFICATIF

Les hommes les plus libres, et leur pensée, ressemblent aux Esclaves de Michel-Ange qui se tordent dans leurs liens et ne peuvent les desserrer ; qui tendent toutes leurs forces sans arriver à briser les chaînes. Leur visage surgit à peine de la pierre massive […]. Les mouvements sociaux et politiques ne parviennent à se formuler qu'en empruntant le langage théologique […] alors que leur contenu historique est déjà d'un autre temps.

Henri Lefebvre[1]

2.2.1 La naissance de la modernité

Dans ce deuxième chapitre, nous allons présenter quelques-uns des principes fondateurs qui sont à l'*origine* de la civilisation moderne. Ces principes, actifs tout au long du processus, sont l'affirmation du sujet libre, la rationalité nouvelle et la rupture avec la tradition. Ces trois principes de la modernité sont intimement liés.

L'affirmation du sujet libre

Dans la tradition, les individus étaient assujettis à l'autorité politico-religieuse. L'affirmation du sujet, c'est-à-dire de la liberté des individus face aux différentes autorités, ne s'est pas faite sans difficulté.

L'enthousiasme qu'avait provoqué, chez les intellectuels, la nouvelle démarche scientifique, dans le contexte du XVIIe siècle, se heurte à la réaction des Églises catholique et protestante. Le destin de Giordano Bruno (**figure 2.1**) est révélateur à cet égard. Désirant aller plus loin que Copernic, Giordano Bruno faisait de Dieu et de la matière (sa création) une entité indissociablement liée, éternelle et sans limites. Il conçut ainsi un univers peuplé d'innombrables mondes. En raison de cette conception de l'univers, qui s'opposait à la conception géocentrique du monde enseignée dans les universités, Bruno fut excommunié et livré au tribunal de l'Inquisition. À la suite d'un procès qui dura huit ans, il fut brûlé sur une place publique, au cœur de Rome, le 17 février 1600. Le cas Bruno fit frémir les intellectuels européens qui verront dans cette affaire une menace et un appel à la prudence.

Figure 2.1 Giordano Bruno (1548-1600).

---

1. Henri Lefebvre, *Descartes*, Paris, Éd. Hier et Aujourd'hui, 1947, p. 49.

L'affaire Galilée

Pour Galilée (**figure 2.2**), l'homme doit utiliser sa pensée pour arriver à découvrir la vérité au lieu de l'utiliser pour imposer une vérité qui vient d'en haut. L'autorité d'Aristote et celle de Galien, dont les idées étaient reconnues incontestables par la pensée scolastique au même titre que les vérités bibliques, sont remises en question dans l'enseignement des sciences. Dans la pensée scolastique, on hiérarchisait les connaissances de telle sorte que les vérités scientifiques devaient former un tout cohérent avec les dogmes religieux, qui trônaient au sommet. Mais un peu partout, dans les universités européennes, on reprenait l'idée de Francis Bacon selon laquelle la nature doit être vue comme un livre qu'il faut étudier pour la mécanique qu'il renferme. On revendiqua, au XVIIe siècle, la séparation de la science et de la religion. Cette revendication a été au centre de ce qu'il est convenu d'appeler l'affaire Galilée.

À l'aide de sa lunette télescopique (**figure 2.3**), Galilée découvrit, entre autres, les montagnes de la Lune et les satellites de Jupiter. Il calcula la hauteur des montagnes de la Lune et le temps de rotation des satellites de Jupiter. L'observation de ces nouveaux faits (inaccessibles avant l'invention du télescope) et le raisonnement mathématique qui justifia leur réalité étaient les preuves qu'attendait Galilée pour rejeter la physique

Figure 2.2 Galilée (1564-1642).

Figure 2.3
Une soirée astronomique dans l'observatoire de Galilée. Celui-ci commente ce que le poète anglais John Milton observe à travers le télescope.

d'Aristote, qu'il enseignait par ailleurs à l'Université de Padoue, et pour adhérer à la conception copernicienne du monde. En 1616, Galilée fut convoqué à Rome par le cardinal Bellarmin parce que l'Église venait officiellement de rejeter comme hérétique la théorie copernicienne. On demanda à Galilée de ne plus l'enseigner.

D'autre part, la nomination du cardinal Barberini (ami de Galilée) comme pape Urbain VIII va faire naître l'espoir d'un renouveau à l'intérieur de l'Église catholique. Cependant, l'Espagne exerce des pressions politiques sur le nouveau pape, jugé trop libéral. On y considère que, dans le contexte de la Réforme protestante, le devoir de l'Église catholique est de s'opposer à toutes les idées nouvelles qui peuvent mettre en danger l'autorité de Rome. D'autre part, l'espoir qu'a fait naître l'arrivée d'un homme libéral à la tête de l'Église catholique encourage Galilée à publier le *Dialogue sur les deux grands systèmes du monde*. Ce texte constitue une critique radicale des idées scolastiques. Le contenu et le ton de l'ouvrage irritent la **curie romaine**. Galilée y met en scène un personnage ridicule, nommé Simplicio, qui est en fait le porte-parole de la pensée scolastique, et un savant nommé Salviati, qui est un brillant porte-parole des idées nouvelles. En 1632, Galilée est de nouveau convoqué à Rome, cette fois-ci, par le *tribunal de l'Inquisition*. Lors des interrogatoires, Galilée défend l'idée de la séparation de la science et de la religion. Il prétend que la réflexion méthodique et scientifique permet de découvrir des vérités jusque-là inconnues. La nature étant un livre écrit en langage mathématique, c'est la science qui peut y décrypter des vérités cachées. Quant à la Bible, elle continuerait à jouer le même rôle en révélant, toujours selon Galilée, les vérités nécessaires pour sauver son âme. Il ne fallait donc pas mêler la science et la religion.

> **Curie romaine:** Gouvernement central de l'Église catholique.

L'Église, qui se considérait comme la seule autorité détentrice de la vérité, ne pouvait accepter le point de vue défendu par Galilée :

> Le 20 juin, Galilée fut de nouveau invité à se présenter devant le **Saint-Office** pour l'interrogatoire « sur le fond ». Il s'y rendit le 21, et fut soumis sur-le-champ à un « examen rigoureux » touchant ses convictions à l'égard de la doctrine copernicienne. Cet examen rendit licite l'emploi de la torture pour obliger le coupable à confesser toute la vérité. Il n'est pas prouvé, néanmoins, qu'on ait poussé jusqu'à ce point les rigueurs dont on usa envers l'illustre vieillard[2].

> **Saint-Office:** Congrégation romaine établie par le pape Paul III en 1542 pour défendre la doctrine catholique, diriger les inquisiteurs et juger les cas d'hérésies.

Le lendemain, après avoir entendu le prononcé de la sentence[3], Galilée fut obligé d'abjurer en lisant lors d'une cérémonie publique une déclaration humiliante. La rumeur populaire raconte qu'après avoir lu cette déclaration il aurait murmuré : « *Eppur si muovo* », ce qui signifie : « Et pourtant elle tourne. »

L'affaire Galilée fut un procès opposant les dogmes religieux à *l'affirmation d'un sujet libre qui prétend découvrir par lui-même la vérité et l'erreur*. Galilée croyait que l'être humain avait le pouvoir de découvrir la vérité sur le monde, à condition de penser méthodiquement. Le Saint-Office vit dans la prétention galiléenne un péché d'orgueil. L'Église défendant la tradition, elle ne pouvait que condamner Galilée, malgré le caractère irréfutable des preuves avancées. Cependant, en dépit de l'opposition de l'Église, la méthode expérimentale va imposer une nouvelle rationalité qui sera elle aussi un principe fondateur de la modernité.

---

2. Ludovico Geymonat, *Galilée*, Paris, Éditions du Seuil, coll. Points, 1992, p. 209.
3. « La sentence contient l'interdiction de son livre, comme aussi sa propre condamnation aux prisons du Saint-Office, [...] Cette condamnation fut tout de suite commuée [...] en un exil [...]. » *Ibid.*, p. 212.

La rationalité nouvelle

> La modernité est la création permanente du monde par un être humain qui jouit de sa puissance et de son aptitude à créer des informations et des langages, en même temps qu'il se défend contre ses créations dès lors qu'elles se retournent contre lui. C'est pourquoi la modernité, qui détruit les religions, libère et se réapproprie l'image du sujet, jusqu'alors prisonnière des objectivations religieuses, […] et transfère le sujet de Dieu à l'homme. La **sécularisation** n'est pas la destruction du sujet, mais son humanisation.
>
> Alain Touraine[4]

Sécularisation : Passage du sacré à la laïcité.

C'est encore Galilée qui, à travers son élaboration de la méthode expérimentale, va le mieux illustrer la nouvelle rationalité. Il ne définit pas la méthode expérimentale, mais il pratique la science de façon méthodique, et l'histoire va retenir son approche et en faire un modèle. On peut définir la méthode expérimentale par trois caractéristiques : le raisonnement hypothético-déductif, le traitement mathématique de l'expérience et l'appel à l'expérience (**figure 2.4**).

Pour bien illustrer la méthode expérimentale, considérons l'élaboration de la théorie de la chute des corps découverte par Galilée. Influencé par la théorie copernicienne de l'univers, Galilée était convaincu que la Terre était en mouvement. Ainsi, à l'état de nature, la matière ne serait pas au repos, mais en mouvement, une vérité qui est contraire à ce que nos sens nous portent à croire. En cherchant à comprendre la mécanique du mouvement des corps, Galilée avance l'hypothèse que la résistance qu'offre le milieu dans lequel les corps se meuvent est plus importante pour expliquer le mouvement que le poids des corps, comme le prétendait la pensée scolastique. Mais d'où lui est venue cette idée ? En travaillant sur la question du mouvement des corps, Galilée fit la constatation suivante, à son grand étonnement :

> […] dans le vif-argent [le mercure], non seulement l'or coule au fond plus vite que le plomb, mais il est seul à couler alors que les autres métaux et toutes les pierres restent à la surface et y flottent. […] *Ayant vu*, dis-je, tout cela, j'en arriverai à cette opinion que si l'on éliminait complètement la résistance du milieu, tous les corps tomberaient à d'égales vitesses[5].

L'observation du monde sensible (concret) fait naître une hypothèse, une supposition dans l'esprit de Galilée. Ce dernier réussira à justifier son hypothèse par un raisonnement sans faille :

> La déduction hypothétique se distingue de la déduction catégorique en ce qu'au lieu d'affirmer comme vrai son principe pour en communiquer la certitude à ses conséquences, elle se contente de poser celui-ci au départ […] comme un simple postulat […] un énoncé dont on ne sait pas encore s'il est vrai ou faux. […] Hypothèse d'abord, déduction ensuite : tels sont les deux moments successifs du procédé […][6].

Pour Galilée, la raison ne suffit pas à faire accepter comme irréfutable les conclusions obtenues : il lui faut soumettre ses conclusions à l'épreuve des faits. Il *inventa une expérience scientifique* qui avait pour but de confirmer ou

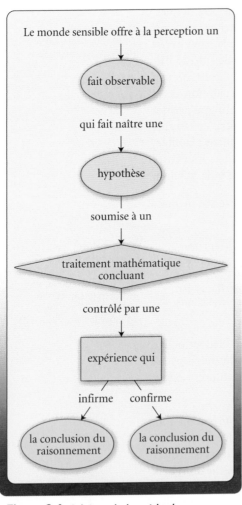

Figure 2.4 Schéma de la méthode expérimentale.

Le monde sensible offre à la perception un

fait observable

qui fait naître une

hypothèse

soumise à un

traitement mathématique concluant

contrôlé par une

expérience qui

infirme / confirme

la conclusion du raisonnement

la conclusion du raisonnement

---

4. Alain Touraine, *Critique de la modernité*, Paris, Éditions Fayard, 1992, p. 267-268. C'est nous qui soulignons.
5. *Ibid.*, p. 49. C'est nous qui soulignons.
6. Robert Blanché, *La méthode expérimentale et la philosophie de la physique*, Paris, A. Collin, coll. U, 1969, p. 13-14.

d'infirmer les conclusions de son raisonnement hypothético-déductif. Mettant en scène des billes de poids variés qu'il laissait descendre sur un plan incliné, Galilée découvrit que le temps nécessaire pour parcourir la distance du plan incliné est le même pour toutes les billes, indépendamment de leur poids. L'organisation en tableau des mesures de distances et de temps (le *traitement mathématique*) révèle des choses étonnantes, qui ne sont pas accessibles à l'observation humaine (**tableau 2.1**). Elles mettent en évidence l'importance du traitement mathématique de l'expérience, une autre caractéristique de la méthode expérimentale ou, si l'on préfère, de la nouvelle rationalité.

Tableau 2.1 La chute des corps

Temps (en secondes)	Intervalle (en secondes)	Distance parcourue durant l'intervalle	Distance totale parcourue par rapport au temps
0	—	—	—
1	0 à 1	1	1
2	1 à 2	3	4
3	2 à 3	5	9
4	3 à 4	7	16
5	4 à 5	9	25
...	...	...	...

Le tableau montre que toutes les billes, indépendamment de leur poids et pour des intervalles de temps égaux, parcourent une distance trois fois plus grande dans le second intervalle que dans le premier, cinq fois plus grande dans le troisième intervalle que dans le premier, et ainsi de suite. Bref, *la distance parcourue dans l'intervalle est donnée par le nombre impair*. Le tableau révèle aussi que *la distance totale parcourue depuis le départ correspond au carré du temps écoulé*. Ces nouvelles informations ne sont disponibles que par le truchement d'un traitement mathématique de l'expérience. L'expérience scientifique du plan incliné confirme, prouve, faits à l'appui, l'hypothèse de départ et les conclusions du raisonnement de Galilée, à savoir que dans le vide (un milieu n'offrant aucune résistance) tous les objets arriveraient au sol en même temps et avec une même accélération. Par conséquent, la scolastique qui reprenait la physique d'Aristote avait tort, quand elle affirmait que c'est le poids des objets qui explique la chute des corps. Voilà ce à quoi le recours aux mathématiques et à l'expérience sert: aller au-delà des apparences, présenter des preuves qui permettent de critiquer des idées généralement acceptées.

C'est dans la mesure où chaque individu capable d'utiliser sa raison peut pratiquer l'activité scientifique que l'on peut affirmer qu'un sujet libre de toute autorité est inséparable de la nouvelle rationalité. C'est à la condition d'avancer, preuve irréfutable à l'appui, des idées nouvelles que l'on a pu changer la façon de penser et de faire. De la même façon, les ruptures avec la tradition sont intimement liées à l'affirmation du sujet et à la rationalité nouvelle.

La rupture avec la tradition

On a vu, au chapitre précédent, que le principe de rupture avec les autorités que la tradition reconnaissait était déjà actif au XVIe siècle. Au siècle suivant, les ruptures avec la tradition se poursuivront sans pour autant faire disparaître toutes les traces de cette culture millénaire. Les ruptures ne font pas disparaître définitivement les manières de penser et de faire ; elles sont la dimension négative des fondations nouvelles qui cherchent seulement à faire reconnaître leur préséance sur ces anciennes manières. Mais la rupture la plus importante pour nous est la rupture avec l'autorité.

La présence d'une rationalité nouvelle implique l'abandon du principe aristotélicien de cause première. Ce principe se traduit par l'acceptation d'un raisonnement sans faille et en conformité avec les vérités de départ. La pensée scolastique n'a pas besoin de preuve : la foi et la raison suffisent. D'ailleurs, la valeur des preuves peut être remise en question par la pensée sceptique.

D'autre part, l'affirmation de la liberté de pensée a fait naître le goût pour les libertés politiques. Cela implique une rupture avec l'autorité politico-religieuse. Les Pays-Bas et l'Angleterre ont été les premiers pays à procéder à une certaine modernisation de la vie politique, d'abord en rompant avec l'idée que le pouvoir politique a été accordé à l'aristocratie par décret divin, ensuite en renouvelant la structure même de la vie politique, c'est-à-dire en fondant l'organisation politique de la société sur des bases nouvelles : la liberté du sujet et la souveraineté du peuple.

Le conflit opposant les protestants aux catholiques n'était pas de nature strictement religieuse ; il était politico-religieux. Les princes, qui avaient adhéré au mouvement de la Réforme protestante, allaient exiger plus de tolérance et de liberté religieuse et politique, ce que l'empereur Charles Quint, défenseur du catholicisme, n'était pas prêt à concéder. Lorsque, en 1556, Philippe II (fils de Charles Quint) devient roi d'Espagne, il reprend le projet de créer un Saint-Empire, c'est-à-dire d'imposer partout en Europe et dans les colonies le catholicisme et la couronne d'Espagne. Il va réprimer avec violence les prétentions à la liberté et toutes les velléités protestantes, et imposer la foi catholique à des populations entières avec, comme seuls arguments, le glaive et le tribunal de l'Inquisition.

Malgré l'armée la plus puissante d'Europe, la couronne la plus riche, grâce aux ressources importées d'Amérique du Sud, et l'appui des autres princes catholiques, l'Espagne devra baisser pavillon devant les Pays-Bas et l'Angleterre.

Pendant 80 ans, les Pays-Bas combattront l'Espagne. Les ambitions de l'Espagne vont provoquer l'alliance des pays qui rejettent l'assujettissement politique au nom de principes religieux. L'éparpillement des forces militaires espagnoles, qui combattent sur plusieurs fronts à la fois, permettra à Guillaume d'Orange[7] et aux forces militaires des Provinces-Unies dirigées par Maurice de Nassau de vaincre l'Espagne.

> Soutenues par l'Angleterre, elles [les Provinces-Unies] trouvent également un très précieux appui en France, car Henri IV a intérêt à aider ce peuple qui a mis en échec la puissance espagnole. Le roi d'Espagne [...] définitivement ruiné [...] meurt le 13 septembre 1598. *Philippe III, son médiocre fils, est acculé à signer une trêve en 1609 avec la nouvelle République des Provinces-Unies* qu'il est contraint de reconnaître comme État indépendant. *L'Europe, étonnée, a assisté à la première révolution moderne.*
>
> [...]
>
> Spectacle nouveau et unique dans les annales du monde [...] un peuple, habitant un pays marécageux, sur l'embouchure de plusieurs rivières, qui ne forme qu'un point presque imperceptible sur la carte, a osé braver son maître, alors le monarque le plus puissant de

---

7. Pour Philippe II, le bonheur passe par l'obéissance au pouvoir royal et la soumission à l'Église, tandis que pour Guillaume d'Orange, le bonheur passe par le respect des libertés et la tolérance.

l'Europe, le plus ambitieux et le plus absolu [...] l'a déchu de sa souveraineté et a donné naissance à la première république européenne[8].

Le goût pour les libertés politiques aura des conséquences radicalement différentes en France et en Angleterre. La monarchie française, tout en appuyant la lutte contre l'Espagne, va se transformer en régime absolutiste empêchant ainsi les réformes républicaines de se produire, du moins pour un temps. Le règne de Louis XIV représente un pouvoir politique, économique et militaire fort et centralisé : « l'État c'est moi », disait le Roi-Soleil. De l'autre côté de la Manche, les Anglais chassent du pouvoir le roi qui voulait entraîner leur pays vers une monarchie catholique de style absolutiste, comme celle qui existait en France. Or, les Anglais étaient à l'époque très majoritairement protestants. De plus, leur Parlement jouissait de droits et privilèges depuis longtemps. C'est ainsi qu'en 1648, le Parlement et ses partisans, se sentant menacés par le roi Charles Ier, se soulevèrent dans ce qu'on nomme aujourd'hui la « Grande Rébellion ». Menés par le leader du Parlement, Oliver Cromwell, *les Anglais décapitèrent le roi et instaurèrent une république.* Celle-ci fut de courte durée. Après dix ans, Cromwell finit par instaurer une dictature personnelle et l'on retourna à la monarchie. On pourra constater plus loin que ces « pages d'histoire d'Angleterre dominées par l'entrechoc permanent des forces et des volontés de puissance, où le risque de mort est constant, la guerre universelle et le pouvoir le plus absolu décapité, ne sont pas sans résonances avec la conception hobbesienne du monde et de l'homme[9] ».

Bref, l'affirmation d'un sujet libre ne transforma pas seulement la façon de penser, mais aussi la société. Dans un tel contexte, *la raison apparaît comme un instrument de la liberté et la liberté comme une arme politique.* Ce sont toutes les formes d'autorité qui étaient remises en question par la modernité naissante. Mais ces autorités trouveront des défenseurs qui feront entendre leur voix conservatrice, c'est-à-dire résistante aux changements, tout au cours de l'histoire de la modernité.

2.2.2 Un courant philosophique majeur : le rationalisme s'impose

Comme nous le verrons, Descartes, Hobbes et Spinoza partagent une grande confiance dans le pouvoir de la raison et cela se reflète dans leurs philosophies. Ce préjugé favorable définit succinctement ce que l'on nomme le rationalisme.

Pour les modernes, tout être humain dispose de la raison. Les différences individuelles relèvent de l'usage que nous faisons de ce pouvoir de juger du vrai et du faux ou du bien et du mal. Le fait d'affirmer que tout être humain possède ce pouvoir de juger peut nous sembler évident, voire banal. Mais, au XVIIe siècle, ce point de vue n'est pas encore accepté. Pour la pensée scolastique prédominante, il est en effet présomptueux de prétendre connaître par nous-mêmes les secrets de la nature. L'homme n'a pas accès aux plans de Dieu. C'est ce qu'illustre le mythe du péché originel. Mais le parti-pris des rationalistes pour la raison pousse ces derniers à rejeter toutes les autorités qui cherchent à se substituer au pouvoir personnel de juger. C'est la nature même de la raison qui l'impose.

Le rationalisme va provoquer tout un travail de « désenchantement » de la nature, c'est-à-dire une critique du recours au surnaturel, alors fréquent, pour expliquer les

---

8. Henry Méchoulan, *Amsterdam au temps de Spinoza. Argent et liberté*, Paris, P.U.F., coll. Questions, 1990, p. 40-41. C'est nous qui soulignons.

9. Gilbert Hottois, *De la Renaissance à la postmodernité. Une histoire de la philosophie moderne et contemporaine*, 3e édition, Bruxelles, Éd. De Boeck Université, coll. Le point philosophique, 2002, p. 109.

phénomènes que l'on cherche à comprendre. Les rationalistes vont donc s'attaquer aux superstitions, aux sorcelleries, aux miracles et à toutes les formes de mysticisme. Rejeter des explications, c'est une chose, mais par quoi les remplacer? Pour les penseurs rationalistes, *le réel est aussi rationnel*, c'est-à-dire que tous les phénomènes de la nature ont une cause que l'on peut comprendre, si l'on réfléchit méthodiquement et rigoureusement, à la manière des géomètres. Il faut donc se mettre à l'ouvrage là où les explications font défaut. Et seule la raison mène à une connaissance véritable.

Le rationalisme, quand il s'oppose aux multiples recours au surnaturel, apparaît comme un courant libérateur. Mais faut-il pour autant en faire la seule véritable manière de penser? Ne fait-on pas ainsi preuve d'une confiance aveugle en la raison, d'un optimisme philosophique exagéré? C'est ce que croient certains penseurs sceptiques, influencés par le néopyrrhonisme de Montaigne.

La renaissance du courant sceptique servira des intérêts improbables. Le scepticisme du XVIᵉ siècle sera en effet utilisé par les catholiques pour répliquer aux rationalistes. En particulier, certains catholiques reprendront les raisonnements sceptiques qui mettent en évidence les limites de la raison, en ce qui a trait à la possibilité d'atteindre la vérité, pour réaffirmer le pouvoir de la foi et le recours au surnaturel. Pour eux, l'homme a besoin de la grâce divine pour atteindre la vérité. On retrouve ici tout le débat sur la grâce et le libre arbitre. Il peut apparaître bizarre de trouver des arguments du scepticisme au cœur de la pensée religieuse. La recherche de la vérité n'a pas fini d'opposer la théologie et la philosophie. Les effets du scepticisme, même au cœur de la pensée religieuse, vont paradoxalement stimuler la recherche de la certitude et mener au cartésianisme. Descartes est rationaliste au point que l'expression « cartésien » est souvent prise comme synonyme de rationalisme. Descartes mais aussi Hobbes et Spinoza vont travailler à sortir la pensée rationnelle du piège sceptique.

Définition du rationalisme

Le mot *rationalisme* a plusieurs sens en français. Il est à l'occasion pris dans le sens d'irréligion, parfois aussi dans le sens d'une tournure d'esprit qui n'accorde aucune valeur au sentiment et à l'intuition. Mais, dans le contexte de ce chapitre, il désigne d'abord un courant philosophique.

Le rationalisme est un courant philosophique qui fait de la connaissance issue de notre faculté de juger la seule voie possible pour atteindre la certitude. Il implique une méfiance à l'égard des apparences, des sensations et de toutes formes d'autorité et rejette les connaissances issues de ces modes de connaissance. Contrairement au scepticisme, il soutient que le réel est connaissable, mais seulement par le travail de l'esprit, un travail méthodique et respectueux des règles de la logique.

La primauté de la raison sur les apparences et l'expérience sensible était déjà affirmée par Platon dans l'Antiquité, ce qui permet de dire que le rationalisme n'est pas exclusivement moderne. Cependant, cette quête d'un affranchissement de tout dogme issu de la révélation donne au rationalisme une teinte moderne. Par exemple, pour Descartes, seul l'esprit (ou la raison) a le pouvoir de connaître d'une manière certaine les choses et les êtres, à condition de procéder avec méthode. Selon cette approche, l'esprit humain a la faculté de produire des concepts sans l'aide des sens (p. ex., l'infini) ou encore des principes (p. ex., il faut un commencement à toutes choses) qui rendent compréhensibles le monde et ses phénomènes. Ces idées seraient innées ou construites sans l'aide des données de l'expérience. On qualifie cette approche d'*idéaliste* parce qu'elle donne généralement une certaine primauté aux idées sur la matière ou la réalité : les idées existent d'abord, avant le monde matériel et concret. Mais il faut aussitôt ajouter que certains penseurs rationalistes, notamment Hobbes et Spinoza, tout aussi modernes que Descartes, accordent à la matière une antériorité sur les idées. Pour eux, ce qui existe d'abord, c'est la matière et les idées viennent après. Dans ce cas, on parle d'une approche *matérialiste*. On peut donc distinguer un rationalisme idéaliste ou un rationalisme matérialiste. Nous verrons dans les pages qui suivent qu'il s'agit là d'une différence importante.

2.3 LE DÉBAT : DESCARTES, HOBBES ET SPINOZA

2.3.1 Descartes : la liberté de la volonté

Portrait de René Descartes
(1596-1650)

René Descartes est né le 31 mars 1596 à La Haye, petite ville française qui se nomme aujourd'hui Ville de Descartes. Son père Joachim était conseiller au Parlement de Rennes, et sa mère, fille d'un lieutenant-général de Poitiers. Elle mourut tout juste un an après la naissance de son fils. À l'âge de dix ans, Descartes est admis au Collège de La Flèche, l'un des plus réputés d'Europe. Ce collège est tenu par les Jésuites et la formation qu'on y donne est toute scolastique. C'est à Poitiers qu'il poursuit ses études en droit. En 1618, il se rend en Hollande et s'engage dans l'armée de Maurice de Nassau qui combattait les Espagnols. L'année suivante, il quitte la Hollande et rejoint l'armée du duc de Bavière. La nuit du 10 novembre, il fait, selon ses dires, des rêves étranges et exaltants concernant les fondements d'une science nouvelle qui l'inciteraient à renoncer à la carrière militaire. Il entreprend une série de voyages qui le mèneront en Allemagne, en Hollande, en Italie et en France. De retour à Paris en 1625, il décide de réaliser son projet de fonder une science nouvelle, mais le climat n'est pas favorable à l'exercice de la pensée critique. En 1629,

il quitte la France pour la Hollande, un pays plus sûr pour un libre penseur. C'est là qu'il réalisera l'essentiel de son œuvre tant scientifique que philosophique. Sur le plan scientifique, il y découvre, entre autres, la loi de la réfraction de la lumière ; il développe une nouvelle interprétation du phénomène de la perception visuelle et invente aussi la géométrie analytique. Après la condamnation de Galilée, le 22 juin 1633, Descartes refuse de publier son traité *Le Monde* dans lequel il défend une conception copernicienne. En 1635, son amie de cœur Hélène Jans lui donne une fille Francine. Il publie sous l'anonymat, en 1637, son fameux *Discours de la méthode*. Entre les mois de septembre et d'octobre 1640, Descartes perd sa fille et son père. Malgré cela, il publie en 1641 un texte intitulé *Méditations métaphysiques* qui provoque de nombreuses controverses. Il accepte, en 1649, l'invitation de Christine, reine de Suède, et déménage à Stockholm. Il cherche ainsi à fuir les controverses. Depuis 1640, il est harcelé par les théologiens, tant protestants que catholiques, qui l'accusent d'athéisme. Le 11 février 1650, Descartes meurt d'une pneumonie mal soignée.

Œuvres principales :

- *Discours de la méthode* (1637)
- *Méditations métaphysiques* (1641)
- *Les principes de la philosophie* (1644)
- *Les passions de l'âme* (1649)

Le projet de Descartes

Descartes sait qu'il vit à l'aube d'un temps nouveau. Il sait que la Réforme, le scepticisme renaissant ainsi que la révolution scientifique sont en train d'ébranler les fondations de la culture traditionnelle. Il veut participer à la refondation d'une culture à naître. Dans l'avant-propos d'un texte intitulé *Méditations métaphysiques*, il s'adressait courageusement, malgré un ton complaisant, aux théologiens de la faculté de théologie de Paris en ces termes :

> *J'ai toujours estimé que ces deux questions, de Dieu et de l'âme, étaient les principales de celles qui doivent plutôt être démontrées par les raisons de la philosophie que de la théologie :* car bien qu'il nous suffise, à nous autres qui sommes fidèles, de croire par la foi qu'il y a un Dieu, et que l'âme humaine ne meurt point avec le corps ; certainement, il ne semble pas possible de pouvoir jamais persuader aux infidèles aucune religion, ni quasi même aucune vertu morale, si premièrement on ne leur prouve ces deux choses par raison naturelle. [...] Et quoiqu'il soit absolument vrai qu'il faut croire qu'il y a un Dieu, parce qu'il est ainsi enseigné dans les Saintes Écritures, et d'autre part qu'il faut croire les Saintes Écritures, parce qu'elles viennent de Dieu [...] on ne saurait néanmoins proposer cela aux infidèles, qui pourraient s'imaginer que l'on commettrait en ceci la faute que les logiciens nomment un Cercle[10].

Descartes annonce ici qu'il faut à la culture nouvelle des fondations rationnelles et que même les principes fondateurs de la religion doivent être rationnellement justifiés. On sait que la philosophie religieuse, qui reconnaît la pertinence des objections sceptiques, met de l'avant la thèse selon laquelle les limites de la raison conduisent le bon chrétien à ouvrir son cœur pour accueillir la révélation et l'irrationnel. Ce scepticisme pousse Descartes à entreprendre une lutte sans merci contre cette tendance philosophique qui cherche à montrer que rien n'est certain et que la raison aboutit toujours soit à la discordance des opinions, soit au postulat indémontrable, soit à la régression à l'infini ou *au cercle vicieux*, bref au relativisme. Le scepticisme, qui fait de plus en plus d'adeptes au XVIIe siècle, est considéré par Descartes comme une menace pour la religion, la philosophie et même la science. Pour lui, c'est la science moderne qui va permettre de sauver la raison de la menace sceptique.

> Peut-être les problèmes posés par les variations et par les illusions auxquelles les sens étaient sujets et que les sceptiques avaient présentées avec tant de minutie prouvaient-ils donc l'impossibilité dans laquelle nous étions de connaître les choses en elles-mêmes ; les renseignements dont nous disposons sur la façon dont les expériences variaient en fonction des conditions nous permettaient néanmoins de formuler certaines lois concernant les observations faites par les sens, telles les lois de la réfraction[11] par exemple. Ces lois portant sur les apparences nous permettaient de corriger ou d'expliquer certains des renseignements que nous communiquaient les sens et donc d'éliminer les problèmes posés par les illusions[12].

Descartes, soucieux d'étendre la certitude mathématique à l'ensemble du savoir, de rendre l'être humain maître et possesseur de la nature et de résoudre le conflit qui oppose la science et la religion, répliquera à l'argumentation sceptique de façon éloquente et même fera paradoxalement naître du scepticisme la certitude philosophique.

---

10. René Descartes, *Méditations métaphysiques*, dans *Œuvres et lettres*, Paris, Gallimard, NRF, Bibliothèque de la Pléiade, 1953, p. 257. C'est nous qui soulignons.
11. L'illusion que crée un objet plongé dans l'eau, par exemple une rame, qui apparaît brisé à la surface de l'eau a souvent été utilisée par les sceptiques pour discréditer tout recours aux sens pour fonder une connaissance quelconque. Descartes découvrit la loi de la réfraction de la lumière qui explique de façon rationnelle les causes de cette illusion d'optique. Dans le même sens, Galilée, en découvrant la loi du mouvement uniformément accéléré, expliqua les causes de l'illusion de l'immobilité du monde.
12. Richard H. Popkin, *Histoire du scepticisme d'Érasme à Spinoza*, Paris, P.U.F., coll. Léviathan, 1995, p. 183.

Descartes est un homme instruit, mais rongé par le doute. Il combattra le doute sceptique par le doute méthodique. En réaction au scepticisme et au dogmatisme de la scolastique, Descartes cherche à fonder la philosophie comme science. Mais comment doit-on procéder? En donnant à la philosophie une méthode inspirée de celle des sciences et capable d'atteindre la certitude.

La méthode

La question de la méthode est omniprésente au XVIIe siècle. Bacon, Galilée et maintenant Descartes sont tous convaincus que la rationalité appliquée aux différents domaines du savoir est une question de méthode. La méthode scientifique, appliquée aux phénomènes de la nature, donne des résultats si probants que Descartes finira par croire que l'esprit humain pourrait atteindre la certitude, dans tous les domaines du savoir, s'il procédait méthodiquement. Il développe une attitude rationaliste en accordant à la raison une confiance sans limites, et cela même dans les domaines de la philosophie. Descartes définit ainsi la méthode :

> Ce que j'entends par méthode, c'est un ensemble de règles certaines et faciles, par l'observation exacte desquelles on sera certain de ne prendre jamais le faux pour le vrai, et, sans dépenser inutilement les forces de son esprit, mais en accroissant son savoir par un progrès continu, de parvenir à la connaissance vraie de tout ce dont on sera capable[13].

Les règles de la méthode

La première règle est d'éviter les erreurs et de n'accorder à aucune affirmation le statut de vérité avant qu'elle n'atteigne le degré de l'évidence **indubitable**. Formulé à la première personne, cela signifie que je dois donc résister à mon penchant naturel à juger spontanément à partir de mes impressions et de mes préjugés, et plutôt chercher à « […] ne comprendre rien de plus en mes jugements que ce qui se présenterait si clairement et si distinctement à mon esprit que je n'eusse aucune occasion de le mettre en doute[14] ». C'est ce qu'il est convenu d'appeler la *règle de l'évidence* :

> Est claire l'idée qui est immédiatement présente à l'esprit, qui se manifeste à lui au sein d'une intuition directe. Est distincte l'idée dont le contenu nous apparaît de façon assez nette pour que nous puissions séparer aisément ce qui lui appartient et ce qui ne lui appartient pas, autrement dit pour que nous puissions séparer l'idée elle-même de toutes les autres[15].

Il ne suffit pas seulement d'éviter les erreurs, mais aussi de *découvrir la vérité*. Pour ce faire, il faut d'abord *analyser* (règle 2) les problèmes, c'est-à-dire décomposer notre objet d'étude de façon à prendre en considération toutes les parties qui le composent, et ensuite produire une *synthèse* (règle 3), c'est-à-dire faire le chemin inverse en construisant en pensée notre objet d'étude « […] en commençant par les objets les plus simples et les plus aisés à connaître, pour remonter peu à peu, comme par degrés, jusques à la connaissance des plus composés […] »; et puis finalement être *exhaustif* (règle 4), c'est-à-dire « faire partout des *dénombrements* si entiers, et des revues si générales, que je fusse assuré de ne rien omettre[16] ».

Indubitable : Que l'on ne peut mettre en doute, c'est-à-dire incontestable.

---

13. René Descartes, *Règles pour la direction de l'esprit*, dans *op. cit.*, p. 46.
14. Id., *Discours de la méthode*, dans *op. cit.*, p. 137.
15. Ferdinand Alquié, «Descartes», dans *Dictionnaire des philosophes*, Paris, Encyclopædia Universalis et Albin Michel, 1998, p. 444.
16. René Descartes, *Discours de la méthode*, dans *op. cit.*, p. 138.

Bref, le doute puis l'analyse et la synthèse, pratiqués de façon exhaustive, doivent offrir à l'esprit humain la certitude dans tous les domaines du savoir, y compris celui de la philosophie.

La philosophie première (la métaphysique)

Dans les différentes présentations que Descartes a faites de cette méthode générale tout au long de son œuvre, l'application de cette méthode à la philosophie suit toujours le même schéma : *je doute → je pense → je suis → Dieu existe → Dieu garantit ma connaissance*. Le point de départ de la philosophie cartésienne est donc le doute.

Je doute…

Au début de la première *Méditation*, Descartes écrit :

> Il y a déjà quelque temps que je me suis aperçu que, dès mes premières années, j'avais reçu quantité de fausses opinions pour véritables, et que ce que j'ai depuis fondé sur des principes si mal assurés, ne pouvait être que fort douteux et incertain ; de façon qu'il me fallait entreprendre sérieusement une fois en ma vie de me défaire de toutes les opinions que j'avais reçues jusques alors en ma créance, et commencer tout de nouveau dès les fondements, si je voulais établir quelque chose de ferme et de constant dans les sciences[17].

Véracité : Qualité de ce qui est non trompeur.

Comment faire pour s'assurer de la **véracité** de ses opinions, si nous avons déjà pris pour vraies des faussetés sans nous en apercevoir ? Comment être sûrs, cette fois-ci, que nous ne nous trompons pas ? Appliquer la première règle, c'est-à-dire de tout mettre en doute et de ne tenir pour vrai que ce qui aura la force de l'évidence et qui sera indubitable. Pour être rigoureux, il faut rejeter tout ce qui ne résiste pas à l'examen critique du doute.

Descartes doute du témoignage des sens et de l'existence du monde. Résumons le raisonnement de Descartes. L'être humain appréhende le monde qui l'entoure par ses sens ; or, nos sens nous trompent parfois, et cela à notre insu. On ne peut donc pas être certains que les objets extérieurs à nous soient comme nous les percevons ; plus encore, on ne peut pas être sûrs qu'ils existent réellement dans le monde, car il n'est pas rare qu'en rêve, par exemple, nous prenions des objets imaginaires pour des objets réels. Nous n'aurions peut-être que l'impression de vivre au milieu d'objets. Pour prouver, hors de tout doute, l'existence du monde extérieur, il nous faudrait sortir de nous-mêmes pour appréhender le monde de façon non sensible. Bien sûr, il n'est pas possible de s'extirper de notre condition d'être sensible. Nous n'avons donc aucune certitude confirmant l'existence d'un monde extérieur et nous sommes réduits à appréhender le monde à l'aide de nos sensations souvent trompeuses. Nous sommes donc amenés à douter, dans un premier temps, de la réalité des choses sensibles, puisqu'il est impossible de réfuter la possibilité que le monde extérieur soit une illusion.

Descartes a le projet de fonder la philosophie comme une science première. Il va donc appliquer la règle du doute de façon rigoureuse et *mettre les sciences particulières et les mathématiques en question*. S'il est admis que les sens me trompent, qu'en est-il des sciences qui étudient ces choses sensibles ? Est-ce que la méthode expérimentale, qui est fondée sur l'observation et donc requiert l'utilisation des sens pour colliger les résultats de l'expérimentation, n'est pas elle-même contestable ? Il est douteux qu'une science qui utilise les perceptions, sans savoir si elles sont vraies, puisse dire la vérité sur le monde extérieur.

---

17. *Id., Méditations métaphysiques*, dans *op. cit.*, p. 267.

Descartes, par souci de rigueur, soumet aussi les mathématiques à l'épreuve du doute méthodique et procède à la remise en question de la valeur de vérité des mathématiques.

Le doute hyperbolique

Pour des raisons méthodiques et pour régler ses comptes avec le scepticisme, Descartes suppose l'existence d'un mauvais génie qui aurait tout fait pour nous tromper. Imaginons, nous dit Descartes :

Doute hyperbolique :
Doute poussé à l'extrême qui n'est que théorique et provisoire. L'adjectif hyperbolique est synonyme d'exagéré.

> […] un Dieu qui peut tout, et par qui j'ai été créé et produit tel que je suis. Or qui me peut avoir assuré que ce Dieu n'ait point fait qu'il n'y ait aucune terre, aucun ciel, aucun corps étendu, aucune figure, aucune grandeur, aucun lieu, et que néanmoins j'aie les sentiments de toutes ces choses, et que tout cela ne me semble point exister autrement que je le vois ? Et même, comme je juge quelquefois que les autres se méprennent, même dans les choses qu'ils pensent savoir avec le plus de certitude, *il se peut faire qu'il ait voulu que je me trompe toutes les fois que je fais l'addition de deux et de trois, ou que je nombre les côtés d'un carré, ou que je juge de quelque chose encore plus facile, si l'on se peut imaginer rien de plus facile que cela.* […] Je penserai que le ciel, l'air, la terre, les couleurs, les figures, les sons et toutes les choses extérieures que nous voyons, ne sont que des illusions et tromperies, dont il se sert pour surprendre ma crédulité. *Je me considérerai moi-même comme n'ayant point de mains, point d'yeux, point de chair, point de sang, comme n'ayant aucun sens, mais croyant faussement avoir toutes ces choses.* Je demeurerai obstinément attaché à cette pensée ; et si, par ce moyen, il n'est pas en mon pouvoir de parvenir à la connaissance d'aucune vérité, à tout le moins il est en ma puissance de suspendre mon jugement. C'est pourquoi je prendrai garde soigneusement de ne point recevoir en ma croyance aucune fausseté, et préparerai si bien mon esprit à toutes les ruses de ce grand trompeur, que, pour puissant et rusé qu'il soit, il ne pourra jamais rien imposer[18].

Si Descartes peut douter de sa propre existence, il va de soi que les mathématiques sont une illusion parmi tant d'autres. La toute-puissance de Dieu serait telle qu'il aurait pu faire que deux et trois ne fassent pas cinq.

… donc j'existe

En poussant le doute à sa limite extrême, *Descartes découvre, de façon paradoxale, une première certitude : le* cogito. Si je peux douter de l'existence du monde extérieur, des sciences, des mathématiques (qui n'ont pas besoin du monde extérieur pour exister) et même de ma propre existence, je ne peux pas douter que je doute. Car même si je doute que je doute, je doute encore. Et si je doute que je doute que je doute, je doute encore… Cette régression tend à une limite qui nous renvoie à une évidence incontournable. Descartes formula la chose en ces termes : *Cogito ergo sum* qui se traduit en français par « Je pense, donc je suis » (**figure 2.5**).

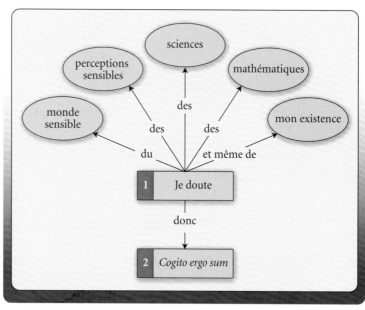

Figure 2.5 Le *cogito* cartésien.

---

18. *Ibid.*, p. 270-272. C'est nous qui soulignons.

L'indubitable *cogito* n'est pas une prémisse de laquelle découleraient toutes les autres vérités. Il est une base au discours rationnel. Le *cogito* lève l'hypothèque du scepticisme relatif à la connaissance humaine et rend possible une recherche visant à construire un système philosophique permettant de connaître la réalité. *Une seule certitude suffit à récuser le scepticisme.*

Si le *cogito* justifie de façon certaine mon existence, alors qui suis-je? « *Je suis une chose qui pense*, c'est-à-dire qui doute, qui affirme, qui nie, qui connaît peu de chose, qui en ignore beaucoup, qui aime, qui hait, qui veut, qui ne veut pas, qui imagine aussi, et qui sent[19]. » Descartes se demande aussi, s'il existe en cette « *chose qui pense* » d'autres connaissances qu'il n'aurait pas aperçues? Le fait que je puisse avoir des idées (des représentations), des affections ou des volontés (penchants) est incontestable. Même si j'ai l'idée d'une chimère ou un attachement pour les superstitions, il n'en demeure pas moins que j'ai cette idée ou cet attachement. La méprise réside dans le jugement. Si j'affirme que la chimère existe en tant qu'objet dans le monde extérieur, l'erreur me guette. Pour Descartes, seuls les jugements peuvent être vrais ou faux. Comment lever le doute sur les jugements impliquant l'existence du monde extérieur et ma présence dans ce monde? Pour répondre à cette question, il faut invalider l'objection du Dieu trompeur.

Dieu existe et ne peut pas me tromper...

Si une idée, une seule parmi la réalité objective des idées, renvoie à une cause qui n'est pas moi-même, dit Descartes, je pourrai enfin m'assurer de l'existence d'un monde extérieur. Il n'y a que l'idée de Dieu dont je ne puis pas être la cause. Je n'aurais pas pu trouver la cause de l'idée de substance *infinie* en moi-même,

> [...] qui suis un être fini, si elle n'avait été mise en moi par quelque substance qui fût véritablement infinie. [...] comment serait-il possible que je puisse connaître que je doute et que je désire, c'est-à-dire qu'il me manque quelque chose et que je ne suis pas tout parfait, si je n'avais en moi aucune idée d'un être plus parfait que le mien, par la comparaison duquel je connaîtrais les défauts de ma nature[20].

Selon le principe de causalité, qui conduit ce raisonnement, les idées d'infini et de perfection ne peuvent venir que d'un être infini et parfait, donc pas de moi qui suis fini et imparfait.

> Il est donc doublement démontré, de cela seul que j'existe et que j'ai en moi l'idée de Dieu, que Dieu existe aussi. Il me reste à préciser... d'où provient cette idée. Elle ne provient ni des sens, ni de l'imagination [...] Elle fait partie des idées qui sont nées avec moi, et *elle m'est innée* de la même façon que m'est innée l'idée que j'ai de moi-même[21].

Dieu existe et serait cause de sa propre idée en moi. Descartes avance aussi l'idée que Dieu serait cause du moi ayant l'idée de Dieu.

Après avoir prouvé l'existence de Dieu par un raisonnement et sans aucun recours à une quelconque révélation, il faut encore lever le doute qui pèse sur l'existence des objets du monde extérieur. Dieu, défini comme un être parfait, infini, omniscient et omnipotent, ne saurait être trompeur[22]. Il a le pouvoir de me tromper, mais il ne peut

---

19. *Ibid.*, p. 284. C'est nous qui soulignons.
20. *Ibid.*, p. 294.
21. Hélène Bouchilloux, *La question de la liberté chez Descartes. Libre arbitre, liberté et indifférence*, Paris, Honoré Champion Éditeur, coll. Travaux de philosophie, 2003, p. 38.
22. Comme Dieu ne cherche pas à me tromper, le monde que je perçois existe bel et bien (véracité divine).

pas être trompeur, parce que la tromperie est une imperfection. Si Dieu ne nous trompe pas, il n'en demeure pas moins que l'erreur existe. Alors, d'où provient donc l'erreur?

La véracité divine garantit la valeur de notre pensée

Tant que la pensée ne juge que selon des idées claires et distinctes, elle est infaillible. Mais alors, comment se fait-il que nous nous trompions? Si l'erreur ne vient pas de Dieu, elle vient de nous. Nous sommes, par nature, des êtres finis et imparfaits. Mais, en tant que créature de Dieu, ne devions-nous pas être parfaits? Les facultés que Dieu nous a données sont irréprochables. C'est l'usage que nous en faisons (le jugement) qui est cause d'erreurs.

Bref, j'existe, le monde extérieur existe aussi. Je peux le connaître à la condition d'éviter soigneusement la précipitation et de ne comprendre rien de plus en mes jugements que ce qui se présente clairement et distinctement à mon esprit lorsque je procède méthodiquement.

Cette démarche par laquelle je peux m'assurer de mon existence, de l'existence d'un monde extérieur et du fait que j'existe dans ce monde extérieur constitue la base de la conception de l'être humain proposée par Descartes.

Il peut sembler que la route a été longue avant de poser la question «Qu'est-ce qu'être un humain?» selon Descartes. Mais c'est le prix à payer pour rompre avec le monde du sacré et de l'irrationnel. La preuve de l'existence de Dieu, proposée par Descartes, est un pur produit de la raison qui incommodait les théologiens tant catholiques que protestants.

La conception de l'être humain de Descartes

«En dehors de Dieu, substance incréée et infinie, il existe, selon Descartes, deux sortes de substances, des substances créées, immatérielles et pensantes: les âmes; des substances créées, matérielles et étendues: les corps[23].» Selon Descartes, la nature humaine est composée par l'union d'une âme et d'un corps. Cette conception est appelée **dualisme**, non pas tant parce qu'elle renvoie à deux substances que parce qu'elle conçoit ces deux substances comme des éléments autonomes et indépendants l'un de l'autre. L'âme, substance immatérielle, n'a pas besoin du corps pour exister, ni pour fonctionner. Selon Descartes, la découverte du *cogito*, la preuve de l'existence de Dieu, les mathématiques et le phénomène du rêve sont autant de raisons de croire à l'autonomie de l'âme par rapport au corps. Et, en tant que substance immatérielle, elle ne peut être qu'immortelle. D'autre part, le corps est mortel, puisqu'il est une substance matérielle. La mort est un phénomène associé à la vie matérielle. Le corps est aussi indépendant de l'âme, puisqu'il n'a pas besoin de cette dernière pour fonctionner. Là aussi, le sommeil et les pertes de conscience sont des phénomènes invoqués pour appuyer l'idée de l'autonomie et de l'indépendance du corps. Mais, pour Descartes, l'être humain est un être dont l'attribut essentiel et fondamental est la pensée, c'est-à-dire la faculté de concevoir le monde réel à l'aide d'idées. Il ne faut pas en conclure que, pour Descartes, l'être humain ne vit que pour penser, mais qu'il est composé concrètement par l'union de ces deux substances.

Dualisme: Théorie selon laquelle le monde, qui inclut l'homme, se compose non pas d'une, mais de deux substances.

23. Ferdinand Alquié, «Descartes», dans *op. cit.*, p. 456.

Le corps

Le corps est une chose extérieure qui prend place dans l'espace et dans le temps. Impressionné par la physique moderne naissante, Descartes conçoit les êtres vivants comme des machines et « […] décrit donc le corps comme une machine hydraulique parcourue de tuyaux, dans lesquels s'effectue une constante circulation de fluides[24] ». Pour lui, les « […] nerfs sont, eux aussi, des tuyaux. Ils contiennent des filets, c'est-à-dire de petits fils, qui, tirés, à la manière de cordes, par les organes des sens, sont les moyens de transmission de la sensibilité. […] Tout s'explique donc, en notre corps, par des actions mécaniques de traction, de pression, de gonflement[25]. » Selon Descartes, l'être humain se distingue des autres animaux par le fait qu'il est aussi une chose qui pense.

L'âme ou l'esprit

Descartes rompt avec l'idée traditionnelle d'âme comprise comme le principe d'animation de la vie. Il emploie, tout au long de son œuvre, indifféremment les termes *âme* et *esprit*, selon qu'il veut parler de l'affectivité et de la volonté ou des fonctions purement intellectuelles, comme l'entendement ou la raison. Les pensées de cette « chose qui pense » peuvent avoir comme origine la volonté intérieure, qui peut décider et faire agir le corps, mais elles peuvent aussi être alimentées par des perceptions sensibles et faire agir en fonction du monde extérieur. Les premières expriment nos volontés, les secondes, nos passions. L'affectivité, la volonté, l'entendement et la raison sont donc les attributs définissant l'âme.

L'homme concret : l'union de l'âme et du corps

Pour Descartes, c'est l'expérience de la vie qui témoigne de l'union nécessaire des deux substances :

> La nature m'enseigne aussi par les sentiments de douleurs, de faim, de soif, etc., que je ne suis pas seulement logé dans mon corps, ainsi un pilote en son navire, mais, outre cela, que je lui suis conjoint très étroitement et totalement confondu et mêlé, que je compose comme un seul tout avec lui. Car, si cela n'était, lorsque mon corps est blessé, je ne sentirais pas pour cela de la douleur, moi qui ne suis qu'une chose qui pense, mais j'apercevrais cette blessure […] comme un pilote aperçoit par la vue si quelque chose se rompt dans son vaisseau […] tous les sentiments de faim, de soif, de douleur, etc., ne sont autres choses […] qui proviennent et dépendent de l'union […] de l'esprit avec le corps[26].

Mais comment expliquer l'union des deux substances ? Comment comprendre que la volonté puisse mouvoir la matière ? Que la matière puisse produire des sentiments, des émotions ? Descartes s'oppose à la tradition qui concevait les passions comme des maladies de l'âme, des erreurs de jugement, des vices qu'il faut combattre. Pour lui, les passions sont l'expression de la nature humaine et on peut en expliquer le mécanisme.

Il situe les passions dans le corps, mais celles-ci impliquent l'âme dans la mesure où elle perçoit, à travers des sentiments et des émotions, ce qui se passe dans le corps. Les passions sont donc des perceptions de l'âme qui ont le corps pour cause. Mais comment

---

24. Descartes accepte l'idée de circulation, mais ne sera pas d'accord avec William Harvey sur le rôle du cœur dans la circulation sanguine.
25. Ferdinand Alquié, « Descartes », dans *op. cit.*, p. 457.
26. René Descartes, *Méditations métaphysiques*, dans *op. cit.*, p. 326.

le corps communique-t-il avec l'âme ? Par un fluide (les esprits animaux) qui circule dans les nerfs du corps. Le contact entre les esprits animaux et l'âme se fait au niveau de la glande pinéale (épiphyse) logée en dessous du cerveau. C'est celle-ci qui rend matériellement possible l'échange d'informations entre le corps qui sent et l'âme (l'esprit) qui est consciente de ce que le corps ressent. L'âme n'est pas ici passive. C'est la volonté qui active la glande pinéale responsable des échanges entre le corps et l'âme. Dans l'explication de l'homme concret, la volonté joue un rôle primordial.

Les passions du corps ont tendance à déformer les objets et à pousser l'individu à l'exagération. C'est ce qui est sous-entendu quand on parle de quelqu'un qui agit sous le coup de l'émotion. C'est en pensant à de telles situations que Descartes affirme qu'il faut dompter les passions.

La place de la liberté dans la conception cartésienne de l'être humain

Dans sa conception de la liberté, Descartes procède à une hiérarchisation des niveaux de liberté en distinguant la liberté d'indifférence et la liberté par la raison.

Dans la quatrième *Méditation*, Descartes précise ce qu'il entend par volonté. Il y a en l'être humain un pouvoir absolu de douter, d'affirmer ou de nier et même de suspendre son jugement, quand il n'est pas certain de ce qu'il faut penser ou de ce qu'il faut faire. Et cette puissance réside dans la volonté. Ce pouvoir est absolu dans la mesure où il n'y a pas de limites à la volonté ; on peut tout vouloir, même l'impossible. Descartes nomme « libre arbitre » ce pouvoir qui n'est soumis à aucune contrainte extérieure. La volonté serait donc ce libre arbitre en action. Mais attention ! Le libre arbitre (la volonté) n'est pas toute la réalité de la liberté humaine. La liberté humaine ne se définit pas tant par le pouvoir de douter, de juger, de nier, que par l'usage que l'individu en fait. C'est toujours librement que l'être humain décide des choix volontaires. L'individu humain peut user de son pouvoir de juger dans l'indifférence totale, c'est-à-dire choisir ceci au lieu de cela sans raison. L'individu peut même décider de faire le mal dans le seul but d'affirmer sa liberté. Ces voies que peut prendre la volonté sont, du point de vue de Descartes, le plus bas degré de liberté qui puisse exister. La volonté peut aussi se réaliser par l'ignorance, c'est-à-dire prendre des décisions sans comprendre leurs enjeux. Décider par empressement ou par paresse, malgré une hésitation persistante : il s'agit là aussi d'un degré de liberté qui n'est guère plus élevé que le précédent. Cependant, la volonté peut aussi se déterminer elle-même à suivre l'influence des idées claires et distinctes de l'entendement. C'est dans l'entendement que réside le pouvoir de la rationalité. Et plus les déterminations de l'entendement sont fortes, plus grande est la liberté. La liberté se définit donc par la détermination de la volonté et non par son indétermination, comme on pourrait le croire spontanément.

La liberté par la raison est la liberté qui est déterminée sans être contrainte. C'est ce qui se produit lorsque l'individu use de son pouvoir de douter, de juger, de nier, etc., sans contrainte, c'est-à-dire sans pression morale ou physique qui l'oblige à agir ou freine son action. Toutefois, cela ne signifie pas que l'individu peut agir dans l'indifférence. La détermination de la volonté, par le pouvoir de connaître rationnellement les choses, est l'authentique liberté. Déterminer ce qu'on veut, c'est faire en sorte que l'objet qui nous préoccupe soit connu avec précision. Plus la connaissance est adéquate, plus la liberté de l'individu est grande. Une volonté qui serait déterminée par une connaissance certaine jouirait du plus haut degré de liberté. Bref, la liberté humaine serait inversement proportionnelle à l'indifférence.

[…] lorsque après avoir douté de tout je suis enfin parvenu à un premier principe certain – celui de ma propre existence en tant que chose pensante –, je n'ai pu m'empêcher d'en affirmer la vérité, non que j'y aie été contraint ou forcé par quelque cause extérieure, mais au contraire parce que j'y ai été intérieurement incliné par la clarté et la distinction d'un principe devenu indubitable. D'une grande lumière de mon entendement a découlé une grande propension dans ma volonté. J'ai été d'autant plus libre que j'ai été moins indifférent[27].

L'article 37 des *Principes de la philosophie* précise que « […] la principale perfection de l'homme est d'avoir un libre arbitre, et que c'est ce qui le rend digne de louange ou de blâme[28] ». Dieu aurait créé l'homme avec une volonté infiniment et absolument libre, afin qu'il fût responsable de ses actes. C'est, selon Descartes, par la volonté infiniment et absolument libre que l'on reconnaît la signature de Dieu sur son œuvre.

Conclusion

Lorsqu'on discute spontanément de la question de la liberté, elle est souvent abordée de façon empirique, c'est-à-dire par la description des manifestations concrètes d'une action autonome. On a ainsi tendance à la définir comme le pouvoir d'agir sans entraves. Or, c'est justement à cette conception que Descartes s'oppose. Pour lui, la liberté ne réside pas dans l'action, mais en nous.

Descartes fait de la liberté une caractéristique essentielle de l'être humain. Et cela, même si la liberté n'est pas connaissable scientifiquement comme un objet ou un phénomène de la nature. Pour lui, la liberté se vit, elle s'éprouve en tant qu'elle rend possible l'acte à accomplir. Elle n'est donc pas dans l'action, elle est préalable à l'action. L'homme vit au plus haut point sa liberté quand il délibère, aidé par la raison. Elle apparaît donc comme la capacité de s'autodéterminer. Lorsqu'il agit ou n'agit pas, tout a déjà été décidé. L'action est une conséquence de l'exercice de la liberté.

Cette conception tout intérieure de la liberté ne va pas être acceptée sans critiques. Hobbes, un philosophe anglais, va reprendre le point de vue de la liberté extérieure, de la liberté dans l'action.

2.3.2 Hobbes : la liberté de faire

Le projet de Hobbes

Ses fréquents voyages sur le continent, dont le dernier dura plus de onze ans, ont permis à Hobbes de se familiariser avec la pensée des grands fondateurs de la pensée moderne : Descartes et Galilée, mais aussi William Harvey et Gassendi. C'est au contact de ces innovateurs qu'il développa sa conception matérialiste de la nature, de la nature humaine et de la liberté. Il fut aussi inspiré par la géométrie et la mécanique de Descartes, mais c'est surtout la théorie galiléenne du mouvement dans le vide qui fournit les fondements de sa conception de la liberté humaine. Finalement, la philosophie de Gassendi, qui reprenait des idées d'Épicure sur le mouvement incessant des particules atomiques, renforça son attitude matérialiste.

Mais Hobbes ne fut pas qu'un observateur ; ce fut aussi un innovateur en philosophie politique. Sa théorie du contrat social fait de lui un véritable précurseur de la science

---

27. Hélène Bouchilloux, *op. cit.*, p. 51.
28. René Descartes, *Principes de la philosophie*, dans *op. cit.*, p. 587.

Portrait de Thomas Hobbes
(1588-1679)

Né à Wesport en Angleterre en 1588, Thomas Hobbes connut une vie mouvementée, à l'image de ce début des temps modernes. Étudiant à la meilleure université d'Angleterre, il se lie avec une famille de la plus haute noblesse, les Cavendish. En 1610, devenu tuteur du jeune comte Cavendish, il voyage en Europe avec lui. De retour dans son pays, il travaille avec le père de la philosophie empiriste anglaise et de la méthode expérimentale, *sir* Francis Bacon. Mais ses voyages subséquents sur le continent européen en feront plutôt un rationaliste consacrant ses efforts à la géométrie et aux mathématiques. Il fréquente le père Mersenne qui lui sert d'intermédiaire avec les savants et philosophes du continent, dont Descartes et Galilée. En 1640, lorsque Cromwell renverse la monarchie, Hobbes, fervent monarchiste, doit fuir en France. Entre 1640 et 1650, il publie ses premiers traités dont des *Objections aux Méditations métaphysiques de Descartes* et *Le citoyen ou les fondements de la politique*. En 1651, Hobbes revient à nouveau dans son pays et fait paraître son œuvre majeure, *Léviathan*, pour lequel il est accusé d'athéisme. Grâce à la protection du roi Charles II qui avait été son élève durant son exil français, il pourra éviter les poursuites. Il nourrit malgré cela une polémique concernant la nature de la liberté avec l'évêque de Dublin. La pension que lui verse le roi et les générosités des Cavendish lui permettront de vivre en paix jusqu'en 1679, alors qu'il meurt à l'âge vénérable de 91 ans. Cependant, en 1683, l'Université d'Oxford condamne son œuvre et ses livres sont brûlés sur la place publique.

Œuvres principales :

- *Le citoyen ou les fondements de la politique* (1642)
- *Éléments du droit naturel et politique* (1650)
- *Léviathan* (1651)
- *De la liberté et de la nécessité* (1654)
- *Traité de l'homme* (1658)

politique moderne. Il l'est tout d'abord par sa volonté de lier sa philosophie à la science physique et aux mathématiques de l'époque à travers ses discussions avec les plus grands esprits. Il l'est aussi par son obsession à trouver des solutions aux problèmes politiques et aux guerres qui ensanglantent alors l'Angleterre et l'Europe, qu'il s'agisse de guerres de succession au trône fondées sur l'appartenance religieuse ou l'origine familiale, ou de guerres entre le Parlement et le roi. Hobbes fut le premier à proposer une fondation nouvelle du pouvoir politique, à l'encontre des traditions établies qui faisaient reposer l'État sur l'autorité divine. Hobbes donna aussi une réponse personnelle à la question fondamentale «Qu'est-ce qu'être un humain?» en rejetant la dualité corps-âme et en affirmant la matérialité de l'esprit. En fait, il posa le problème autrement et fit voir, du même coup, des aspects de la philosophie de l'être humain jusque-là inexplorés. Au lieu de continuer à expliquer l'être humain comme la créature divine la plus achevée, conformément à la tradition religieuse, il tenta de comprendre la nature humaine en dehors de toute idée de création. Cette nature humaine, peut-on l'observer quelque part dans le monde et la décrire? Existe-t-il une nature humaine universellement partagée au-delà ou en deçà des diversités culturelles observables? Il semble bien que non. On découvre en effet que les hommes et les femmes qu'on observe dans le Nouveau Monde au XVIIe siècle ne vivent pas à l'état de nature, mais en société. Il s'agit d'une société qui semble primitive aux contemporains de Hobbes, mais une société quand même, avec ses règles, ses interdits, une hiérarchie, etc. Ne pouvant décrire directement son objet d'étude, Hobbes se propose de réfléchir à partir de l'hypothèse d'un supposé «état de nature». Cet état serait celui de l'homme avant toute évolution sociale et sans considération de ce qu'en disent les religions:

> Afin donc que je prenne mon raisonnement du plus haut que je pourrai, il faut que nous rebroussions vers le premier état de nature et que nous considérions les hommes comme s'ils ne faisaient que naître, ainsi que des potirons[29].

Le projet que Hobbes se donne est donc très ambitieux et jusque-là inédit: tenter de décrire la nature humaine de façon scientifique et formuler la théorie du pouvoir politique qui devrait en découler. Ce projet l'amène à supposer que, à l'origine des sociétés, le pouvoir politique commence par un pacte ou un contrat social auquel chacun donne son accord, transformant ainsi les régimes de droit du plus fort en *Commonwealth*, c'est-à-dire en un *droit de tous à jouir de leurs biens en toute sécurité*. Il pense ainsi avoir jeté les bases théoriques d'un monde pacifique où les individus ne craindraient pas de perdre la vie à la première occasion, assumant librement leurs intérêts individuels selon les pouvoirs que leur a donnés la nature. La réalisation de son projet nécessitera donc qu'il éclaircisse d'abord ce qu'il entend par nature, car il veut *déduire* l'organisation de la vie politique et la liberté individuelle à partir des caractéristiques naturelles des corps en général. Son projet relève ainsi du rationalisme matérialiste.

La conception de la nature de Hobbes: un ensemble de forces en mouvement

Pour Hobbes, la nature est l'ensemble de tout ce qui existe. Cela inclut l'homme au même titre que toutes les autres choses. Comment, demande-t-il, peut-on savoir que quelque chose existe? Simplement parce que cette chose a une opacité qui résiste aux sens sur lesquels elle exerce une force: tout dans la nature serait ainsi corps ou matière. Et quelles sont les principales caractéristiques de ces êtres corporels? Chaque corps est caractérisé d'abord par une certaine *quantité* ou étendue, comme le disait Descartes; puis, par cette autre propriété que Galilée a si bien étudiée dans sa physique: le *mouvement*. Cette référence à la physique galiléenne est essentielle pour comprendre l'argumentation de Hobbes. Selon Galilée, si les corps pouvaient se mouvoir dans le vide, ce mouvement serait perpétuel. Mais dans le monde matériel, les corps rencontrent d'autres corps et interagissent avec eux. C'est la somme de ces interactions qu'on appelle la nature. Par contre, il n'y a pas dans la nature d'êtres abstraits ou généraux: il s'agit là d'inventions que l'esprit humain produit principalement grâce à sa faculté langagière. Bref, tout ce qui n'est pas *singulier et matériel* n'est pas un être naturel, mais plutôt une création artificielle produite par la parole humaine. *Dans cette optique*, Dieu, l'être immatériel par excellence, serait une pure invention de celle-ci.

À la fin de son livre intitulé *Léviathan*, Hobbes revient sur une objection qu'on lui avait adressée relativement à la thèse par laquelle il nie l'existence des substances incorporelles. Elle semble en effet équivaloir à la négation de l'existence de Dieu ou à l'affirmation

---

29. Thomas Hobbes, *Le citoyen ou les fondements de la politique*, trad. par Samuel Sorbière, Paris, Flammarion, 1982, p. 180.

que Dieu est un corps. Hobbes s'empresse de répondre qu'effectivement, Dieu est un corps[30]. Le milieu religieux ne mit pas longtemps à réagir contre un tel matérialisme, qui est en fait une déclaration d'athéisme déguisée! Si Dieu est un corps, c'est le dogme fondamental de la religion chrétienne et toute la scolastique qui sont ébranlés.

La conception de l'être humain de Hobbes

Dans ce vaste ensemble matériel qu'est la nature, l'être humain est d'abord déterminé par son animalité. Cette détermination générale s'explique par la puissance du mouvement de la nature, qui est double. Elle est d'abord un « mouvement vital » qui anime les fonctions de l'organisme comme la circulation sanguine, la respiration ou la digestion; elle est ensuite un *conatus*, mot latin que l'on peut traduire par « inclinaison naturelle vers » ou par penchant à faire tout ce qui permet à l'individu de se préserver dans son être. Ce « penchant » se réalise par un acte volontaire, par exemple se lever, courir, fuir. Ce sont là des mouvements internes (instinctifs) que connaissent tous les animaux appelés par la nature à assurer leur vie et leur survie. Or, selon Hobbes, c'est cet effort pour se procurer ce qui est bon qui définit le désir. La faim offre un exemple simple de ces deux mouvements. Elle produit d'abord un mouvement vital qui nous signale que notre organisme manque d'énergie. Puis, elle crée un désir de nourriture visant à satisfaire ce manque. Pour satisfaire ce désir, l'homme produira un mouvement externe volontaire de cueillette, de chasse ou… de visite au marché d'alimentation. Hobbes attribue à l'homme la même mécanique interne que Descartes attribuait aux animaux qu'il décrivait comme des machines:

> Car, considérant que la vie n'est rien d'autre qu'un mouvement de membres, dont le commencement est en quelque partie principale intérieure, pourquoi ne pourrions-nous pas dire que tous les automates (des engins qui se meuvent eux-mêmes, par des ressorts et des roues, comme une montre) ont une vie artificielle? Car qu'est-ce que le cœur, sinon un ressort, les nerfs, sinon de nombreux ressorts, et les jointures, sinon autant de nombreuses roues qui donnent du mouvement au corps entier[31].

Il faut porter attention ici aux conséquences de l'hypothèse de l'état de nature imaginé par Hobbes. En abordant l'être humain « comme s'il sortait de la terre à la manière d'un champignon », il l'observe d'un point de vue scientifique, comme être singulier, comme simple organisme doué de mouvements internes et externes, en un mot comme n'importe quel animal. Il cherche ainsi à éviter la dérive vers les constructions théoriques des philosophies et des religions de son époque pour plutôt fonder sa conception de l'être humain sur des bases nouvelles, proches de l'expérience et de l'observation.

Un animal doué de parole et de raison

D'autre part, l'être humain possède aussi des caractéristiques spécifiques qui le distinguent de tous les membres du règne animal. Sa principale caractéristique spécifique est d'être doué de parole, c'est-à-dire du pouvoir d'exprimer ses sensations corporelles. Cette capacité lui permet de calculer les conséquences de ses actions et de tirer des règles générales pour son comportement. C'est ce que Hobbes appelle la raison:

> La raison, en ce sens, n'est rien d'autre que le fait de calculer les consécutions [conséquences] des dénominations générales admises pour marquer et signifier nos pensées […][32].

---

30. *Ibid.*, p. 772.
31. *Ibid.*, p. 5.
32. *Ibid.*, p. 38.

Bien que la raison lui confère une certaine supériorité sur les autres animaux, elle le place parfois aussi en position d'infériorité. En effet, lorsqu'il manque de méthode, il arrive à l'être humain de se tromper dans le calcul des conséquences. Le cas échéant, les humains aboutissent à de fausses conséquences qui les font énoncer des absurdités, telles que la foi en des superstitions et en l'existence d'êtres imaginaires. Les animaux ne sont pas victimes de ce type d'erreur, car ils sont guidés par leurs instincts.

Des êtres égaux en principe

Comme tous les êtres humains sont faits de ces deux mêmes éléments, le désir de conservation et le pouvoir de la parole, il en résulte qu'ils sont tous naturellement égaux. Cette égalité ne peut être contestée, selon Hobbes, parce que certains seraient plus ou moins forts physiquement ou intellectuellement :

> La Nature a fait les hommes si égaux pour ce qui est des facultés du corps et de l'esprit que, quoiqu'on puisse trouver parfois un homme manifestement plus fort corporellement, ou d'un esprit plus vif, cependant, tout compte fait, globalement, la différence entre un homme et un homme n'est pas si considérable qu'un homme particulier puisse de là revendiquer pour lui-même un avantage auquel un autre ne puisse prétendre aussi bien que lui[33].

Ces légères différences de forces physiques ou psychiques ne peuvent, par exemple, empêcher un plus faible de se liguer avec d'autres contre un plus fort et de l'emporter contre lui. Quant aux supposées différences intellectuelles, Hobbes n'est pas loin de penser comme Descartes qu'elles sont surtout dues à l'éducation et à l'usage qu'on en fait. Comme les hommes ont à peu près les mêmes forces physiques et intellectuelles, ils ont la possibilité de trouver ce dont ils ont besoin pour leur survie. Ils vont exercer ces forces au maximum jusqu'à ce qu'ils se heurtent à celles des autres sur leur chemin. Cette confrontation, qui les poussera même à s'entretuer, est pourtant en flagrante contradiction avec ce que notre philosophe nomme les « lois de nature ».

Des êtres régis par des lois de nature

La liberté de prendre tout ce que l'on juge bon pour notre survie, ou loi de nature, est pour chacun de nous l'équivalent d'un instinct ou d'une *nécessité logique*. L'être humain ne peut s'en détourner. À l'image des êtres matériels qui tendent naturellement à conserver leur mouvement, les êtres vivants, tendent à leur autopréservation :

> Une loi de nature, est un précepte, une règle générale, découverte par la raison, par laquelle il est interdit aux gens de faire ce qui mène à la destruction de leur vie, ou leur enlève les moyens de la préserver […][34].

Il faut noter qu'il s'agit ici d'une *loi naturelle*, donc d'une loi que l'homme est obligé de respecter. Il y est contraint par sa nature même, tout comme les objets matériels sont contraints de tomber au sol au lieu de s'élever dans les airs. De cette loi générale, Hobbes va déduire une série d'autres lois qui rendent compte de la mécanique qui pousse l'homme à sortir de son état de nature. Ainsi, devant les menaces qui pèsent sur leur espèce, les êtres humains se rendent compte que la seule façon de réaliser la première loi de nature, c'est de suivre volontairement la voie d'une deuxième loi : *parvenir à la paix par tous les moyens possibles*. Comme cette paix est impossible dans l'état de nature où tous les coups sont permis pour survivre, la raison leur impose donc :

---

33. *Ibid.*, p. 121.
34. *Ibid.*, p. 128.

[…] Que l'on consente, quand les autres y consentent aussi, à se dessaisir […] du droit qu'on a sur toute chose ; et qu'on consente autant de liberté à l'égard des autres qu'on en concéderait aux autres à l'égard de soi-même[35].

Il serait naïf de croire que cet abandon de l'état de nature, et ainsi de la liberté naturelle, puisse se faire sur la seule base de la parole donnée. Il faut que le consentement qui scelle cet abandon se fasse sur la base de conventions explicites. Qui accepterait, par exemple, de débourser 200 000 $ pour acheter une maison, sur la simple parole d'un vendeur et sans la protection d'un contrat notarié ? La troisième loi de nature conséquente aux deux premières se formulerait donc ainsi : « […] *que les hommes s'acquittent de leurs conventions, une fois qu'ils les ont passées*. Sans quoi les conventions sont sans valeur, et ne sont que des paroles vides ; et le droit de tous sur toutes choses subsistant, on est encore dans l'état de guerre[36]. »

Hobbes préfigure la conception moderne de la politique lorsqu'il formule ces « lois de nature » qu'il déduit comme des exigences logiques à partir de l'égalité et de la rationalité de tous et chacun. Son raisonnement se veut tout aussi logique en ce qui concerne la liberté.

La conception de la liberté de Hobbes : une liberté de faire

Lorsqu'il définit la liberté, Hobbes s'en tient encore à son attitude de physicien de la philosophie, puisqu'il tente de la déduire des principes matérialistes de sa conception de la nature. Il décrit la liberté comme une force que possède l'individu à peu près dans le même langage que celui utilisé dans les manuels de physique :

> Par LIBERTÉ, j'entends, selon la signification propre du mot, l'absence d'obstacles extérieurs, lesquels obstacles peuvent souvent enlever une part du pouvoir d'un homme pour faire ce qu'il voudrait, mais ne peuvent pas l'empêcher d'user du pouvoir restant, selon ce que son jugement et sa raison lui dicteront[37].

Ce faisant, il retire à l'être humain l'exclusivité de cette qualité dont Descartes disait qu'elle était « la principale perfection de l'homme ». La liberté devient ici une qualité universelle que même les choses possèdent. Si la liberté est le pouvoir de faire ou de ne pas être empêché de faire, les pierres, l'eau, les plantes ou les animaux peuvent être libres. Bien que quelque peu provocant, son exemple de l'eau et des récipients est, sans mauvais jeu de mots, d'une limpidité déconcertante :

> LIBERTY ou FREEDOM signifient proprement *l'absence d'opposition* (par opposition, j'entends les obstacles extérieurs au mouvement) et ces deux mots peuvent être appliqués aussi bien aux créatures sans raison et inanimées qu'aux créatures raisonnables ; car quelle que soit la chose qui est si liée, si entourée, qu'elle ne peut pas se mouvoir, sinon à l'intérieur d'un certain espace, lequel espace est déterminé par l'opposition de quelque corps extérieur, nous disons que cette chose n'a pas la liberté d'aller plus loin. Et il en est ainsi des créatures vivantes, alors qu'elles sont emprisonnées, ou retenues par des murs ou des chaînes, et de l'eau, alors qu'elle est contenue par des rives ou par des récipients, qui autrement se répandrait dans un espace plus grand ; et nous avons coutume de dire qu'elles ne sont pas en liberté de se mouvoir de la manière dont elles le feraient sans ces obstacles extérieurs[38].

La liberté ainsi définie ne peut se réaliser que conformément à la nature propre de chaque chose. Dans l'exemple présenté ci-dessus, l'eau qui s'échappe du récipient est

---

35. *Ibid.*, p. 129.
36. *Ibid.*, p. 143.
37. *Ibid.*, p. 128.
38. *Ibid.*, p. 221.

libre de couler, puisqu'elle est un liquide, mais elle n'est pas libre de remonter la pente sur laquelle elle s'écoule. *La liberté ne réside pas dans la délibération ou le choix, qui ne sont que des calculs nécessairement limités aux possibilités de notre nature physique, mais dans l'actualisation du choix.* Ainsi, pour Hobbes, l'impression de libre arbitre ou le choix sans cause est un pur fantasme fondé sur le caractère limité de nos connaissances et de nos expériences. Préfigurant l'exemple de la pierre en mouvement dont se servira Spinoza, Hobbes illustre sa pensée par l'image d'une toupie inconsciente de l'élan que lui ont imprimé des enfants, mais consciente de ses mouvements :

> Si une toupie en bois, qui, fouettée par des garçons, court au hasard, tantôt contre un mur, tantôt contre un autre, tantôt tournant sur elle-même, tantôt heurtant les mollets des hommes, était consciente de son propre mouvement, elle penserait qu'il procède de sa propre volonté, à moins qu'elle ne sente ce qui la fouette[39].

Figure 2.6 Une «toupie humaine».

Il s'agit bien évidemment d'une analogie destinée à illustrer notre condition humaine. Nous aussi, humains, tournons comme des toupies (**figure 2.6**), étourdis par la vie quotidienne, sans véritablement comprendre le sens de ce que nous faisons :

> Un homme est-il un tant soit peu plus sage quand il court ici pour un bénéfice, là pour une affaire et dérange le monde en écrivant des erreurs et en exigeant des réponses, parce qu'il pense agir sans autre cause que sa propre volonté et ne voit pas quels coups de fouet sont la cause de sa volonté[40].

En fait le seul être qui pourrait avoir conscience de toutes les causes qui s'enchaînent autour de nous et nous déterminent, ce serait Dieu. Or, Dieu est précisément celui qui échappe à toute connaissance réelle. Nos facultés, la parole et la raison, nous permettent une activité qui nous aide à comprendre une partie de la chaîne de ces causes qui nous déterminent : cette activité, c'est la science. Il faut retenir cette conception déterministe de la liberté, car elle se retrouvera chez Spinoza et inspirera aussi Karl Marx et Sigmund Freud au XIXᵉ siècle.

La fausse liberté

Hobbes nous met en garde contre le risque d'être trompés par la signification des mots. On ne peut prêter la liberté qu'à des corps, et non à des êtres imaginaires, comme c'est le cas lorsqu'on fait des jeux de mots ou que les philosophes prêtent des attributs physiques à des êtres fictifs comme la volonté :

> Et selon le sens propre, et généralement reçu, du mot, *un* HOMME LIBRE *est celui qui, pour ces choses qu'il est capable de faire par sa force et par son intelligence, n'est pas empêché de faire ce qu'il a la volonté de faire.* Mais quand les mots *libre* et *liberté* sont appliqués à autre chose

39. Thomas Hobbes, *The Questions Concerning Liberty, Necessity, and Chance: Clearly Stated and Debated between Dr. Bramhall, Bishop of Derry, and Thomas Hobbes of Malmesbury*, nᵒ 3, EW V, p. 55, cité dans Jean Terrel, *Hobbes matérialisme et politique*, trad. par F. Lessay, Paris, Vrin, 1994, p. 106, note 1.
40. *Ibid.*, p. 106, note 1.

que des *corps*, ils sont employés abusivement. En effet, ce qui n'est pas sujet au mouvement n'est pas sujet à des empêchements, et donc, quand on dit, par exemple, que le chemin est libre, l'expression ne signifie pas la liberté du chemin, mais la liberté de ceux qui marchent sur ce chemin sans être arrêtés. Et quand nous disons qu'un don est libre, nous n'entendons pas [par là] une quelconque liberté du don, mais celle du donateur, qui n'était pas tenu par une loi ou une convention de le faire. De même, quand nous *parlons librement*, ce n'est pas la liberté de la voix, ou de la prononciation, mais celle de l'homme, qu'aucune loi n'a obligé à parler autrement qu'il ne l'a fait[41].

De la même façon, Hobbes trouve insensé de parler, comme le faisait Descartes, de libre volonté. La volonté n'étant pas un corps, ni une faculté de l'âme, ne saurait être libre. Elle n'est que le dernier désir qui emporte la délibération. C'est bien évidemment l'homme concret qui est libre et non une supposée faculté de son esprit. La liberté réside dans l'action qui n'est pas contrainte par les obstacles. Ce n'est pas la volonté qui est libre, mais bien l'action qui *réalise* cette volonté. Hobbes s'oppose ainsi à la conception de la liberté qui l'identifie à la délibération, comme le faisait Descartes, pour plutôt adhérer à une conception de la liberté comme ce qui se manifeste *pendant* la délibération : « D'un agent libre, il est tout un de dire qu'il est libre et qu'il n'a pas fini de délibérer[42]. » Le point important est que la délibération consiste selon lui en une suspension de l'action, moment durant lequel la liberté de faire ou de ne pas faire demeure entière. Lorsque l'individu a fini de délibérer, il est libre s'il peut faire l'action qu'il a choisi de faire et ne l'est pas s'il ne peut la faire. Supposons par exemple que Johanne se demande si elle jouera au tennis. Alors, tant que sa décision n'est pas prise, elle demeure libre. Si elle décide de jouer et qu'elle peut le faire, elle est libre. Par contre, si elle décide de jouer et qu'elle ne peut pas le faire, par exemple parce que le court est occupé par d'autres joueurs, elle ne l'est plus. Que ce soit pendant la délibération ou après, la liberté hobbesienne se définit toujours par une liberté d'action qui consiste à pouvoir faire ou pas tout ce qui nous est possible de faire. Cette liberté de faire ou d'agir n'a pas la même extension, selon qu'on la pose dans l'état de nature ou dans l'état de société.

Dans l'état de nature : une liberté sans frein, mais menacée

Partant du concept d'un état de nature où tous les hommes sont libres et égaux, Hobbes conclut que le seul « droit » qui aurait existé, c'est la liberté qu'a chacun de prendre tout ce qu'il juge utile à sa survie. Ainsi, chacun exerçant cette force ou ce désir pour sa survie individuelle va tendre à prendre le maximum de ce qu'il peut prendre selon les moyens dont il dispose, même s'il doit pour cela affronter les autres. Comme tous vont tendre vers les mêmes buts pour satisfaire les mêmes besoins, ils vont nécessairement entrer en conflit les uns avec les autres, comme des atomes entrent en collision continuelle. Et, comme chacun décide ce qui est bon pour lui et ne se préoccupe que de ses intérêts, tous se méfieront des intentions de chacun : l'état de nature sera cet état malheureux équivalant à une *guerre de tous contre tous* (**figure 2.7**). Et comme, à la guerre, il ne faut pas attendre que l'ennemi attaque, l'individu, vivant dans la crainte continuelle d'être victime des autres, s'emparera des biens et de la vie des autres avant que les autres n'en fassent de même. C'est ainsi qu'à l'état de nature, les humains vivent dans la crainte perpétuelle de la mort, car dans cet état « l'homme est un loup pour l'homme ». Cette phrase célèbre de Hobbes résume bien sa conception de l'être humain comme créature mue par un puissant désir de survie et une volonté de puissance sans frein, véritable

---

41. *Ibid.*, p. 222.
42. Thomas Hobbes, *Of Liberty and Necessity*, EW IV, p. 273-274, cité dans Jean Terrel, *Hobbes. Matérialisme et politique*, Paris, Vrin, Bibliothèque d'histoire de la philosophie, 1994, p. 106.

Figure 2.7 Dans l'état de nature, «l'homme est un loup pour l'homme».

machine désirante et égoïste. Si l'être humain n'a jamais fait l'expérience de cet état de nature à titre personnel, il l'éprouve tout de même, selon Hobbes, dans les relations internationales, qui ne sont soumises à aucun contrat mais à la domination du plus fort. Les guerres opposant à l'époque l'Angleterre, la Hollande, la France et l'Espagne l'illustraient. Même à l'époque contemporaine, avec une organisation politique internationale qui comporte des institutions, on observe que les principaux pays qui n'ont pas voulu signer le Traité de Kyoto sur les changements climatiques sont aussi les grandes puissances polluantes, comme la Chine et les États-Unis. On peut y voir une manifestation des idées de Hobbes : ces pays invoquent des raisons économiques qui dissimulent en fait leur volonté de puissance, à laquelle personne ne se permet d'opposer de limites extérieures.

Dans l'état de société : une liberté limitée, mais sûre

L'hypothèse d'un état de nature dans lequel les individus s'affrontent, exercent le droit du plus fort et ne respectent aucune autre loi que celle de leur survie permet à Hobbes d'affirmer que la sociabilité n'est pas une caractéristique naturelle de l'être humain, mais une création artificielle, issue d'un pacte : le contrat social. Ce contrat social, bien que fondé sur l'égalité naturelle de tous les individus, n'est en rien une démocratie. Il se traduit plutôt dans la création d'une puissance supérieure à laquelle tous doivent obéir aveuglément. Cet être artificiel que crée le contrat social, Hobbes le nomme le Léviathan. Il emprunte ce terme à la Bible, au Livre de Job, où il est question d'un monstre imaginaire capable de dévorer les hommes. Il veut signifier par là que, pour abolir la guerre de tous contre tous, celui ou ceux qui disposent du pouvoir politique disposent à leur guise des individus qui leur sont assujettis. Aucun individu n'aurait le droit de se révolter contre le Souverain-Léviathan et la liberté civile consisterait à se soumettre entièrement aux lois promulguées par lui. Hobbes déduit que chaque décision du Souverain-Léviathan sera aussi celle des individus, puisque chaque individu lui transmet sa capacité d'action. À l'inverse, le Souverain n'étant pas lié par le contrat (il est au-dessus des lois), c'est lui qui disposera des individus à sa guise, décidera des lois et de ce qui est juste ou injuste dans la société. C'est lui qui jugera des opinions qui peuvent être exprimées, des livres qui peuvent être publiés, etc. C'est aussi lui qui décidera des règles de la propriété, des décisions judiciaires, du choix des juges, des conseillers et des ministres. De plus, il aura le pouvoir de récompenser selon son bon vouloir ceux qui méritent des honneurs publics et de punir ceux qui mettent en jeu la sécurité de l'État. Cependant, il ne pourra pas menacer systématiquement la vie de ses sujets qui ont institué sa souveraineté, car ce serait aller contre la loi de nature, ce qui est impossible. En effet, les individus conservent toujours une certaine propension à suivre la loi naturelle et pourraient se révolter contre un Souverain menaçant cette loi. Par exemple si le Souverain demandait à un individu de se suicider, celui-ci serait naturellement justifié de refuser et de se rebeller. C'est en ce sens que Hobbes dit que le Léviathan est « un dieu mortel » (**figure 2.8**).

Hobbes ouvre ainsi la voie à une conception moderne du pouvoir politique en montrant que l'égalité est la seule solution rationnelle pour qui cherche un principe fondateur de l'État. Mais alors, qu'en est-il de la liberté, cet autre pilier de la modernité ? Il semble bien qu'elle doive être en partie sacrifiée à l'autorité et à la sécurité. Selon Hobbes, nous ne serions donc véritablement libres qu'en société, car nos actions sont alors protégées de la violence des autres par le pouvoir absolu du Souverain. Comme la liberté réside selon lui dans notre capacité d'action, la crainte du Léviathan assure à chacun la possibilité de voir s'instaurer une paix durable. Mais cette liberté consiste essentiellement dans une soumission totale aux lois édictées par le Souverain et par la possibilité de faire seulement ce qu'il n'interdit pas de faire. Est-ce là un malheur ? se demande Hobbes. Évidemment oui, pour ceux qui rêvent d'une liberté illimitée et qui ne se rendent pas compte qu'elle mène à leur propre perte et à celle de l'humanité tout entière :

Figure 2.8 Le Léviathan de Hobbes, selon une estampe du XVII⁰ siècle.

> Car tous les hommes sont par nature pourvus de verres considérablement grossissants qui sont leurs passions et leur amour de soi au travers desquels tout petit paiement est une grande injustice, mais ils sont dépourvus de ces lunettes prospectives (à savoir les sciences morale et civile) pour s'assurer en voyant loin des misères qui sont suspendues au-dessus d'eux, et qui ne peuvent être évitées sans de tels paiements[43].

Mais pas pour ceux qui ont une vision juste de leurs intérêts individuels et qui verront le contrat social comme *la* création humaine par excellence permettant la réalisation des désirs, des besoins et l'épanouissement de tous. Dans l'état de société, dit-il, « l'homme est un Dieu pour l'homme ».

Plus tard, lorsque les défenseurs des droits du Parlement voudront instaurer la démocratie en Angleterre et rejeter cette autorité absolue de l'État, Hobbes sera détesté et haï comme un défenseur de la monarchie. Ce n'est qu'alors que ses œuvres seront brûlées sur la place publique, à la grande joie des étudiants révolutionnaires.

Conclusion

Descartes avait défini l'homme comme une créature à l'image de Dieu qui jouit de la faculté de juger. De ce point de vue, Dieu est tout-puissant et l'homme a reçu de lui *un pouvoir qu'il peut utiliser librement*. Hobbes, en revanche, fait de la puissance un

---

43. *Ibid.*, p. 191.

attribut essentiel de la nature humaine. La puissance attribuée à l'homme suppose l'existence de *l'individu agissant par lui-même*. Il n'existe pas de force extérieure qui peut le faire agir. Cette puissance se manifeste par la manière dont tout homme parvient à se maintenir en vie. L'originalité de Hobbes réside donc dans le fait que l'individu ne renvoie qu'à lui-même et que son épanouissement dépend de la limitation mutuelle du pouvoir de chacun.

Spinoza sera un lecteur critique de Descartes et de Hobbes. Il mettra de l'avant deux conceptions de la liberté : une liberté conçue comme sagesse individuelle, qui s'opposera à la conception cartésienne, et une liberté sociale tout aussi nécessaire que la première, qui renversera la conception hobbesienne du pouvoir politique.

2.3.3 Spinoza : la liberté et la nécessité

De son vivant, Spinoza a été considéré par ses contemporains comme un philosophe cartésien, probablement à cause de la publication de l'ouvrage intitulé *Les Principes de la philosophie de Descartes* où il se contente de présenter la philosophie de Descartes. Mais la publication posthume de son œuvre montre qu'il était en fait très critique au sujet de la philosophie cartésienne. Il ébranla certains concepts fondamentaux du cartésianisme. Comme nous le verrons, il remit en question la conception dualiste du monde et de l'homme défendue par Descartes. De ce fait, il rejeta l'idée d'un Dieu créateur du monde et de l'homme. Il critiqua l'anthropomorphisme consistant à attribuer à Dieu des caractéristiques telles que l'omnipotence, l'omniscience et la perfection. Il rejeta aussi l'idée de l'éternité de l'âme, ainsi que celle de la volonté absolument et infiniment libre qui ferait de l'homme une créature à l'image de Dieu.

Spinoza refusa à la fois de considérer l'expérience humaine comme celle d'un pur esprit et comme celle d'un animal rationnel vivant seul à côté des autres. Il écrit dans l'*Éthique* : « L'homme qui est dirigé par la raison est plus libre dans la Cité où il vit selon le décret commun, que dans la solitude où il n'obéit qu'à lui-même[44]. » Le projet philosophique de Spinoza est indissociable de la nécessité de la vie collective. Pour lui, l'homme est un animal rationnel et politique, et c'est la démocratie qui doit unir la nature et la liberté humaine. Contrairement à Hobbes, Spinoza croit que c'est la recherche de la liberté (et non de la sécurité) qui est le fondement ultime de l'état de société.

Spinoza reste un des fondateurs de la philosophie moderne dans la mesure où il défendit à sa manière les principes fondateurs de la modernité, à savoir l'existence d'un sujet libre, c'est-à-dire autonome. Il valorisa le travail de la pensée rationnelle et étudia la nature, l'homme et la cité avec méthode.

Le projet de Spinoza

Le projet philosophique de Spinoza est contenu dans l'idée maîtresse de son œuvre majeure, l'**Éthique**, à savoir celui de fonder une doctrine de vie qui permette de s'approcher du bonheur. Pour lui, une telle doctrine doit reposer sur une connaissance adéquate du monde et de l'homme qui fait partie de ce monde. La démarche de Spinoza passe par la maîtrise des concepts de *Substance-Dieu-Nature*, d'*homme unifié* (conscience-désir), de *liberté-sagesse* et de *liberté politique*. Le concept spinoziste de Substance-Dieu-Nature est tout à fait original et ne fait pas de Spinoza un philosophe religieux.

Éthique : Domaine de la philosophie qui étudie les fondements des actions jugées bonnes ou mauvaises.

---

44. Spinoza, *Œuvres III – Éthique*, Paris, GF Flammarion, 1965, p. 290.

Portrait de Baruch de Spinoza
(1632-1677)

Baruch de Spinoza naît le 24 novembre 1632 à Amsterdam, dans une famille juive originaire du Portugal. Il a à peine six ans quand sa mère Hanna Debora meurt. Il reçoit une éducation juive et fréquente l'école Talmud Tora où il étudie les textes sacrés. Il travaille dans l'entreprise commerciale de son père Michael. Après la mort de son père, le 28 mars 1654, Baruch et son frère Gabriel dirigent le commerce (en difficulté) de la famille. Le jeudi 27 juillet 1656, Baruch de Spinoza est excommunié selon un rite d'expulsion juif, le herem (malédiction)[45]. Le jugement ne précise pas les opinions et les actes qu'on lui reproche, mais à la même époque Spinoza fréquente l'école de Franciscus van den Enden et découvre les humanistes, notamment Bacon, Galilée, Hobbes et Descartes. Il est animé par le désir de se former en philosophie. En 1659, il entreprend des études universitaires en philosophie à Leyde et, en 1661, il s'installe à Rijnsburg en banlieue de Leyde où il gagne son pain en polissant des lentilles pour les télescopes. En 1663, il déménage à Voorburg en banlieue de La Haye. Il publie *Les Principes de la philosophie de Descartes*, la seule publication à paraître de son vivant, sous son nom. Spinoza commence à être reconnu en tant que spécialiste de la philosophie cartésienne. Il publie en 1670, sans nom d'auteur, le *Traité théologico-politique*. Avec cette publication, Spinoza passe pour un ennemi de la religion, un athée. En 1671, il déménage à La Haye, où il vivra reclus jusqu'à sa mort. L'année 1672 est une date tragique pour les Pays-Bas: la guerre contre l'Angleterre et la France aboutit à l'envahissement du territoire néerlandais par les Français, l'instauration d'une nouvelle monarchie et l'assassinat de Jean de Witt (ami et protecteur de Spinoza) par une foule déchaînée. En 1674, le *Traité théologico-politique* sera interdit en même temps que le *Léviathan* de Hobbes. En 1675, Spinoza termine son œuvre majeure, l'*Éthique*, mais refuse de la publier. Par contre, il entreprend la rédaction d'un autre ouvrage, le *Traité politique*, qui restera inachevé. Spinoza meurt le 21 février 1677 à l'âge de 44 ans. Ses amis publient, l'année même de sa mort, ses œuvres posthumes.

Œuvres principales :

- *Les Principes de la philosophie de Descartes* (1663)
- *Traité théologico-politique* (1670)
- *Éthique* (1677)

---

45. Voici un extrait du jugement d'excommunication: «Les Messieurs du Mahamad vous font savoir qu'ayant eu connaissance depuis quelque temps des mauvaises opinions et de la conduite de Baruch de Spinoza, ils s'efforcèrent par différents moyens et promesses de le détourner de sa mauvaise voie. Ne pouvant porter remède à cela, recevant par contre chaque jour de plus amples informations sur les horribles hérésies qu'il pratiquait et enseignait et sur les actes monstrueux qu'il commettait et ayant de cela de nombreux témoins […] les Messieurs du Mahamad décidèrent que ledit Spinoza serait exclu et écarté de la maison d'Israël à la suite du herem que nous prononçons maintenant en ces termes:
À l'aide du jugement des saints et des anges, nous excluons, chassons, maudissons et exécrons Baruch de Spinoza avec le consentement de toute la sainte communauté en présence de nos saints livres et des six cent treize commandements qui y sont enfermés. […] Qu'il soit maudit le jour, qu'il soit maudit la nuit; qu'il soit maudit pendant son sommeil et pendant qu'il veille. Qu'il soit maudit à son entrée et qu'il soit maudit à sa sortie. Veuille l'Éternel ne jamais lui pardonner. Veuille l'Éternel allumer contre cet homme toute sa colère et déverser sur lui tous les maux mentionnés dans le livre de la Loi; que son nom soit effacé dans ce monde et à tout jamais et qu'il plaise à Dieu de le séparer de toutes les tribus d'Israël l'affligeant de toutes les malédictions que contient la Loi. […] Sachez que vous ne devez avoir avec Spinoza aucune relation ni écrite ni verbale. Qu'il ne lui soit rendu aucun service et que personne ne l'approche à moins de quatre coudées. Que personne ne demeure sous le même toit que lui et que personne ne lise aucun de ses écrits.» Steven Nadler, *Spinoza, une vie*, Paris, Éd. Bayard, coll. Biographie, 2003, p. 147-148.

Spinoza rejette la conception judéo-chrétienne de l'homme pécheur qui doit racheter la faute originelle pour gagner le bonheur éternel. Spinoza est un philosophe réaliste. Pour lui, c'est l'individu concret qui est concerné par le bonheur et non seulement son âme. Il se permet même de critiquer les Saintes Écritures qu'il considère comme des textes et non pas comme l'expression de l'inspiration divine. Son analyse rationnelle de ces textes dénonce les superstitions religieuses (les « miracles », les « révélations » et les « prophéties ») et propose une lecture désacralisée des Saintes Écritures. De son point de vue, ces textes ne transmettent aucune connaissance sur la Nature, mais seulement un enseignement moral. En contestant le caractère sacré des textes religieux, *Spinoza a montré que la religion ne pouvait pas fonder une doctrine de vie parce qu'elle ignorait l'essentiel de ce qui faisait le monde et l'être humain.* Une conception erronée du monde et de l'être humain ne peut pas être un guide acceptable pour celui qui est à la recherche d'une manière juste de vivre dans le monde :

> Il s'agit pour Spinoza de *conduire son lecteur* (c'est-à-dire tout individu) *vers le Salut et la Liberté*, qui sont les autres noms de la **Béatitude**. Ces termes sont certes empruntés au vocabulaire traditionnel, mais ils n'ont plus le sens religieux qui était jadis le leur. Désormais, Spinoza donne un sens nouveau à ces termes, choisis non pour leur dogmatisme, mais pour l'intensité des significations qu'ils désignent. Et *le « salut » est alors délivrance par rapport à la « servitude » des « passions »* […] *c'est-à-dire une Liberté qui sera en mesure d'accéder à la joie visée.* Salut, Liberté, Béatitude sont des enjeux existentiels : ils concernent l'existence au plus profond de son sentiment de soi et de sa signification[46].

Spinoza tenta donc de proposer une conception du monde et de l'homme avant d'aborder le mode de vie en tant que tel. C'est cet aspect de la philosophie de Spinoza que nous allons étudier parce qu'elle accorde à la liberté une place importante.

La Substance-Dieu-Nature

Spinoza élabore une conception *moniste* du monde, c'est-à-dire une conception selon laquelle la Substance, la Nature ou Dieu sont un seul et même être infini. Le Dieu dont il est question ici n'est pas une personne, mais le *tout de l'être*. Ce Dieu n'existe pas avant l'être, puisqu'il n'y a pas d'avant ni d'après dans le système spinoziste. Le Dieu de Spinoza n'est pas un créateur et la Nature n'est pas non plus un « projet divin » issu d'une intention et évoluant vers un but fixé d'avance. Cette conception de Dieu élimine le problème de la prédestination discuté au chapitre précédent. Pour Spinoza, la contradiction entre le Dieu-Providence et la liberté humaine est un pur produit de l'imagination, puisqu'il n'y a pas d'acte de création ni péché originel, pas non plus de condamnation ni de rédemption. On ne peut pas attribuer au Dieu spinoziste des qualités humaines, telles que la bonté, la méchanceté, l'omniscience, la toute-puissance ou encore le pouvoir de juger du bien et du mal ou celui de punir et de récompenser. Le Dieu est en fait la **Substance** qui n'est pas distincte de la **Nature**. « Substance », « Nature » et « Dieu » sont des expressions différentes que Spinoza utilise pour désigner *cet être premier infini et autosuffisant qui permet à nos esprits de ne pas chercher au-delà de la réalité un principe qui pousserait notre imagination dans une interprétation du monde et de l'homme qui relèverait de l'irrationnel et du sacré.*

Béatitude : Félicité parfaite des élus au ciel. Terme issu du vocabulaire religieux dont Spinoza se sert pour se faire comprendre (ou pour se dissimuler).

Substance : Réalité suprême, c'est-à-dire fondement de toute réalité, tant matérielle qu'immatérielle. Pour Spinoza, l'être unique et infini.

Nature : Ensemble de la réalité en tant qu'elle comporte une infinité d'aspects différents. La substance telle qu'elle se présente à nous.

---

46. Robert Misrahi, *Spinoza et le spinozisme*, Paris, Éditions Armand Colin, coll. Synthèse, série Philosophie, n° 5, 1998, p. 15. C'est nous qui soulignons.

On interprète souvent la conception moniste de Spinoza comme un **panthéisme**, mais il est important de souligner que Spinoza rejette le concept du Dieu-personne présent en toute chose ainsi que l'idée même de création. Pas étonnant que les théologiens, tant juifs que chrétiens, se soient opposés à une telle conception du monde.

Deux attributs définissent la Substance-Dieu-Nature : l'étendue (la matière) et la pensée. Tout dans la Nature est matière infinie et pensée infinie ; il n'y a pas d'intermédiaire entre ces deux aspects de la Substance. Ces attributs généraux de la Substance se donnent à notre expérience sensible sous la forme d'objets singuliers que Spinoza appellera *modes*. Il faut éviter de penser que le mode vient de l'attribut et que l'attribut vient de la Substance. Pas de création, ni d'**émanation** dans la philosophie de Spinoza. Ces trois concepts (*Substance, attributs, modes*) désignent des degrés différents de généralité dans l'analyse spinoziste du monde. Il n'existe en fait qu'une Substance et des modalités singulières et concrètes de la Substance. Et les attributs sont une représentation de l'esprit. Pour bien comprendre ces trois concepts qui sont au cœur de la conception du monde de Spinoza, nous allons reprendre un exemple développé par Robert Misrahi[48], un spécialiste de la pensée de Spinoza :

> Prenons un exemple non tiré de Spinoza. Nul ne s'étonnera qu'une feuille de papier, par exemple, soit à la fois de la cellulose, un plan, un rectangle, un document, un texte et enfin un manifeste ; ces aspects sont distincts, mais il s'agit d'un seul et même objet ; de plus, chacun des aspects est une réalité effective : la feuille est réellement en papier, et elle est réellement un manifeste ; mais on ne songe pas aux mêmes significations ou aspects de cet objet lorsqu'on utilise tels ou tels concepts pour le désigner[49].

On reconnaît dans cet exemple les deux attributs de la Substance : la matière (la feuille de papier) et la pensée (les idées exprimées dans le manifeste, l'esprit polémique, etc.). Les attributs sont pour Spinoza des aspects réels de la Substance. En tant qu'appartenant à la Substance, on le voit bien avec l'exemple de la feuille de papier, la matière possède une infinité d'attributs ; de la même manière, l'esprit poétique renvoie notre esprit à un nombre infini d'attributs. Notre connaissance de la Substance passe par des « choses singulières », les ***modes***. Les *modalités* d'existence de la Substance ne peuvent qu'être finies. « Les modes finis sont donc les *idées* d'une part, et les *choses matérielles* d'autre part [...][50]. » La Nature est un tout complexe qui peut s'expliquer sans faire intervenir un au-delà.

Spinoza s'oppose au dualisme de la Nature, développé par les religions judéo-chrétiennes et repris par la philosophie cartésienne, qui oppose Dieu (esprit) et le monde (matière). Sa critique du dualisme rayonne jusque dans sa conception de l'être humain. Il rejette la conception dualiste de l'être humain qui oppose la « chose pensante » (l'âme) à la « chose étendue » (le corps). Pour Spinoza, l'esprit n'est pas une chose, elle n'a pas d'existence indépendante du corps. Elle est la conscience du corps, c'est-à-dire un attribut du mode humain. *L'être humain de Spinoza n'est pas un corps habité par une âme, mais une unité corps-esprit, c'est-à-dire un corps qui a la conscience d'être ce qu'il est.*

Panthéisme : Terme inventé après Spinoza pour désigner commodément son système. Doctrine selon laquelle Dieu est toutes choses, ou en toutes choses[47].

Émanation : Processus par lequel les êtres et le monde seraient produits par la nature divine, par opposition à la création.

Mode : Manière concrète selon laquelle existe quelque chose.

47. *Ibid.*, p. 91.
48. *Ibid.*, p. 15.
49. *Ibid.*, p. 24.
50. *Ibid.*, p. 27.

L'homme unifié…

L'être humain n'est pas non plus une exception dans la nature («un empire dans un empire[51]»), mais il est, comme toute chose de la nature, composé des deux attributs de la Substance : la pensée et l'étendue (matière), et bien sûr d'une infinité d'autres attributs qui lui sont particuliers. Contrairement à Descartes qui parle de deux substances (pensée et étendue) indépendantes l'une de l'autre, Spinoza parle d'une seule réalité. Ce monisme, appliqué à l'être humain, permet d'écarter le problème cartésien de l'union concrète de l'âme et du corps. «Spinoza ne croit pas que la théorie de la glande pinéale (comme intermédiaire entre l'âme et le corps, c'est-à-dire lieu de l'action des "esprits animaux") soit en mesure d'expliquer adéquatement la réalité humaine[52].» Pour lui, l'être humain unifié est à la fois corps et esprit. Ces deux aspects de l'individualité sont comme les deux facettes d'une seule et même réalité, ce qui permet de conclure que l'esprit n'est pas indépendant du corps et ne jouit par conséquent d'aucune éternité. Ce que les religions appelaient «âme» serait en fait, selon Spinoza, la conscience du corps et disparaîtrait avec ce dernier. Ce qui reste et demeure, c'est la Substance infinie.

Chez Spinoza, la conscience caractérise la réalité humaine, non pas métaphysiquement, mais comme un attribut parmi tant d'autres du mode humain. La vie de l'individu est simultanément la vie du corps-conscient. La conscience est d'abord conscience de soi ; le corps sait qu'il est un corps. Ensuite, elle peut devenir conscience du monde extérieur. Contrairement à Descartes, la conscience individuelle n'est pas une idée innée (claire et distincte) placée en nous par notre créateur. Elle est d'abord floue et confuse, mais peut devenir claire et distincte.

Dans la vie de tous les jours, surtout dans l'enfance, mais aussi tout au long de la vie, l'être humain peut prendre ses perceptions sensibles pour des réalités. Les connaissances issues de ces perceptions sont inadéquates parce qu'elles sont du domaine de l'affect, c'est-à-dire que le corps-conscient est affecté par la Substance d'une manière confuse. Celui qui ne fait pas usage de sa raison s'imaginera par exemple que le Soleil tourne autour de la Terre et que cette dernière est immobile. Dans l'expérience sensible, on perçoit des objets sans comprendre ni relier ces perceptions. De la même façon, la connaissance par ouï-dire n'est qu'une répétition sans compréhension ; et la connaissance par signes et symboles (la connaissance conventionnelle) est très souvent non fondée, ni éclairée. Par exemple, nous connaissons tous la formule du théorème de Pythagore ($a^2 = b^2 + c^2$), et chacun d'entre nous est capable de calculer la valeur de l'hypoténuse d'un triangle rectangle, mais qui peut démontrer ce théorème[53]? Pour produire une connaissance claire, il faut d'abord faire une critique des connaissances spontanées ou acquises. Et qui plus est, il faut procéder de façon rationnelle et **discursive** dans la recherche des connaissances. Faire l'hypothèse de la rotation de la Terre sur elle-même et autour du Soleil, puis tirer les conséquences logiques qui s'imposent est une opération rationnelle qui va à l'encontre du «bon sens», mais elle n'en est pas moins juste. Spinoza ajoute que la rationalité n'est pas que discursive ; elle est aussi intuitive. L'intuition en cause n'est pas une perception sensible. Ce n'est pas une simple réception.

Discursif: «Qui tire une proposition d'une autre par une série de raisonnements successifs[54].»

---

51. Spinoza, *op. cit.*, p. 133.
52. Robert Misrahi, *op. cit.*, p. 34.
53. La formule du théorème de Pythagore,
$a^2 = b^2 + c^2$, peut s'exliquer comme suit:
L'aire du carré construit sur l'hypoténuse est égale à la
somme des aires des carrés construits sur les deux autres côtés:
54. *Le Petit Robert – Dictionnaire de la langue française.*

L'intuition est une activité de l'esprit. Plus précisément, « [...] elle est l'appréhension intellectuelle directe et immédiate d'une relation (logique) [...][55] ». Par exemple, si je sais qu'un nombre au carré, a^2, représente (algébriquement) l'aire d'un carré, alors je sais qu'il est possible de démontrer que $a^2 = b^2 + c^2$ en démontrant que l'aire du carré construit sur l'hypoténuse (côté a) est égale à la somme des aires des carrés construits sur les deux autres côtés. Cette idée claire fait intervenir la raison. Donc l'homme, qui est une conscience d'abord floue, « [...] peut toujours, *s'il le désire*, devenir connaissance et passer de la saisie imaginative du monde à l'appréhension et au traitement rationnels de ce monde[56] ». Cela nous indique que la réalité humaine n'est pas réductible au fait qu'un corps-conscient est capable de percevoir puis de concevoir rationnellement le monde ; c'est aussi *un être de désir*. Le désir étant le moteur de la transformation de la conscience, Spinoza en fait même *l'essence de l'être humain*.

Que ce soit à partir d'idées floues et confuses ou à partir d'idées claires et distinctes, l'être humain (comme tout être vivant) cherche à empêcher que quelque chose de néfaste ne vienne nuire à son existence. C'est cet effort pour continuer d'exister[57] que Spinoza appelle *désir*. Spinoza associe au désir les sentiments fondamentaux de joie et de tristesse : « La joie est la conscience [...] qui accompagne tout accroissement de la puissance d'exister, exprimée par le mouvement même du désir. Elle est donc un accroissement de l'être. La tristesse est au contraire le sentiment d'une diminution d'être, puisqu'elle accompagne l'affaiblissement de la puissance d'exister[58]. » Le projet philosophique de Spinoza montre que l'être humain, cet être de désir, poursuit la joie.

Le désir peut être passif et servile (dépendant) ou actif et autonome (libre). Nous sommes passifs lorsque la cause principale qui nous fait agir est extérieure à nous, comme c'est le cas dans la passion. On peut parler dans de tels cas d'actions déterminées par une cause extérieure et d'absence d'autonomie dans l'action. Si l'être humain est passif en certaines choses, c'est parce qu'il utilise plus l'imagination que la raison. L'imagination est la source des idées confuses et des jugements erronés ; de là naît une action construite sur une illusion, une pensée non maîtrisée. Nous sommes esclaves d'une illusion et de l'erreur. Par exemple, un individu peut croire qu'il existe des idéaux comme la gloire spontanée et la fortune qui méritent d'être poursuivis au prix même de la santé (la drogue dans les sports d'élite) ou d'autres valeurs (pour être reconnu, il faut se plier aux exigences des faiseurs d'images). Être passif, c'est être déterminé par autre chose que soi-même, bref c'est être asservi. Mais on peut aussi être actif, c'est-à-dire autonome et agir librement en toute connaissance de cause. C'est ainsi que l'idée de liberté, voire les idées de liberté, prend tout son sens.

La liberté-sagesse

La libération dont il est ici question n'est pas appuyée sur la faculté de la volonté, comme c'est le cas chez Descartes. Chez Spinoza, il n'existe pas de volonté, comprise comme un pouvoir indépendant de l'esprit ; il n'existe que des actes volontaires concrets. La principale conséquence de cette conception est la remise en question de l'idée de libre arbitre. La liberté n'est pas pour Spinoza un pouvoir absolu de décider quoi que ce soit ou de maîtriser les passions. Dans le système de Spinoza, la défense du

---

55. Robert Misrahi, *op. cit.*, p. 39.
56. *Ibid.*, p. 41
57. « Persévérer dans l'être », dit Spinoza.
58. Spinoza, *op. cit.*, p. 44.

libre arbitre repose sur une conception erronée de l'être humain et des causes qui le font agir. Dans un échange épistolaire avec un ami nommé Schuller, Spinoza précise sa définition de la liberté et sa critique de la conception cartésienne de la liberté. Sa définition de la liberté-sagesse est une conséquence logique de sa conception moniste de la Nature et de l'homme.

> *J'appelle libre, quant à moi, une chose qui est et agit par la seule nécessité de sa nature ; contrainte, celle qui est déterminée par une autre à exister et à agir d'une certaine façon déterminée.* [...] Vous le voyez bien, je ne fais pas consister la liberté dans un libre décret, mais dans une libre nécessité. [...] Pour rendre cela clair et intelligible, concevons une chose très simple : une pierre par exemple reçoit d'une cause extérieure qui la pousse une certaine quantité de mouvement et, l'impulsion de la cause extérieure venant à cesser, elle continuera à se mouvoir nécessairement. Cette persistance de la pierre dans son mouvement est une contrainte, non parce qu'elle est nécessaire, mais parce qu'elle doit être définie par l'impulsion d'une cause extérieure. Et ce qui est vrai de la pierre il faut l'entendre de toute chose singulière, quelle que soit la complexité qu'il vous plaise de lui attribuer, si nombreuses que puissent être ses aptitudes, parce que toute chose singulière est nécessairement déterminée par une cause extérieure à exister et à agir d'une certaine manière déterminée.
>
> Concevez maintenant, si vous voulez bien, que la pierre, tandis qu'elle continue de se mouvoir, pense et sache qu'elle fait effort, autant qu'elle peut, pour se mouvoir. Cette pierre assurément, puisqu'elle a conscience de son effort seulement et qu'elle n'est en aucune façon indifférente, croira qu'elle est très libre et qu'elle ne persévère dans son mouvement que parce qu'elle le veut. Telle est cette liberté humaine que tous se vantent de posséder et qui consiste en cela seul que les hommes ont conscience de leurs appétits et ignorent les causes qui les déterminent[59].

Spinoza propose ici une nouvelle conception de la liberté. « Si la liberté n'est pas le pouvoir de décider [...] c'est *que l'homme, ainsi que son action, sont les parties indissociables d'un tout, la Nature, totalement régi par le déterminisme*[60]. » Tout, dans la Nature, est déterminé, c'est-à-dire tous les phénomènes de la Nature ont une cause et produisent un effet, et l'on peut connaître ces causes et effets. Spinoza affirme simultanément le déterminisme de la Nature et la liberté humaine : « *On dit qu'une chose est libre quand elle existe par la seule nécessité de sa nature et quand c'est par soi seule qu'elle est déterminée à agir* [...][61]. » Ainsi, la liberté de l'être humain réside dans l'autonomie de son action qui résulte de l'essence (la Nature) de l'individu qui agit. Si l'individu agit en fonction d'une cause extérieure et d'une connaissance floue, on parlera de servitude ; s'il agit en fonction de sa propre essence (s'il est sa propre cause) et d'une **connaissance adéquate** de la situation dans laquelle il se trouve, on parlera de liberté. Le désir de connaître les lois de la Nature (une loi s'impose de façon nécessaire), qui implique le fait de reconnaître la nécessité de la Nature et par conséquent de sa propre nature, peut faire de l'être humain un sage, c'est-à-dire un individu qui devient la cause de ses actions. La liberté-sagesse est une forme de libération des servitudes, des perceptions sensibles, des affects et des passions qui font agir en toute ignorance des causes. L'homme asservi se fait guider par l'ignorance, le hasard et toutes les causes extérieures qui peuvent agir sur lui ; l'homme libre, par contre, ne relève que de lui-même (le désir d'utiliser sa raison) et agit de façon autonome et en toute connaissance de cause. En fait, l'homme sage et libre est celui qui connaît la Nature et sa propre nature, et pour arriver à une connaissance adéquate, il a besoin de la raison. Pour être un individu libre, il faut se libérer des servitudes qui se sont installées tout naturellement.

Connaissance adéquate :
Connaissance conforme à l'objet connu et saisi dans son évidence et sa cohérence.

---

59. *Id., Lettre à Schuller*, dans *Œuvres*, tome 4, Paris, Éd. Garnier-Flammarion, 1955, p. 303-304. C'est nous qui soulignons.
60. Robert Misrahi, *op. cit.*, p. 51. C'est nous qui soulignons.
61. Spinoza, *Éthique, op. cit.*, Déf. VII. C'est nous qui soulignons.

Outre la liberté individuelle, Spinoza prône la liberté pour le plus grand nombre. L'être humain, animé par le désir de comprendre et d'agir adéquatement, ne vit pas isolément. L'individu vit en société et ses actions impliquent le groupe. La liberté a donc une dimension sociale et politique.

La liberté politique

La vie sociale est, pour Spinoza, une nécessité de la nature humaine. C'est la réponse humaine à l'antagonisme qui oppose des êtres de désirs fondamentalement égaux. La vie commune est une transformation de l'état de nature, comme le décrivait Hobbes dans la section précédente, qui oppose des êtres de désirs animés par la cupidité.

> L'ordre naturel ne représente pas aux yeux [de Spinoza] un modèle de perfection idéale. La loi naturelle se trouve même foncièrement contraire aux véritables intérêts de l'homme, dont la liberté ne se réalise pleinement que dans l'état civil, où chacun renonce, par accord réciproque et contractuel, à la jouissance d'une partie de ses droits naturels, pour créer de la sorte un ordre naturel humain, dont les lois « aident avec tout le reste à produire la totalité », mais qui constitue une négation de l'ordre naturel primitif. Il n'y a pas de rupture, puisque la liberté civile prolonge la force naturelle individuelle sans la supprimer […][62].

La nécessité de la vie collective est liée à la puissance du désir, qui vise à se préserver dans l'existence, et à la recherche du bonheur et non au libre arbitre (pouvoir de décider). En acceptant de se lier aux autres et d'obéir aux lois de la Cité, les hommes ne se dénaturent pas, puisque la recherche de la sécurité, comme toute autre chose, est une nécessité de la Nature. C'est la Nature elle-même qui pousse « […] toutes les choses singulières à désirer ce qui leur semble utile et à fuir ce qui amoindrit leur être[63] ». Les institutions créées par cette nécessité sont vitales et sont, en raison de la place de l'être humain dans la nature, intégrées dans cette Nature infinie.

C'est la notion de démocratie qui permet à Spinoza de faire le lien entre la liberté humaine et sa conception de la Nature. À ses yeux, la démocratie implique une critique de l'autorité, c'est-à-dire une critique de cette attitude qui demande d'obéir au lieu de comprendre : « Quand l'ordre social repose sur l'obéissance aveugle, la société est déjà morte[64]. » La reprise spinoziste de l'idée hobbesienne du contrat social aboutit à une conclusion différente : celle de la démocratie. La formation sociale est un mode de la Nature comparable à l'être humain, c'est-à-dire qu'elle est animée par le désir, mais c'est l'intérêt général qui impose son autorité en lieu et place de l'intérêt individuel.

Les hommes se sont unis entre eux pour échapper à la peur, comme le prétendait Thomas Hobbes. Par contre, « chez Spinoza, l'autorité politique est une délégation de pouvoir et non pas une aliénation définitive des droits de la masse[65]. » Un homme ou un petit groupe d'hommes qui détient le pouvoir absolu ne peut pas incarner l'intérêt général. Peu importe le type d'organisation de la vie en société, le principe de la vie collective reste la souveraineté de tous, c'est-à-dire la souveraineté de l'intérêt général. L'analyse de ce qui détermine le fait social et la critique des sociétés monarchique et aristocratique ont montré à Spinoza que les règles naturelles de la vie collective sont la

---

62. Jean Préposiet, *Spinoza et la liberté des hommes*, Paris, Gallimard, 1967, p. 196.
63. *Ibid.*, p. 199.
64. *Ibid.*, p. 210.
65. *Ibid.*, p. 287.

liberté et la souveraineté. La liberté étant une expérience d'autonomie commune à tous les êtres humains. Et la souveraineté étant l'autorité de l'intérêt général, autour duquel s'organise la vie collective.

La conception spinoziste de la démocratie a été résumée par Jean Préposiet dans un livre intitulé *Spinoza et la liberté des hommes* (voir l'encadré).

La conception spinoziste de la démocratie

1. Cette théorie est indissociablement liée à la doctrine des origines contractuelles de la société humaine.

2. Le pacte social primitif établit immédiatement et sans équivoque la souveraineté sur des assises populaires, car il postule la représentation plus ou moins claire d'un intérêt commun chez tous les contractants et pose au départ la reconnaissance, implicite ou explicite, d'une volonté collective indivisible.

3. La volonté collective constitue le seul fondement légitime de l'autorité politique, qui en procède directement ou indirectement. Aussi, aucun pouvoir extérieur à la masse ne saurait se justifier « absolument ».

4. Spinoza qualifie la démocratie de régime « absolu » parce qu'elle représente à ses yeux le seul type de gouvernement réalisant la parfaite identité de la forme et du contenu de la souveraineté. En démocratie, le peuple est libre puisqu'il est souverain. Étant à la fois sujet et législateur, il se détermine lui-même en se donnant ses propres règles de conduite.

5. Mais la perfection de ce système politique ne tient pas uniquement à des caractères purement idéaux. Au contraire, sa supériorité lui vient d'un plus haut degré de réalité. En effet, la société démocratique enveloppe plus d'*êtres* que les autres, du fait que ce régime repose sur la participation « active » de tous les citoyens. Or, « plus chaque chose a de perfection, plus elle agit et moins elle est passive ; inversement, plus elle agit, plus elle est parfaite […] ». L'autorité de l'État est d'autant plus solide qu'elle traduit un plus grand nombre de libertés. Spinoza a vu dans la démocratie le plus parfait de tous les régimes dans la mesure où il l'a considérée comme le gouvernement le plus « fort » de tous[66].

Conclusion

> La liberté spinoziste n'est pas la toute-puissance d'une volonté qui, comme libre arbitre, pourrait décider à tout moment n'importe quoi. L'action humaine s'inscrit dans le déterminisme universel, celui des corps et des idées. Mais ce déterminisme, une fois connu, permet à l'individu d'agir d'une manière neuve par la transformation de son désir, elle-même motivée par un désir de joie plus fort que toutes les anciennes passions. C'est ce nouveau désir qui permet de déployer une nouvelle existence et d'exister comme homme libre. Celui-ci se détermine donc par lui-même.
>
> Robert Misrahi[67]

Les hommes se croient mus par un libre arbitre parce qu'ils sont conscients de leurs actions. En réalité, ils imaginent ce libre arbitre parce qu'ils ignorent les causes qui les font agir. Spinoza a combattu cette conception de la liberté en critiquant la dimension passive de la connaissance issue de l'imagination. La liberté exige la participation active de celui qui agit. Mais elle ne peut pas être réduite à l'action sans entraves de tout objet en mouvement.

« On dit qu'une chose est libre quand elle existe par la seule nécessité de sa nature et quand c'est par soi seule qu'elle est déterminée à agir[68]. » La liberté est donc une

---

66. Jean Préposiet, *op. cit.*, p. 291-293.
67. Robert Misrahi, *op. cit.*, p. 81.
68. Spinoza, *Éthique, op. cit.*, Déf. VII.

affaire d'autonomie. C'est dans ce sens que la liberté exige un regard critique sur les causes extérieures qui font trop souvent agir les individus. Il est question ici d'une libération des servitudes qui font agir par hasard, par ignorance ou par fantaisie. La liberté relève de l'individu dans la mesure où il est la cause de son action. Cet être de désir peut préférer faire usage de sa raison pour comprendre de façon adéquate la situation dans laquelle il doit agir. Il devient alors la cause de son action et devient ainsi autonome. « La liberté est donc la cohérence entre un individu et son action, le fait que cette action puisse s'expliquer principalement par la nature de cet individu […][69]. » C'est le même processus qui fait agir la collectivité, l'analyse rationnelle en fonction de l'intérêt commun va guider l'action collective.

2.4 ACTUALISATION DE LA QUESTION

Tentant de surmonter la contradiction entre la conception religieuse de l'homme et le goût pour la liberté, les philosophes modernes du XVIIᵉ siècle, que nous avons présentés, ont abandonné l'idée de l'homme pécheur qui doit suivre la voie prescrite par Dieu pour trouver le salut de son âme. Ils ont osé proposer des conceptions nouvelles de l'homme, de la nature et même de Dieu. Le contexte de la Renaissance les a poussés à désacraliser les réponses à la question qui nous intéresse, à savoir : Qu'est-ce qu'être un humain ?

Pour Descartes, l'être humain n'est pas réductible à ce corps-machine habité par un esprit rationnel. Pour lui, être un humain, c'est faire usage de la volonté infiniment et absolument libre que Dieu lui a donnée. Il peut, par empressement et par ignorance, agir sans le recours de son pouvoir de décider ; en cela, il s'approche de l'animal. Par contre, il peut aussi laisser son pouvoir de connaître guider sa volonté et ainsi prendre en main son agir ; en cela, il est essentiellement humain. Ce point de vue, qui attribue à la libre volonté un rôle important, place Descartes devant l'obligation de définir la notion de liberté. Pour lui, la liberté humaine est l'usage que les hommes font de ce pouvoir intérieur de décider.

Pour Hobbes, être un humain, du point de vue de l'espèce, c'est abandonner la liberté naturelle qui pousse les individus à faire tout ce qui est en leur pouvoir pour assurer leur survie. Parce que l'être humain est rationnel, il a compris qu'il est dans son intérêt de s'associer aux autres pour quitter l'état de guerre de tous contre tous provoqué par l'attitude égoïste indissociable de la liberté naturelle. Pour Hobbes, la liberté appartient à tous les corps en mouvement qui ne rencontrent pas d'entraves. La liberté est donc dans l'action. Appliquée à l'être humain, cette liberté naturelle serait de faire ce que je veux sans entraves. De ce point de vue, les autres représentent des entraves.

Pour Spinoza, l'être humain est un mode de la Nature qui est simultanément corps (étendue) et esprit (pensée). Par la nécessité de sa nature, il est doté d'une conscience d'abord floue qui s'impose aux êtres sensibles. Agir dans cet état de conscience place les hommes dans un état de servitude à l'égard de l'imagination, des connaissances erronées et des passions. Mais la spécificité de l'être humain réside dans le fait qu'il peut, s'il le désire, abandonner cette conscience floue et utiliser sa raison pour se donner une

---

69. Robert Misrahi, *100 mots sur l'Éthique de Spinoza*, Paris, Seuil, coll. Les empêcheurs de penser en rond, 2005, p. 222.

conscience claire et adéquate de soi et du monde. Cette seconde conscience est le fruit d'une démarche qui le libère de la servitude initiale. La liberté spinoziste est une affaire d'autonomie, c'est-à-dire qu'elle est ce pouvoir de s'autodéterminer en toute connaissance de cause. En tant qu'autonomie, elle est une activité qui s'oppose à la passivité qui affecte la spontanéité humaine.

Chercher à faire de la liberté le propre de l'être humain, est-ce encore pertinent pour nous qui nous croyons libres, qui revendiquons des libertés et qui, dans certaines circonstances, la défendons même au prix de la vie? À défaut de se donner une définition définitive de la liberté, on peut au moins s'en donner une provisoire. L'idée spontanée généralement admise dans notre culture tend, reprenant ainsi Hobbes, à croire que la liberté consiste à *faire ce que l'on veut, sans entraves*. Spontanément, nous avons tendance à concevoir la liberté négativement parce que c'est ainsi qu'elle s'offre à nous. Est-ce que cela rend justice à l'idée de liberté? Qui plus est, peut-on retenir cette définition utilisée pour décrire un hypothétique état de nature et l'appliquer à nous, qui vivons en société, si cela signifie déclarer la guerre à tous? Si je ne peux pas gagner une telle guerre, quel sens donner à la liberté?

Que sais-je?

Vérifiez vos connaissances
Ces questions vous permettront de savoir si vous avez retenu l'essentiel du chapitre.

1. Nommez les principes actifs à l'origine de la modernité.
2. Quelles différences y a-t-il entre un individu et un sujet?
3. Quel est l'enjeu véritable de l'affaire Galilée?
4. On dit que la modernisation de la vie politique passe par une rupture. Laquelle?
5. Quels attributs caractérisent le rationalisme?

Descartes
6. Nommez les deux courants de pensée que Descartes a voulu combattre.
7. Nommez les quatre règles de la méthode cartésienne.
8. Que conclut-on de la découverte du *cogito*?
9. Quel rôle la glande pinéale joue-t-elle dans la conception de l'homme concret de Descartes?
10. Trouvez un synonyme de volonté absolue dans la pensée de Descartes.
11. Pourquoi dit-on que la liberté selon Descartes est tout intérieure?

Hobbes
12. Le projet de Hobbes repose sur une hypothèse originale. Laquelle?
13. Pour Hobbes, l'être humain est un animal qui se distingue des autres par deux différences spécifiques. Nommez-les.
14. Pouvez-vous énumérer les lois de nature selon Hobbes?

15. En quelques mots, comment peut-on résumer la définition hobbesienne de la liberté ?

16. Nommez les principales caractéristiques de l'être humain à l'état de nature.

17. Qu'est-ce qu'un Léviathan ?

Spinoza

18. Qu'est-ce qu'une conception moniste du monde ?

19. Nommez les deux attributs définissant le concept de Substance-Dieu-Nature.

20. Comment définit-on les concepts spinozistes suivants : Substance, attributs et modes ?

21. Quel est le moteur de la transformation de la conscience floue en conscience adéquate ?

22. Pour quelles raisons la démocratie est-elle un meilleur régime politique selon Spinoza ?

Vérifiez votre compréhension

Si vous pouvez répondre à ces questions, vous saurez que vous avez une bonne compréhension du chapitre.

1. Quels liens faites-vous entre la question inaugurale du chapitre 1 et celle du chapitre 2 ?

2. Pourquoi fait-on de Galilée un modèle de l'affirmation du sujet ?

3. Qu'en est-il de la nouvelle rationalité ?

4. Qu'entend-on par « rupture avec l'autorité » ?

5. Qu'entend-on par « scepticisme au cœur de la pensée religieuse » ?

Descartes

6. Formulez en quelques mots le projet de Descartes.

7. Pourquoi Descartes dit-il qu'il faut d'abord douter ?

8. À partir du schéma illustrant le *cogito* cartésien (**figure 2.5**), écrivez un paragraphe résumant le raisonnement de Descartes.

9. Pourquoi faut-il invalider l'hypothèse du Dieu trompeur ?

10. Pourquoi qualifie-t-on de « dualiste » la conception cartésienne de l'être humain ?

11. Expliquez la phrase suivante, qui caractérise la pensée de Descartes : « La détermination de la volonté, par le pouvoir de connaître rationnellement les choses, est l'authentique liberté. »

Hobbes

12. Hobbes est un précurseur de la modernité politique. Expliquez.

13. Pourquoi dit-on que la conception de la nature de Hobbes est matérialiste ?

14. Caractérisez la liberté selon Hobbes.

15. Quels liens faites-vous entre l'aptitude naturelle à parler et l'aptitude à raisonner ?

16. Que signifie cette célèbre phrase de Hobbes : « L'homme est un loup pour l'homme » ?

17. En quoi l'égalité de tous est-elle la cause de la confrontation dans l'optique de Hobbes ?

18. Comparez la liberté dans l'état de nature à celle dans l'état de société.

19. Comment faut-il interpréter la métaphore de la toupie ?

20. Comment la sécurité favorise-t-elle la liberté humaine dans l'état de société ?

Spinoza

21. Formulez en quelques mots le projet de Spinoza.

22. Qu'en est-il de la notion spinoziste de Dieu?

23. Qu'entend-on par des individus passifs et actifs?

24. Qu'est-ce que Spinoza entend par homme libre?

25. Montrez en quoi la démocratie permet de faire le lien entre la liberté humaine et la conception spinoziste de la Nature infinie.

Exercices

Les exercices suivants visent à vous exercer à caractériser des conceptions de l'être humain et à situer de façon significative des idées dans leur contexte. Également, ils ont pour but de vous amener à réfléchir sur vos croyances et votre manière d'agir.

1. Caractériser des conceptions de l'être humain.
   a) Cernez les concepts clés des conceptions de l'être humain de Descartes, de Hobbes et de Spinoza.
   b) En vous servant de ces concepts, rédigez un texte d'environ une page sur chacune des conceptions.

2. Situer de façon significative des idées dans leur contexte.
   Dans ce chapitre, il est question de la naissance de la modernité. Montrez en quoi les conceptions de l'être humain de Descartes, de Hobbes et de Spinoza sont liées à cette naissance en les situant par rapport aux trois principes actifs de la modernité (l'affirmation du sujet, la rationalité nouvelle, la rupture avec l'autorité). Faites de même avec le courant rationaliste.

3. Peut-on réduire la liberté à l'idée suivante: faire ce que je veux sans contraintes?

NATURE HUMAINE et LIBERTÉ

ou La vie en commun
porte-t-elle atteinte à la liberté ?

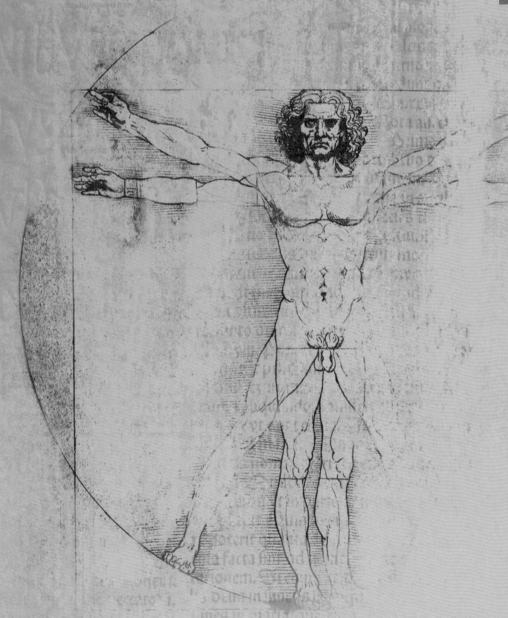

3.1 PRÉSENTATION DE LA QUESTION

Au chapitre précédent, nous avons vu comment les travaux des philosophes rationalistes du XVIIe siècle ont contribué à préciser la notion de liberté. Au XVIIIe siècle, la discussion portant sur la liberté va prendre une direction tout à fait opposée à celle empruntée par Descartes et suivre celle choisie par Hobbes, qui l'interprétait comme un *pouvoir de faire*. Cette conception de la liberté ne va pas de soi dans des sociétés où les monarchies et les Églises restreignent la liberté d'expression et la liberté d'action des individus, notamment par les lois. La défense de la liberté comme pouvoir de faire va ainsi se jouer dans l'arène politique, puisque c'est au XVIIIe siècle que se produira la remise en question des pouvoirs des **despotes**. Les révolutions politiques, scientifiques et culturelles justifieront cette liberté d'action affirmée partout comme propriété naturelle de l'être humain. Mais, même si l'on admet que la liberté est constitutive de la nature humaine, la question demeure de savoir *si la vie en commun porte atteinte à la liberté*.

Despote : Souverain qui gouverne de manière arbitraire ou très autoritaire. Personne qui agit envers les autres de manière excessivement autoritaire.

Les philosophes qui ont réfléchi à cette question, appelés « philosophes des Lumières », ont été séduits par les principaux courants d'idées en provenance d'Angleterre. Ce sont notamment le climat de tolérance religieuse, apparu avec la révolution de 1789, la physique de Newton et la philosophie empirique et matérialiste de Bacon, Hobbes et Locke. En 1726, Voltaire, peut-être le plus grand écrivain français de ce siècle, visite l'Angleterre et, en 1733, il publie ses *Lettres philosophiques*. Il y trace un portrait de la philosophie cartésienne dont il dénonce le rationalisme. Il reproche à Descartes d'avoir construit des systèmes sans réellement les vérifier. En revanche, il lui reconnaît le courage d'avoir été le premier à lutter contre la dictature des théologiens, mais déclare qu'il s'est trompé à peu près sur tout :

> La géométrie était un guide que lui-même avait en quelque façon formé, et qui l'aurait conduit sûrement dans sa physique ; cependant, il abandonna à la fin ce guide, et se livra à l'esprit de système. Alors, sa philosophie ne fut plus qu'un roman ingénieux, et tout au plus vraisemblable pour les philosophes ignorants du même temps. Il se trompa sur la nature de l'âme, sur les lois du mouvement, sur la nature de la lumière. Il admit des idées innées, il inventa de nouveaux éléments, il créa un monde, il fit l'homme à sa mode ; et on dit avec raison que l'homme de Descartes n'est en effet que celui de Descartes, fort éloigné de l'homme véritable. Il poussa ses erreurs métaphysiques jusqu'à prétendre que deux et deux ne font quatre que parce que Dieu l'a voulu ainsi ; mais ce n'est point trop dire qu'il était estimable même dans ses égarements. Il se trompa, mais ce fut au moins avec méthode et de conséquence en conséquence[1].

La réflexion des philosophes des Lumières sur la question de la liberté n'est pas dénuée d'humour. C'est ce qu'illustre la boutade imaginée par Voltaire dans son *Traité de métaphysique* (1734) pour se moquer du concept de liberté intérieure défendu par les partisans de Descartes. Imaginons, dit-il, un champ de bataille dans lequel deux soldats font face au tir imminent d'un canon ennemi. Les deux soldats décident de courir pour sauver leur vie, mais un des deux soldats a les jambes mutilées et se trouve dans l'impossibilité de le faire. Ainsi, malgré sa prétendue libre volonté, il est incapable de réaliser son choix et se fait tuer !

Cette anecdote illustre par l'absurde ce que la liberté est pour Voltaire : un *pouvoir de faire*. C'est la définition qu'il en donnera dans ce même *Traité de métaphysique* :

---

1. Voltaire, *Lettres philosophiques*, Paris, Gallimard, 1986, p. 100-101.

Dépouillons d'abord la question de toutes les chimères dont on a coutume de l'embarrasser, et définissons ce que nous entendons par ce mot *liberté*. La liberté est uniquement le pouvoir d'agir. Si une pierre se mouvait par son choix, elle serait libre ; les animaux et les hommes ont ce pouvoir : donc ils sont libres[2].

Nous pouvons reprendre la **boutade** de Voltaire et établir un parallèle entre la capacité de marcher des soldats et le pouvoir d'agir, ainsi qu'entre l'invalidité du soldat mutilé et les normes et interdits sociaux. On sera alors en mesure de se demander ce qu'est cette « liberté naturelle » de l'être humain, si les sociétés la répriment et empêchent sa réalisation ? Ainsi comprise, cette illustration rappelle la fameuse phrase de son contemporain Rousseau : « L'homme est né libre et partout il est dans les fers[3]. » Pour lui, toutes les sociétés de son époque sont des sociétés répressives, qui ne laissent à peu près aucune place à la liberté individuelle. Cette observation de Rousseau sur la situation de la liberté en société devient la question centrale pour les philosophes du XVIIIe siècle : Comment est-il possible qu'un être dont le trait essentiel soit la liberté vive dans des conditions qui soient celles d'un esclave ? Serait-ce la nature de toute société de restreindre la liberté naturelle ?

Boutade : Mot d'esprit, plaisanterie.

3.2 LE CONTEXTE SIGNIFICATIF

3.2.1 Le triomphe de la modernité

L'homme est né pour le bonheur et la liberté, et partout il est esclave et malheureux. La société a pour but la conservation de ses droits et la perfection de son être, et partout la société le dégrade et l'opprime ! Le temps est arrivé de le rappeler à ses véritables destinées ; les progrès de la raison humaine ont préparé cette grande révolution.

Maximilien Robespierre[4]

Comme nous venons de le voir au chapitre précédent, la naissance de la modernité fut marquée du **sceau** de la répression religieuse et politique. Qu'il s'agisse des développements de la science ou de ceux de la philosophie, les philosophes et scientifiques de la modernité – Descartes, Spinoza, Galilée et bien d'autres – durent cacher, modifier ou renier leurs théories. Comme leurs efforts pour donner un fondement rationnel à la connaissance et libérer la philosophie des balises du dogme religieux se heurtaient aussi aux pouvoirs en place, les penseurs du siècle suivant comprirent qu'ils devaient déplacer leur combat sur le terrain politique et s'attaquer à ces pouvoirs, s'ils espéraient faire triompher les idéaux modernes. Les philosophes, savants et écrivains du XVIIIe siècle furent si intimement liés à ces combats de la modernité que le siècle lui-même fut baptisé « siècle des philosophes » ou « siècle des Lumières » ! Les trois nouvelles fondations que représentaient le fondement rationnel de la connaissance, le projet d'une société égalitaire fondée sur la liberté individuelle et l'ouverture au progrès connurent leur apogée au XVIIIe siècle. Les révolutions démocratiques assurèrent au sujet des droits **inaliénables** et contribuèrent à l'exclusion du sacré du domaine politique. Le domaine des sciences, appuyé par un courant philosophique dit « empiriste », connut des révolutions tout aussi importantes que la politique. Finalement, une soif de connaissance, poussée par ces découvertes, se répandit dans toute l'Europe sous des appellations différentes :

Sceau : Marque, empreinte.

Inaliénable : Qu'on ne peut pas céder ou vendre.

---

2. *Id.*, *Traité de métaphysique*, dans *Œuvres complètes*, vol. 22, Paris, Garnier Frères, 1879, p. 216.
3. Jean-Jacques Rousseau, *Du Contrat social*, Paris, Aubier-Montaigne, 1943, p. 58.
4. Maximilien Robespierre, *Discours du 17 Pluviose an II*, dans *Robespierre, textes choisis*, tome 1, Paris, Éditions sociales, 1974, p. 10.

Enlightment, Lumières, *Aufklärung*. La raison allait apporter un « éclairage » nouveau sur l'homme et la nature, et un progrès illimité allait en découler. C'est ce combat que nous allons maintenant décrire plus en détail sous la désignation de *triomphe de la modernité* (**figure 3.1**).

Le sujet et ses droits : un siècle de révolutions démocratiques

La maturation du concept de sujet libre et rationnel comme fondement d'une nouvelle civilisation connut une évolution lente mais régulière en Europe. Si le XVIe siècle avait été celui de l'éclosion d'un concept de sujet encore **assujetti** à Dieu et si peu autonome qu'il devait compter sur l'intervention de Dieu pour assurer son salut, le XVIIe siècle fut celui du sujet qui pense, raisonne et désire selon son autonomie intérieure. Au XVIIIe siècle, on assista à l'émergence du concept de droits fondamentaux basés sur le concept de droit naturel. C'est donc à l'intérieur des processus révolutionnaires que l'on retrouva cette dignité nouvelle de la liberté humaine comme « source du droit ».

La « glorieuse » révolution anglaise (1688-1689)

Même si ce sont les Hollandais qui fondèrent la première **république** en Europe, c'est en Angleterre que s'amorce le mouvement qui mène au triomphe de la modernité. Après un premier échec, avec la République de **Cromwell**, et le retour à la monarchie, la guerre civile menace à nouveau lorsqu'en 1688 a lieu la « Glorieuse Révolution ». Cependant, aucune goutte de sang ne fut versée, car le roi Jacques II s'enfuit en France. Les Anglais firent venir Guillaume d'Orange de Hollande et lui offrirent, ainsi qu'à son épouse Mary, de porter la couronne britannique, à la condition toutefois qu'ils reconnaissent la

Assujetti : Soumis à une domination, à une obligation très stricte.

République : Forme d'État dans laquelle le peuple exerce la souveraineté, le plus souvent en vertu d'un texte constitutionnel.

Cromwell : Oliver Cromwell (1599-1658), homme d'État anglais qui dirigea la première révolution d'Angleterre au nom du Parlement. Il organisa une armée privée, puis celle du Parlement selon les principes de la discussion démocratique. Vainqueur des troupes royalistes, il fit exécuter le roi Charles Ier et instaura une république, mais devint vite un dictateur.

Figure 3.1 La Liberté armée du sceptre de la Raison foudroie le fanatisme et l'ignorance (gravure allégorique de Boizot et Chapuis).

suprématie du Parlement et qu'ils acceptent de signer le *Bill of Rights* (voir l'encadré). Ce texte marque la première affirmation du *sujet libre comme fondement* de la démocratie moderne. Pour la première fois en Europe, la loi avait une autorité supérieure au roi et il revenait au peuple de légitimer le pouvoir du monarque. Ce texte mettait ainsi fin à plus de mille ans de régime monarchique autoritaire. La liberté des individus y était garantie et le Parlement, élu librement, votait les lois et contrôlait l'armée.

**Extraits du *Bill of Rights* (Déclaration des droits)[5]
Angleterre, le 13 février 1689**

1e Que le prétendu pouvoir de l'autorité royale de suspendre les lois ou l'exécution des lois sans le consentement du Parlement est illégal;

2e Que le prétendu pouvoir de l'autorité royale de dispenser des lois ou de l'exécution des lois, comme il a été usurpé et exercé par le passé, est illégal;

[...]

5e Que c'est un droit des sujets de présenter des pétitions au Roi et que tous emprisonnements et poursuites à raison de ces pétitionnements sont illégaux;

[...]

8e Que la liberté de parole, ni celle des débats ou procédures dans le sein du Parlement, ne peut être entravée ou mise en discussion en aucune Cour ou lieu quelconque autre que le Parlement lui-même;

9e Que les élections des membres du Parlement doivent être libres;

[...]

Une monarchie limitée s'installa donc durablement en Angleterre. Elle assurait une série de libertés parlementaires, tout en préservant le principe même de la monarchie et les privilèges de la noblesse. La «Glorieuse Révolution» s'arrêta donc à mi-chemin de l'idéal moderne d'une société égalitaire et pleinement démocratique. Ce modèle de monarchie parlementaire se répandit dans le monde avec le développement de l'Empire britannique, particulièrement dans ses colonies d'Amérique du Nord, dont le Canada, qui a adapté ce modèle jusqu'à aujourd'hui. Ce fut aux treize colonies américaines que revint le rôle de poursuivre plus loin les idéaux de la modernité.

La Révolution américaine (1775-1782)

Si les Britanniques disposent chez eux de la liberté d'élire leurs représentants, il n'en est pas de même dans leurs colonies d'Amérique. Peu à peu les colons cherchent à jouir d'une autonomie plus grande. Ils adoptent donc des constitutions inspirées des principes de 1689 et, en 1776, ils proclament leur indépendance de l'Angleterre (voir l'encadré et la **figure 3.2**). Cette proclamation les plonge dans une longue guerre anticoloniale dont ils sortiront victorieux en 1783. Le préambule de la Déclaration d'indépendance a ses racines dans le *Bill of Rights* britannique et les théories de John Locke. Mais les révolutionnaires états-uniens y ajoutèrent une série de droits et libertés fondamentaux, dont l'égalité et la liberté naturelles, mais surtout ce droit à l'insurrection que le philosophe anglais avait défendu comme droit fondamental de chaque individu pour défendre ces mêmes libertés contre les gouvernements corrompus.

---

5. Jeanne Hersch, *Textes fondateurs*, 24 novembre 2007. «Déclaration des droits – *Bill of Rights*» (consulté le 28 décembre 2007), www.aidh.org/Biblio/Text_fondat/GB_04.htm.

Bien que cette déclaration d'indépendance contienne l'affirmation du droit de tous à la liberté et à l'égalité, la Constitution adoptée en 1787 ne s'appliquait pas à tous et toutes, puisqu'on niait le droit de vote et le droit d'être élu aux Blancs pauvres, aux femmes, aux Noirs et aux Autochtones. En fait, seuls les hommes blancs, disposant de propriétés

Figure 3.2 La signature de la Déclaration d'indépendance.

6. Texte intégral originaire de la Bibliothèque du Congrès des États-Unis d'Amérique, dans Jeanne Hersch, *op. cit.* « La Déclaration d'indépendance américaine » (consulté le 24 novembre 2007), www.aidh.org/Biblio/Text_fondat/US_03.htm.

importantes, avaient le droit de vote et étaient éligibles. Ayant aboli la monarchie et proclamé la liberté inaliénable des individus, la république des États-Unis d'Amérique avait donc contribué à la promotion des idéaux de la modernité, mais c'est à la France que revint le rôle d'en faire une véritable proclamation universelle.

La révolution française de 1789

La France avait envoyé des régiments en Amérique pour aider les États-Uniens à battre leur vieil ennemi, l'Angleterre. Le général Lafayette revint en France avec le prestige d'avoir aidé à fonder une république qui se proclamait libre. Pourtant, la France vivait sous une monarchie absolue. À la suite de la convocation des États généraux par le roi, le peuple de Paris se souleva, prit la prison de la Bastille et les armes qu'elle contenait (**figure 3.3**), forma une convention, qui deviendra l'Assemblée nationale, et proclama la République. Cette convention

Figure 3.3 Révolution française : la prise de la Bastille, le 14 juillet 1789.

adopta, le 26 août 1789, la Déclaration des droits de l'homme et du citoyen (voir l'encadré), qu'on peut voir comme l'accomplissement de la modernité politique. Ses trois mots clés sont : « Liberté, Égalité, Fraternité ».

Extraits de la Déclaration des droits de l'homme et du citoyen[7] France, le 26 août 1789

Article premier
Les hommes naissent et demeurent libres et égaux en droits. Les distinctions sociales ne peuvent être fondées que sur l'utilité commune.

Article II
Le but de toute association politique est la conservation des droits naturels et imprescriptibles de l'homme. *Ces droits sont la liberté, la propriété, la sûreté et la résistance à l'oppression.*

[...]

Article IV
La liberté consiste à pouvoir faire tout ce qui ne nuit pas à autrui : ainsi, l'exercice des droits naturels de chaque homme n'a de bornes que celles qui assurent aux autres membres de la société la jouissance de ces mêmes droits. Ces bornes ne peuvent être déterminées que par la loi.

[...]

---

7. « Déclaration des droits de l'homme et du citoyen du 26 août 1789 » (consulté le 28 décembre 2007), www.conseil-constitutionnel.fr/textes/d1789.htm. C'est nous qui soulignons.

Un des héros fondateurs de la Révolution française, Danton, prophétisa, quelques jours avant d'être guillotiné, que les gains de la Révolution française auraient une répercussion universelle :

> Nous avons brisé la tyrannie des privilèges en abolissant ces pouvoirs auxquels n'avait droit aucun homme. Nous avons mis fin au monopole de la naissance et de la fortune dans tous ces grands offices de l'État, dans nos églises, dans nos armées, dans toutes les parties de ce grand corps magnifique de la France. Nous avons déclaré que l'homme le plus humble de ce pays est l'égal des plus grands. Cette liberté que nous avons acquise pour nous-mêmes nous l'avons affectée aux esclaves *et nous confions au monde la mission de bâtir l'avenir sur l'espoir que nous avons fait naître*. C'est plus qu'une victoire dans une bataille, plus que les épées et les canons et toutes les cavaleries de l'Europe et cette inspiration, *ce souffle pour tous les hommes, partout en tous lieux, cet appétit, cette soif de liberté jamais personne ne pourra l'étouffer*[8].

On peut penser que l'adoption, le 10 décembre 1948, de la Déclaration universelle des droits de l'homme aux Nations Unies confirme en partie cette prophétie.

L'exclusion des femmes

Malgré tout, cette soif de liberté et d'égalité ne fut pas totalement assouvie. Durant la période qui suivit la Déclaration des droits de l'homme et du citoyen, les femmes eurent beau les revendiquer, elles n'obtinrent pas la pleine reconnaissance de leurs droits et libertés. Un collectif formé autour d'Olympe de Gouges (**figure 3.4**) réclama l'égalité entre les hommes et les femmes et produisit même une déclaration des droits de la femme et de la citoyenne (voir l'encadré). À une époque comme celle de la **Terreur**, où l'on pouvait décapiter une personne sur une simple dénonciation, elle favorisa le parti modéré qui fut mis hors la loi. De même, elle s'opposa à l'exécution du roi pour des raisons humanitaires, ce qui permit aux révolutionnaires les plus radicaux de l'accuser de favoriser la monarchie[9]. Il semble que même pour des révolutionnaires, qui prônaient que «l'homme le plus humble de ce pays est l'égal des plus grands», l'égalité des sexes apparaissait inconcevable, puisqu'elle fut guillotinée en 1793. Dans une déclaration aux femmes de son parti, et publiée dans un journal de l'époque, le procureur de la Commune de Paris qui la fit condamner se félicita de son exécution en disant qu'elle avait surtout «oublié les vertus propres à son sexe».

> **Terreur :** Période de la révolution de 1793-1794 pendant laquelle des mesures exceptionnelles menèrent à l'exécution des supposés ennemis de la Révolution.

Le triomphe de la raison : un siècle de révolutions scientifiques

C'est dans le climat de liberté relative que connaît l'Angleterre de la fin du XVII⁰ siècle que l'organisation de la pensée scientifique moderne va enfin pouvoir s'amorcer. La théorie physique de Newton offre d'une part l'explication d'un univers unifié et ordonné où s'appliquent partout les mêmes lois et principes, mais fournit aussi l'exemple de la puissance de la raison. Sa découverte de la gravitation universelle pave la voie à une nouvelle représentation de Dieu,

Figure 3.4 Olympe de Gouges.

8. «Créer la paix» (consulté le 24 novembre 2007), www.creerlapaix.com/temoignages/danton.php. C'est nous qui soulignons
9. Emanuèle Gaulier, dans Olympe de Gouges, *Déclaration des droits de la femme et de la citoyenne*, Paris, Mille et une nuits, 2003, p. 54.

Déclaration des droits de la femme et de la citoyenne[10]

Article premier
La Femme naît libre et demeure égale à l'homme en droits. Les distinctions sociales ne peuvent être fondées que sur l'utilité commune.

[...]

Article 6
La loi doit être l'expression de la volonté générale ; toutes les Citoyennes et Citoyens doivent concourir personnellement ou par leurs représentants, à sa formation ; elle doit être la même pour tous : toutes les Citoyennes et tous les Citoyens, étant égaux à ses yeux, doivent être également admissibles à toutes dignités, places et emplois publics, selon leurs capacités, et sans autres distinctions que celles de leurs vertus et de leurs talents.

[...]

POSTAMBULE
Femme, réveille-toi ; le tocsin de la raison se fait entendre dans tout l'univers ; reconnais tes droits. Le flambeau de la vérité a dissipé tous les nuages de la sottise et de l'usurpation. L'homme esclave a multiplié ses forces, a eu besoin de recourir aux tiennes pour briser ses fers. Devenu libre, il est devenu injuste envers sa compagne. Ô femmes ! Femmes, quand cesserez-vous d'être aveugles ? Quels sont les avantages que vous avez recueillis dans la révolution ? Un mépris plus marqué, un dédain plus signalé. [...] S'ils s'obstinent, dans leur faiblesse, à mettre cette inconséquence en contradiction avec leurs principes ; opposez courageusement la force de la raison aux vaines prétentions de supériorité ; réunissez-vous sous les étendards de la philosophie [...].

---

celle d'un horloger qui aurait créé le mécanisme de l'univers dont Newton aurait trouvé le fonctionnement. Cette théorie lui permit également d'expliquer le mouvement des marées. Avec la physique de Newton et sa formule de la gravitation universelle, c'est la possibilité d'une fondation rationnelle du monde par la mathématique qui triomphe. Comme l'avait dit Galilée : le livre de la nature est écrit en langage mathématique.

C'est aussi sur la base d'expériences répétées et grâce à l'usage systématique de la balance que Lavoisier en arriva à des découvertes révolutionnaires en chimie. Depuis toujours on considérait que l'air était un élément. En effectuant la combustion des métaux, Lavoisier démontre qu'il n'en était rien et que l'air était fait d'éléments, dont l'oxygène. À la suite de cette expérience, il formula la loi de la thermodynamique selon laquelle rien ne se perd et rien ne se crée, mais tout se transforme. En plus de révolutionner la chimie en publiant une nouvelle nomenclature des éléments, il fut un savant engagé dans le processus démocratique en cours. Il participa à la Révolution, mais fut guillotiné en 1794.

En Amérique, l'homme des « Lumières » fut Benjamin Franklin. Les progrès qu'il fit faire à la science sont nombreux. Il fut le premier à domestiquer le courant électrique, grâce au paratonnerre, à cartographier le Gulf Stream et à monter dans une montgolfière. Ses intérêts étaient aussi financiers et politiques : il fonda la première compagnie d'assurance incendie après avoir inventé le poêle à bois dit « Franklin ».

---

10. Olympe de Gouges, *op. cit.*, p. 14 *sq.*

Les sciences de la vie connurent aussi leurs révolutions. Le botaniste suédois, Carl von Linné, produisit une classification rationnelle des végétaux, des animaux et des minéraux dans son livre intitulé *Systema naturæ*. Linné proposa un nouveau principe de classification des plantes : plutôt que de se servir des parfums et des couleurs, des analogies avec l'être humain ou de leur utilité pour la santé, il proposa de se baser sur la structure de la fleur et plus précisément du nombre, de la disposition et de la proportion des organes de reproduction. Ainsi, en botanique comme en physique, en chimie, la raison triomphait comme mode de compréhension de la nature. La science prenait ainsi le relais des religions comme étalon des discours de vérité. Mais la philosophie participa également à ce mouvement.

3.2.2 Le triomphe de l'idée de progrès : les « Lumières »

Les révolutions qui ont assuré le triomphe de la modernité politique étaient souvent faites au nom d'une **idéologie**. L'idéologie prédominante du XVIIIe siècle est celle des Lumières. Une révolution culturelle enflamma l'Europe entière. De même, les philosophes, poussés par une curiosité intellectuelle sans précédent, tentaient de s'approprier les récentes avancées de la technique et de la science. Il fallait être « éclairés » en tout. Mais qu'est-ce qu'un homme « éclairé » ? se demande Diderot, un des chefs de file du parti des philosophes militant pour la progression des Lumières en Europe. C'est essentiellement un esprit critique, rationnel, mais non rationaliste au sens du XVIIe siècle. Il fait des hypothèses et des expériences plus qu'il n'élabore des systèmes **dogmatiques**. C'est quelqu'un qui au contraire remet en question les dogmes et les superstitions et fait bénéficier le plus grand nombre de ses découvertes. Autour de Diderot, un véritable clan de philosophes se constitue formé de matérialistes et d'athées qui combattent ouvertement les autorités religieuses et politiques. La Mettrie publie l'*Histoire naturelle de l'âme* et *L'Homme-machine*, Helvétius publie une analyse matérialiste de la pensée dans *De l'Esprit* et d'Holbach livre un combat acharné contre ce qu'il nomme les superstitions qui, selon lui, empêchent l'être humain de comprendre sa véritable nature. Proche de Spinoza, il traduit des livres de Hobbes afin de faire connaître en France les thèses matérialistes du philosophe anglais. Il revint cependant au philosophe Emmanuel Kant de donner des « Lumières » la définition la plus élaborée :

> Qu'est-ce que les Lumières ? La sortie de l'homme de sa minorité dont il est lui-même responsable. Minorité, c'est-à-dire incapacité de se servir de son entendement [pouvoir de penser] sans la direction d'autrui, minorité dont il est lui-même responsable puisque la cause en réside non dans un défaut de l'entendement, mais dans un manque de décision et de courage de s'en servir sans la direction d'autrui. *Sapere aude !* [Ose penser] *Aie le courage de te servir de ton propre entendement.* Voilà la devise des Lumières[11].

L'idéologie des Lumières

L'idéologie des Lumières est synonyme d'autonomie personnelle, d'attitude rationnelle, de détermination et de combativité. C'est dans cet esprit que Voltaire disait qu'il fallait « écraser l'infâme », c'est-à-dire se débarrasser de l'intolérance et du fanatisme religieux qui empêchaient de penser librement. La lumière de l'homme éclairé, c'est la raison qui se

Idéologie : Ensemble d'idées formant un système. Une idéologie peut refléter les intérêts d'une culture, d'une société ou d'une classe.

Dogmatique : Qui affirme ses opinions comme s'il s'agissait de vérités indiscutables.

---

11. Emmanuel Kant, « Qu'est-ce que les Lumières ? », dans *Œuvres*, tome II, Paris, Gallimard, Bibliothèque de la Pléiade, 1985, p. 209.

manifeste dans les discours scientifique et philosophique, souvent bloqués par la censure institutionnelle. Diderot emploie une métaphore saisissante pour faire comprendre la situation d'un philosophe des «Lumières»: elle est comparable à celle d'un homme qui se serait perdu la nuit en forêt et qui n'aurait qu'une bougie pour s'éclairer. Demandera-t-on à cet homme de souffler sa bougie et de retrouver son chemin par lui-même dans les ténèbres? Il faut au contraire lui donner les moyens de retrouver son chemin, et c'est en ce sens que Diderot et ses collaborateurs lancent le plus grand projet d'édition du siècle: l'***Encyclopédie*** *ou Dictionnaire raisonné des sciences, des arts et des métiers* (**figure 3.5**).

L'entreprise «éclairée» par excellence: l'*Encyclopédie*

En 1747, Diderot (**figure 3.6**) et d'Alembert, l'un philosophe l'autre mathématicien, sont chargés de traduire une encyclopédie britannique, celle de Chambers. En 1751, lors de la parution des deux premiers tomes, l'entreprise s'est modifiée du tout au tout: il s'agira dorénavant, pour les deux hommes, ni plus ni moins que de présenter au public l'ensemble des connaissances humaines de l'époque.

Afin de déchirer le voile du passé, ils y ajoutent une nouvelle dimension, plus souterraine et subversive, soit celle des «renvois». Au-delà du dictionnaire et du classement des savoirs, Diderot élabore un système de renvois d'un mot à un autre, afin de déjouer la censure qui s'acharne sur l'entreprise. Ce système a une fonction quelque peu analogue à celle des hyperliens dans Internet. Ainsi, c'est dans la définition de mots les plus inoffensifs ou bizarres qu'il insère les critiques les plus virulentes contre la religion. Par exemple, au mot «Épidélius» on trouve une présentation des contradictions de la doctrine chrétienne!

> **Encyclopédie:**
> L'*Encyclopédie ou Dictionnaire raisonné des sciences, des arts et des métiers* est un ouvrage publié entre 1751 et 1772. Elle contient 17 volumes d'articles et 11 volumes de planches. Elle réunit plus de 72 000 articles rédigés par plus de 140 collaborateurs. Elle fut interdite de publication à plusieurs reprises et ses auteurs menacés de prison. Se voulant la somme des connaissances de l'époque, elle influença la vie intellectuelle française durant tout le XVIIIe siècle.

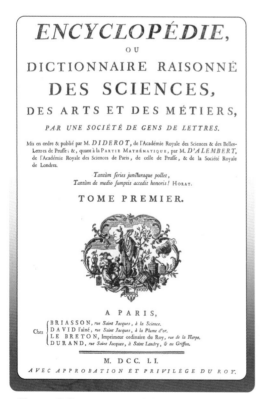

Figure 3.5 Frontispice de l'*Encyclopédie*.

Figure 3.6 Denis Diderot (1713-1784).

3.2.3 Un courant philosophique majeur au XVIIIe siècle : l'empirisme domine

En parallèle avec le développement de la méthode scientifique s'amorce, en Angleterre, un nouveau courant philosophique qui domine la philosophie du XVIIIe siècle : l'empirisme. Pour ce courant, comme la réflexion se rapporte au monde matériel, il faut constamment vérifier les données des sens si l'on veut atteindre des vérités.

Le précurseur : Francis Bacon

Au siècle précédant celui des Lumières, Francis Bacon prétendait que si l'on voulait vraiment connaître la nature, il était de loin préférable de l'observer plutôt que de construire des expériences qui la forcent à révéler ses secrets. En réaction aux rationalistes, il considérait que l'esprit n'a pas besoin d'ailes, mais plutôt de plomb : la vérité se trouve dans l'observation du réel, disait-il, et des inférences que l'esprit découvre à partir de cette observation. Les philosophes anglais et français du siècle suivant se réclamèrent de lui pour affirmer que la connaissance doit nécessairement passer par l'expérience sensible. L'empirisme est un courant philosophique qui soutient que toutes nos idées proviennent des contacts de nos sens avec le monde externe.

L'empirisme de John Locke

À notre naissance, comme l'écrit Locke, notre esprit est comme une tablette de cire vierge ou table rase :

> Supposons donc qu'au commencement l'âme est ce qu'on appelle une tabula rasa […], comment parvient-elle à recevoir des idées ? À cela je réponds en un mot : *de l'expérience ; c'est là le fondement de toutes nos connaissances, et c'est de là qu'elles tirent leur première origine*[12].

En conséquence, il n'est rien dans notre entendement qui n'ait été d'abord dans nos sens. Les tenants de l'empirisme rejettent donc la présence en nous d'idées innées que Descartes disait pourtant être claires et distinctes. Au contraire, ils soutiennent que nos idées sont simplement des copies plus ou moins atténuées de nos sensations. Mais ces sensations, l'homme est capable de les organiser en les comparant l'une avec l'autre dans des expériences :

> Ainsi la première capacité de l'entendement humain consiste en ce que l'esprit est propre à recevoir les impressions qui se font en lui, ou par les objets extérieurs à la faveur des sens, ou par ses propres opérations lorsqu'il réfléchit sur ces opérations […]. C'est sur ce fondement que sont établies toutes les notions qu'il y aura jamais *naturellement* en ce monde[13].

L'empirisme radical de David Hume

Mais l'empiriste le plus radical fut sans doute le philosophe écossais David Hume. C'est lui qui développa les principes de ce courant philosophique et le mena jusqu'à un scepticisme modéré. Il accepte d'emblée l'idée que toute connaissance nous vient de l'expérience, mais il conteste que nos sensations produisent des *idées de sensation*, comme le voulait Locke. Ce que nos sensations produisent, affirme Hume, ce sont simplement des *impressions*. Cette distinction le porte, selon ses propres termes, au bord de « l'abîme

---

12. John Locke, *Essai sur l'entendement humain*, trad. M. Coste, Paris, Vrin, 1998, p. 61.
13. *Ibid.*, p. 74.

philosophique». Pourquoi? Considérez que le caractère essentiel d'une impression, c'est d'être passagère : aussitôt sentie aussitôt passée. Alors, si toute connaissance relève de ce phénomène, il faut admettre que nous ne connaissons rien du monde extérieur, mais seulement ce que nous en sentons, que le *cogito* cartésien est une pure fiction, car le moi lui-même ne se saisit que par une suite d'impressions de lui-même et n'est en rien une *chose*. Ainsi, le monde ne nous est pas accessible tel qu'il est et nous sommes incapables de saisir notre identité, puisque notre conscience n'est rien d'autre que les impressions qui s'y succèdent. On pourrait penser que sa doctrine nous conduit à un total scepticisme qui ruinerait toute recherche de la vérité. Pourtant, Hume s'en tient à ce qu'on pourrait appeler un scepticisme modéré pour lequel les mathématiques et les faits expérimentaux demeurent les deux éléments sur lesquels il est possible de fonder la connaissance humaine :

> Si nous prenons en main un livre de théologie ou de métaphysique scolastique par exemple, demandons-nous : *contient-il des raisonnements abstraits sur la quantité ou le nombre?* Non. *Contient-il des raisonnements expérimentaux sur des questions de fait et d'existence?* Non. Alors, mettez-le au feu, car il ne contient que sophismes et illusions[14].

3.3 LE DÉBAT : JOHN LOCKE ET JEAN-JACQUES ROUSSEAU

Une opposition va se développer entre Locke et Rousseau sur la question initiale du chapitre, question que Thomas Hobbes va contribuer à animer par le biais de sa conception toute mécaniste de la liberté. Quand il affirmait que la liberté est un pouvoir de faire dans les limites de notre nature, Hobbes unissait de façon **paradoxale** les concepts de liberté et de nécessité. L'exemple de l'eau et de la cruche en était l'illustration parfaite : tant qu'elle est enfermée dans la cruche, l'eau n'est pas libre, car sa nature est de se répandre ; ce qu'elle fait aussitôt dès que l'on casse la cruche. Cependant, observait Hobbes, elle devra *nécessairement* s'écouler dans le sens de la pente sur laquelle elle se trouve. C'est en transposant cette conception à l'être humain qu'il en arrivait à cette demande si scandaleuse pour les philosophes des Lumières, soit d'exiger de l'être humain, cet être naturellement libre, qu'il se soumette entièrement au Léviathan, ce monstre politique, afin de parvenir à vivre en toute sécurité avec les autres. Mais, s'il en était arrivé là, c'est que Hobbes définissait l'être humain comme un être foncièrement égoïste, susceptible d'exercer à la limite son pouvoir d'agir dans le sens de ses intérêts. Voilà ce qu'exprimait la formule «l'homme est un loup pour l'homme». Or, c'est précisément cette prémisse d'une nature humaine purement égocentrique que vont rejeter Locke et Rousseau. Ceux-ci acceptent son hypothèse d'un état de nature, mais rejettent l'idée d'une contrainte volontaire de la liberté pour développer, chacun à leur manière, une nouvelle conception de la nature humaine et de la liberté. Ce faisant, ces deux philosophes vont devenir de véritables phares de la démocratie moderne.

Paradoxal : Qui étonne, qui semble contraire au sens commun.

Pour Locke, l'être humain a toujours été un être social et raisonnable, tandis que Rousseau voit en l'être humain un être solitaire et sensible qui doit abdiquer sa liberté naturelle pour la retrouver transfigurée grâce au contrat social. Ainsi, à partir d'une prémisse identique, les deux penseurs se distinguent de leur prédécesseur dans la construction de leur doctrine.

---

14. David Hume, *Enquête sur l'entendement humain*, trad. par André Leroy, Paris, Aubier, 1972, p. 222.

Portrait de John Locke
(1632-1704)

John Locke est né le 29 août 1632 à Wrington, dans une famille aisée. Il est le fils aîné d'un conseiller juridique auprès des magistrats locaux. Sa jeunesse se déroule sur fond des révolutions de 1642 et de 1689. En 1652 Locke commence ses études à l'Université d'Oxford. Après un premier voyage en tant qu'ambassadeur, il a l'occasion de soigner *lord* Ashley (1621-1683), à cette époque ministre des Finances, dont il devient le médecin particulier, puis le secrétaire attitré. Le roi Charles II ayant mis fin aux fonctions de son ministre en 1673, Locke se rendit en France et y demeurera jusqu'en 1679, séjournant principalement à Montpellier pour des problèmes de santé. À cette date, il rentre à Londres, mais son tuteur Shaftesbury, qui s'oppose encore à la monarchie, quitte l'Angleterre pour les Pays-Bas. Locke, craignant d'être arrêté, s'y réfugie aussi en septembre 1683. En 1688, il est élu membre de la *Royal Society* et publie un traité médical, l'*Anatomica*, suivi l'année d'après par un autre traité, *De Arte Medica*. Il regagne l'Angleterre en février 1689 avec la princesse Mary, qui avait été précédée en novembre 1688 du nouveau monarque Guillaume d'Orange. Déclinant le poste d'ambassadeur auprès de l'empereur d'Autriche, Locke fera fonction de sous-ministre des Appels en mai 1689, puis de sous-ministre au Commerce et aux Colonies. C'est dans cette dernière période de vie qu'il s'occupe de la publication d'une partie de ses œuvres conçues antérieurement. Ainsi, en mars 1689, paraît, en latin, sa *Lettre sur la tolérance* et, en 1690, il publie ses deux œuvres majeures : le *Traité du gouvernement civil*, qui consacre les principes de la démocratie parlementaire, et l'*Essai sur l'entendement humain*, véritable bible de l'empirisme pour le siècle suivant. Locke s'éteint le 28 octobre 1704.

Œuvres principales :

- *Rédaction d'une constitution pour la colonie de Caroline* (1670)
- *Lettre sur la tolérance* (1689)
- *Essai sur l'entendement humain* (1690)
- *Traité du gouvernement civil* (1690)
- *Pensées sur l'éducation* (1693)
- *Le Christianisme raisonnable* (1695)

3.3.1 Le projet de Locke : renouveler les savoirs

Ceux qui critiquent la philosophie comme étant une discipline inutile et lassante accueillent bien le jugement que Locke portait sur la formation philosophique qu'il reçut à l'Université d'Oxford. Le contenu des cours se limitait à la philosophie d'Aristote, conçue plus de deux mille ans auparavant. Alors même que les sciences mathématiques et expérimentales s'épanouissaient en Angleterre, la philosophie demeurait scolastique et dogmatique. Un peu comme Descartes, mais avec des motivations très différentes, Locke voulut être celui qui redonnerait sa place à la philosophie auprès des sciences. Il s'orienta auparavant vers la médecine et devint conseiller de **lord** Ashley, comte de Shaftesbury. La médecine, tout comme la philosophie, avait besoin d'être réédifiée sur des bases plus concrètes. Locke s'y engagea avec, entre autres, Sydenham, un médecin empiriste. Son engagement comme professeur et médecin de *lord* Ashley l'entraîna bientôt en politique. Comme celui-ci était un des chefs du parti parlementaire, Locke

Lord Ashley (1621-1683): Acteur important de la vie politique anglaise. Il a occupé de hautes fonctions sous la Restauration (1660), mais passa du côté du Parlement avant de s'exiler en Hollande, où il mourut.

fut initié par lui à la diplomatie et aux querelles entre le roi et le Parlement. Prenant le parti du Parlement, il se rendit compte que la démocratie ne serait pas possible tant que les doctrines du pouvoir politique ne seraient pas repensées. En effet, la théorie politique reposait alors sur le droit absolu du roi comme Souverain détenant son pouvoir de Dieu. La théorie du gouvernement civil de John Locke favorisera plutôt la souveraineté individuelle et servira de base à l'établissement de la monarchie parlementaire.

L'Angleterre était par ailleurs secouée par les guerres de religion. Afin d'aider son pays à obtenir une paix durable, il publia une série de lettres sur la tolérance religieuse. Encore là, sa contribution fut utile puisque ses textes servirent d'inspiration pour une loi du Parlement qui instaura la coexistence des sectes religieuses. Du temps de son exil en Hollande, Locke avait aussi fini d'écrire des essais qui devaient servir à renouveler la philosophie. Rejetant la scolastique *et* le rationalisme, il proposa de revenir à la source évidente de la connaissance : la sensation. Son *Essai* sur l'entendement humain et ses limites fut loué par l'ensemble des philosophes du XVIIIᵉ siècle comme un moment fort de la philosophie, comparable au travail d'Aristote dans l'Antiquité.

Ayant été formateur de *lord* Ashley et de sa famille, Locke s'intéressa aussi à la pédagogie. Il considéra que le temps était venu de réfléchir aux transformations à apporter au domaine de l'éducation. À ses yeux, les efforts pour installer une démocratie durable paraissaient inutiles sans des gens éclairés sur les enjeux qui les concernent et capables de les résoudre de manière rationnelle et libre. On considère que son traité sur l'éducation inaugure la pédagogie moderne tournée vers le respect de l'apprenant, de son tempérament et de ses possibilités.

La conception de la nature

La nature et les lois naturelles

Pour les philosophes modernes, la recherche d'une conception de l'être humain s'oriente vers la nature, et John Locke n'y fait pas exception. Mais qu'est-ce donc que la nature et dans quel état y retrouve-t-on l'homme ? La prémisse qui fonde sa doctrine peut se formuler ainsi : la nature est l'œuvre de Dieu, seul Souverain de l'univers. Peut-être serez-vous surpris de voir que Dieu joue encore un rôle fondamental dans la pensée d'un philosophe moderne. Mais Locke garde de son origine puritaine une croyance en la Révélation qu'il distingue de la connaissance rationnelle. Il croit en l'existence du Dieu chrétien, créateur et ordonnateur de l'univers, mais d'un Dieu qui n'est pas pour autant étranger au Dieu horloger dont Newton montrait qu'il avait mis en marche la mécanique de l'univers : l'univers qu'Il crée obéit à des lois. Nous verrons plus loin comment cette idée lockéenne d'une **transcendance** divine lui servira à rejeter l'idée d'une souveraineté absolue de quiconque dans la société. Cette conception du pouvoir politique lui permettra également de défendre le concept de la liberté fondamentale des individus dans la société. En fait, Locke soutient que non seulement la nature est un tout ordonné, mais expressément que Dieu ne crée pas le monde pour rien. Il y a donc une finalité, un but, des lois dans la nature. Toute chose qui existe doit agir selon la loi qui lui est propre. Dans cette perspective, il ne saurait être question de considérer la nature d'un point de vue purement géométrique ou simplement comme le lieu de forces physiques naturelles. L'être humain doit faire les efforts nécessaires afin de découvrir quelle place Dieu lui a réservée dans cette vaste harmonie. Malheureusement, le plan de Dieu n'est pas révélé explicitement dans les Saintes Écritures ; il doit être découvert par la raison et la science. Cependant, la Bible peut aussi nous aider à le comprendre. Fidèle lecteur des livres saints, *Locke*

Transcendance : Monde de réalités supérieures.

considère finalement que Dieu a donné la nature en patrimoine commun à l'humanité, patrimoine qu'elle a le devoir de s'approprier et de faire fructifier par le travail. Voilà selon lui la loi qu'impose à l'être humain sa place dans la nature et dans le plan de Dieu.

Cette terre, les humains l'ont donc reçue de Dieu en propriété commune. Étant libres, ils disposent d'un pouvoir d'agir selon leurs décisions ; étant égaux, ils disposent d'un pouvoir à peu près équivalent ; étant raisonnables, ils comprennent que les autres ont sensiblement les mêmes besoins. Comme il suppose les hommes évoluant au sein d'une nature surabondante, Locke ne voit pas de guerre causée par le phénomène d'appropriation des biens, la générosité de la nature comblant amplement les efforts et le travail de chaque individu. Par son travail, l'individu peut se constituer un patrimoine qu'il va faire fructifier en fonction de son talent et ces biens seront alors exclus du bien commun pour lui appartenir en propre. Toujours en débat non avoué avec Hobbes, Locke aborde la question de savoir si l'être humain est poussé à s'emparer de biens d'autrui et à se lancer dans cette guerre de tous contre tous. Il soutient que ce n'est pas le cas, car le plan de Dieu prévoit que chacun ait, pour survivre, une part suffisante de cette terre qu'il a donnée en partage à l'humanité. La limite de l'appropriation fixée par la loi naturelle apparaît lorsqu'un individu possède plus que ce que permet la nature des produits de la terre, qui se gâtent s'ils ne sont pas consommés dans un laps de temps qui marque leur utilité pour l'homme. L'accumulation au-delà de cette limite est une atteinte à la liberté et à l'égalité naturelles des hommes et manifeste un dépassement déraisonnable de ce qui est nécessaire à chacun pour sa survie. Évidemment, s'il existait un état de paix perpétuelle, où chacun utilise sa raison et sa liberté pour assurer son droit naturel et où tous vivent également satisfaits, ce serait un véritable paradis terrestre. Mais la fragilité de la raison humaine face aux passions et aux désirs ne le permet pas. Le fait que les hommes soient poussés par les désirs provoque un déséquilibre dans l'état de nature. Souvent, sous l'empire des passions, ils tendent à s'accaparer les biens des autres, provoquant les guerres qui ne sont pas le propre de l'état de nature, mais d'un état dérivé, second. Comment une telle dérive survient-elle ? Elle apparaît lorsque les hommes, alors même que leurs besoins de base sont assurés, conservent un bien auquel ils accordent une valeur d'échange : l'or. Ainsi, l'or, dans sa fonction de monnaie d'échange, est le véritable corrupteur de l'état de nature. Puisqu'il n'est pas périssable, comme le sont les produits naturels, les hommes peuvent l'accumuler et cette accumulation crée des vices inutiles : bientôt ils sont prêts à se battre pour le posséder, ce qui entraîne un état de guerre déraisonnable et contre nature.

La nature et l'état de nature

On voit que, lorsqu'il parle d'état de nature, Locke décrit l'état dans lequel Dieu nous aurait créés. Et cet état de nature, ou nature humaine, se résume aux caractéristiques suivantes : sociabilité, liberté, égalité et raisonnabilité (*reasonnableness*). Il croit trouver dans la condition des peuples autochtones d'Amérique l'état qui se rapprocherait le plus d'une telle définition de la nature humaine : « Ainsi au commencement toute la terre était une Amérique et peut-être encore plus [...][15]. » Si ces premières sociétés étaient proches de l'état de nature, c'est que les individus rassemblés en familles et en clans chassaient et s'appropriaient le produit de leur chasse librement et qu'ils étaient égaux entre eux (**figure 3.7**). Même leurs chefs étaient plus des guides que des souverains.

---

15. John Locke, *Deuxième traité du gouvernement civil*, trad. par Bernard Gilson, Paris, Vrin, 1985, p. 103.

Figure 3.7
De plus en plus rares, les sociétés autochtones intactes d'Amérique nous rappellent l'état de nature dont parlaient les philosophes du XVIIIe siècle.

Ce que Locke observait, c'était l'état naturel des hommes avant qu'ils aient remis entre les mains d'un *arbitre impartial* leur pouvoir de régler leurs conflits. Malgré le transfert de ce pouvoir, l'état de nature, qui est au fond la nature humaine, *ne serait jamais perdu*, réapparaissant aussitôt que la personne qui arbitre les conflits ne serait plus impartiale ou que les hommes décident de transiger dans le cadre des relations strictement privées :

> Les promesses et les marchés d'échange […] qu'un Suisse et un indien concluent dans les bois d'Amérique les obligent, *bien qu'ils soient entre eux dans un état de nature parfait*[16].

On peut comparer l'analyse de Locke à celles de Rousseau et de Hobbes et démontrer comment elle s'en différencie. Pour ces derniers, l'état de nature était une hypothèse permettant de comprendre la nature humaine. On l'imagine *en soustrayant tout ce que la société a pu y mettre*. Pour Locke, l'état de nature est l'essence de l'être humain qui apparaît une fois qu'on a *soustrait le droit de punir ceux qui nous ont lésés*. Non seulement l'état de nature n'est pas, pour lui, l'hypothèse d'un état qui n'a jamais existé, mais il considère au contraire que cet état existe chaque fois que des hommes entretiennent des rapports privés, indépendants du pacte d'arbitrage des conflits :

> […] tous les chefs d'États *indépendants*, de par le monde, se trouvent dans l'état de nature et qu'ainsi, sur terre, on n'a jamais manqué, on ne manquera jamais, d'une foule d'hommes dans cet état[17].

On peut trouver un excellent exemple d'état de nature dans les échanges internationaux qui répondent au principe du **libre échange**. Ces échanges ne sont sous l'autorité d'aucun arbitre, bien qu'il existe des institutions internationales qui conseillent les pays. Les pays, qui sont théoriquement indépendants et donc libres, seraient dans un état de

Libre échange : Système de commerce international caractérisé par l'absence de barrières douanières entre les pays qui en sont membres.

16. *Ibid.*, p. 83.
17. *Ibid.*, p. 82.

nature parfait, selon Locke. On peut aussi penser, comme Hobbes et plusieurs groupes qui combattent l'idée de libre échange, qu'en pratique, c'est le plus fort qui y impose sa volonté.

La conception de l'être humain de Locke

Un animal sociable

Quelles sont donc les caractéristiques de cet être si spécial à qui est échue la possession de la nature tout entière? Locke, qui fut longtemps médecin avant d'être conseiller politique et philosophe, commence par décrire l'être humain en fonction de ses caractéristiques physiologiques. Comme tout être vivant, les humains doivent assurer leur vie et leur survie et donc se reproduire. Une des particularités de cette reproduction humaine est la capacité constante de gestation des femelles ajoutée à la lente maturation des enfants. Selon Locke, le fait que la femelle puisse retomber enceinte alors qu'elle est toujours à s'occuper d'un plus jeune l'empêche d'assurer seule la protection et la survie de ses enfants sans la contribution du mâle. C'est ainsi que naissent *nécessairement* la famille et les premiers liens sociaux. Les humains sont en effet *naturellement* liés par un premier pacte, le pacte familial. De plus, ce pacte mâle-femelle ne serait pas possible si les humains ne disposaient pas naturellement de la parole. C'est cette caractéristique naturelle qui va les entraîner à des échanges de plus en plus vastes et favoriser l'émergence des sociétés politiques. À cette sociabilité naturelle s'ajouteront d'autres caractéristiques spécifiquement humaines.

Un être libre, égal et raisonnable

Les caractéristiques spécifiques de l'être humain sont essentiellement les mêmes que celles qu'il décrivait en présentant l'état de nature. C'est un être libre, c'est-à-dire qu'il a le pouvoir de faire ce que permet sa nature, soit, essentiellement, travailler la terre et acquérir ainsi les biens que Dieu a donnés à l'humanité en partage. Les hommes ont tous été créés avec les mêmes compétences et les mêmes facultés et sont d'une telle égalité qu'ils ont le devoir de se respecter mutuellement et de travailler à la survie de l'humanité. Quant à la raison, elle est le produit de la réflexion que mène l'être humain sur les données de ses sens. Comme l'être humain est déjà un être social, qu'il vit dans des liens familiaux, qu'il parle et peut exprimer ses réflexions sur ce qu'il sent, il s'accomplit comme être rationnel et raisonnable. Il est capable de comprendre que son semblable, étant égal à lui et ayant les mêmes capacités, a les mêmes droits. Il est, par sa raison, capable de réciprocité et même d'universalité, c'est-à-dire de s'élever à l'idée d'humanité.

Un être « malléable »

Une autre contribution de Locke à la conception moderne de l'être humain réside dans sa conception de l'éducation par la liberté. Si le sujet libre et raisonnable doit devenir le fondement des rapports sociaux en participant à la démocratie, il doit être traité comme la source de son éducation et non comme un simple réceptacle des valeurs traditionnelles. Sa liberté fait de lui un être malléable et sa raison naturelle lui permet de comprendre ce qui l'affecte. Il peut donc, à titre de tuteur, s'adresser à l'intelligence de l'enfant dès son bas âge afin de le former à valoriser la rationalité et la liberté:

> Quand je dis qu'il faut les traiter comme des créatures raisonnables, j'entends donc que vous devez leur faire comprendre [...] que ce que vous faites est raisonnable en soi en même temps qu'utile et nécessaire pour eux[18].

---

18. John Locke, *Quelques pensées sur l'éducation*, trad. par G. Compayré, Paris, Vrin, 1966, p. 106.

Même s'il doit être sévère lorsqu'il s'agit de dompter les élans de domination chez l'enfant, l'éducateur doit chercher à donner une éducation avant tout plaisante et qui correspond au tempérament de l'enfant. Ayant détesté ses études universitaires purement théoriques, Locke recommande que l'éducation se fasse, comme en science, par la pratique. Philosophe de l'expérience sensible, il affirme :

> C'est l'éducation qui fait la différence entre les hommes. Même des impressions légères, presque insensibles, quand elles ont été reçues dès la plus tendre enfance, ont des conséquences importantes et durables[19].

C'est pourquoi, au lieu de contraindre les enfants, il faut, selon lui, se servir de ce qu'ils aiment pour leur faire apprendre ce qu'on veut.

La conception de la liberté de Locke

La conception lockéenne de la liberté recoupe sa conception de l'être humain. Pour Locke, c'est la liberté qui fait l'humanité même de l'homme, sa nature humaine. Se distinguant de Descartes et de sa volonté libre, il adhère plutôt à la conception de Hobbes qui définissait la liberté comme un pouvoir de faire. Autrement dit, il considère que la liberté et la volonté sont des puissances qui permettent de réaliser ce que l'esprit a conçu :

> *Aussi loin que s'étend cette puissance d'agir ou de ne pas agir, conformément à la préférence que l'Esprit donne à l'un ou l'autre, jusque-là, l'homme est libre.* Car que pouvons-nous concevoir de plus, pour faire qu'un homme soit libre, que d'avoir la puissance de faire ce qu'il veut[20]?

Considérons, avec Locke, des exemples concrets de sa conception de la liberté, soit trois situations, celle d'un promeneur, celle d'un accidenté et celle d'un prisonnier, pour lesquelles sa définition demeure tout aussi pertinente :

> Car un homme qui est assis est dit être en liberté, parce qu'il peut se promener, s'il veut. Un homme qui se promène est aussi en liberté, non parce qu'il se promène et se meut de lui-même, mais parce qu'il peut s'arrêter, s'il veut. De même, un homme qui vient de tomber dans un précipice, quoiqu'il soit en mouvement, n'est pas en liberté, parce qu'il ne peut pas arrêter ce mouvement, s'il veut le faire[21].

Prenons un cas qui sert souvent d'exemple, celui du prisonnier. Locke va montrer qu'il est à la fois libre et non libre selon ce qui est en son pouvoir de faire. De toute évidence, il n'est pas libre de s'évader, parce que la porte étant verrouillée, il ne le pourrait pas, même s'il le voulait. À l'intérieur de sa cellule, existe à la fois un espace de liberté et de non-liberté selon ce qui lui est laissé de son pouvoir de faire :

> Un prisonnier enfermé dans une chambre de vingt pieds en quarré, lorsqu'il est au Nord de sa chambre, est en liberté d'aller de vingt pieds vers le Midi, parce qu'il peut parcourir tout cet espace ou ne pas le parcourir. Mais dans le même temps, il n'est pas en liberté de faire le contraire, je veux dire d'aller vingt pieds vers le Nord[22].

Mais ce pouvoir sera-t-il différent selon que l'on se trouve dans l'état de nature ou dans l'état de société ?

---

19. *Ibid.*, p. 27.
20. John Locke, *Essai sur l'entendement humain, op. cit.*, p. 189.
21. *Ibid.*, p. 190-191.
22. *Ibid.*, p. 192.

La liberté à l'état de nature

Cet état est «celui d'une parfaite liberté d'agir, de disposer de sa personne et de ses propriétés dans les limites de la loi naturelle[23]». Cette liberté affirme donc la souveraineté du sujet, mais en même temps lui impose une limitation : la loi naturelle. Celle-ci apprend à l'être humain que la liberté ne peut consister à léser celle des autres ni à s'aliéner soi-même dans l'esclavage ni à s'enlever la vie. La liberté naturelle de l'homme consiste à vivre affranchi de tout pouvoir supérieur sur terre, sans dépendre de la volonté, ni de l'autorité législative, ni d'aucun homme, et à ne connaître d'autre règle que la loi de nature.

Dans l'état de nature, chacun serait donc juge et partie de sa propre cause, il n'y aurait pas d'autorité légitime au-dessus des individus libres et égaux pour trancher les litiges. Si quelqu'un commettait des actes déraisonnables, il s'exclurait lui-même de la loi naturelle et celui qui aurait été lésé aurait le droit de le punir. Ce droit naturel permettrait à tout individu d'en punir un autre, non pas de façon excessive, mais équilibrée et en réparation du geste commis. Comme chacun serait son propre arbitre, chacun pourrait estimer la punition reçue déraisonnable et pourrait facilement vouloir se venger à son tour. L'équilibre de l'état de nature serait menacé par ces sentiments de haine ou de vengeance. L'état de nature révèle donc une instabilité où la menace de violence et l'insécurité deviennent palpables. Pour toutes ces raisons nous dit Locke, les hommes sentiront le besoin d'établir une convention sociale qui puisse garantir à tous la libre disposition de leurs propriétés.

La liberté à l'état social

En plus de cette considération morale qui montre la fragilité de la raison face aux passions, Locke décrit trois facteurs qui ont favorisé l'apparition d'une convention donnant naissance à l'État. D'abord, les hommes sentent le besoin d'un arbitre pour régler les litiges qui les opposent. En effet, on sait qu'ils ont tous ce droit naturel de régler personnellement les conflits qui les touchent. Deuxièmement, il faut tenir comte du fait que, même s'il y avait un arbitre, les lois de nature sont des lois rationnelles, mais non écrites. Le plan de Dieu, qui exige que les humains vivent de façon rationnelle, ne s'impose pas d'emblée comme une vérité pour tous. Le passage à l'état politique demande que les hommes qui veulent vivre en République exigent que ces lois soient écrites pour être jugées légitimement rationnelles. Troisièmement, même si les lois sont écrites, il est certain qu'elles n'y seront pas automatiquement appliquées. Et même si elles l'étaient, cette application ne serait pas toujours faite de manière rationnelle, mais souvent avec un esprit de haine ou de vengeance. La société politique verra donc à combler ce besoin par la création d'un pouvoir exécutoire indépendant des individus.

Locke utilise une notion de pacte qui diffère de celle de contrat social. Alors que pour Hobbes le contrat social donne naissance à la société, pour Locke, les hommes ont des relations sociales depuis la naissance même de l'espèce humaine. Comme nous l'avons vu, ces liens sociaux sont issus d'une nécessité liée à leur organisation biologique. D'où l'idée d'un pacte qui traduit une décision fondée sur la confiance (*trust*) qui lie les individus et qui leur permet de s'entendre sur la façon de régler leurs différends. Il suffit que des hommes se rencontrent et décident de former une communauté dans laquelle ils abandonnent leur droit de nature pour le transmettre à des représentants. Cependant, chaque individu naissant libre, ceux qui naîtront à l'avenir dans ces communautés devront reconnaître expressément ce *trust* mais seront aussi libres de le refuser.

---

23. John Locke, *Deuxième traité du gouvernement civil*, op. cit., p. 87.

Cette communauté est vouée à la défense des intérêts de ses membres pour la protection du bien de chacun, au maintien de la paix entre ses membres et à leur protection contre les agresseurs extérieurs. De quelle façon cette communauté peut-elle ainsi être à la fois un tout et défendre en même temps les intérêts des individus qui la composent ? Locke juge qu'il n'y a qu'une seule façon légitime de le faire, soit par la règle de la majorité :

> La force qui meut une association, c'est toujours le consentement des individus qui la composent ; et, comme tout objet qui forme un seul corps doit se mouvoir dans une seule direction, il va nécessairement dans le sens où l'entraîne la force la plus considérable, c'est-à-dire la *volonté de la majorité* […][24].

Cette condition d'acceptation est fondamentale puisque cette règle de la majorité est l'équivalent politique de la rationalité qui existait à l'état de nature et qui demeure une obligation morale :

> Il faut que chaque l'individu accepte le *consentement de la majorité* comme l'équivalent rationnel de la décision de l'ensemble et s'y soumette […][25].

Pourtant, cette règle de la majorité semble bel et bien limiter la liberté d'action des membres. Pour contrer cette objection, Locke reconnaît aux individus un droit de résistance pour empêcher quiconque, à l'exception de Dieu, d'avoir une souveraineté absolue sur la société.

La souveraineté limitée et le droit de résistance

C'est ainsi que le peuple peut décider de former un gouvernement qui aura le pouvoir suprême de rédiger les lois ainsi que celui de les exécuter. Mais c'est toujours le pouvoir *législatif* qui demeure le pouvoir suprême parce que c'est lui qui *représente* la volonté de la majorité du peuple :

> Dans une société politique organisée, qui se présente comme un ensemble indépendant […] qui agit pour sauvegarder la communauté, il ne peut exister qu'un seul pouvoir suprême, le pouvoir législatif[26].

Même si ce pouvoir est dit suprême, il est limité. Les législateurs doivent respecter les buts de ceux qui les ont élus, c'est-à-dire avant tout chercher à les protéger. Le pouvoir législatif ne peut donc pas être **arbitraire**. Il ne peut pas s'exercer par décrets secrets, mais seulement par le biais de lois promulguées et connues de tous. Les représentants ne peuvent pas s'approprier les biens des personnes ou transférer à quelqu'un d'autre le pouvoir de légiférer. Toujours soucieux de protéger la liberté individuelle, Locke envisage d'interdire que ce pouvoir soit accordé aux personnes ou aux groupes qui détiennent le pouvoir d'exécuter les lois. Ainsi, on s'assurait que les lois s'appliquent à tous et que ceux chargés de les écrire ne puissent pas s'y soustraire ou les rédiger dans leur intérêt personnel. Idéalement, on pourrait ainsi limiter raisonnablement la souveraineté du pouvoir et protéger la liberté des individus et du peuple. Par ailleurs, la souveraineté absolue du peuple est aussi modulée par le fait qu'il confie le pouvoir de faire des lois et de les exécuter à des représentants. Comme « […] *la fin capitale* et principale, en vue de laquelle les hommes s'associent dans des républiques et se soumettent

Arbitraire : Qui n'est pas justifié, qui dépend du bon vouloir d'une personne.

---

24. *Ibid.*, p. 130.
25. *Ibid.*, p. 131.
26. *Ibid.*, p. 161.

à des gouvernements, c'est la *conservation de leur propriété* [...][27] », les individus gardent la liberté fondamentale et inaliénable de résister aux gouvernements qui ne respectent pas les fins pour lesquelles ils ont été élus. Locke n'est pas anarchiste. Il admet que les individus peuvent faire tomber les gouvernements, mais simplement par des appels à la résistance justifiables rationnellement ou par l'éviction du gouvernement à l'expiration du mandat. Les individus ont le droit absolu de résister à un gouvernement abusif ou corrompu, mais non pas d'inciter à la violence et au désordre. Dans la mesure où ces conditions sont respectées, les contraintes de la vie en commun ne portent pas, selon Locke, atteinte à la liberté individuelle.

Conclusion

C'est donc au terme d'une longue réflexion sur la nature humaine et sur les formes d'organisation politique que les hommes se sont données pour vivre en société que John Locke répond affirmativement à la question de la possibilité pour l'être humain de vivre sa liberté parmi les autres. Cependant, le philosophe de la **mixt monarchy** semble avoir minimisé l'importance d'une situation où les individus, s'ils sont égaux en droits, ne le sont pas en fait. Car certains ont acquis plus de biens par leur travail, leurs habiletés ou même par des actes contre nature en s'emparant du bien des autres. Il a ainsi mis au second plan l'autre dimension fondamentale de la nature humaine telle que la conçoit la modernité : l'égalité. C'est pourquoi, du moins selon Jean-Jacques Rousseau, ces limitations raisonnables sont encore loin d'assurer la véritable liberté en société. Pour Rousseau, il ne peut y avoir de liberté sans égalité réelle.

Mixt monarchy : Système politique dans lequel la monarchie est maintenue face à un Parlement élu.

3.3.2 Le projet de Rousseau : renaturaliser l'être humain

En 1749, le philosophe Diderot, rédacteur en chef de l'*Encyclopédie*, est emprisonné pour avoir écrit une lettre philosophique qu'on dit favorable à l'athéisme. C'est en attendant de visiter Diderot en prison que Rousseau lit dans un journal la question proposée au concours de l'Académie de Dijon. Rousseau, qui était jusqu'à ce jour sympathique à l'idéologie des Lumières et participait au travail de l'*Encyclopédie*, éprouve une véritable illumination qui modifie complètement sa conception de l'être humain. Il rapporte ce tournant ainsi dans son autobiographie :

> En revenant à Paris, j'y appris l'agréable nouvelle que Diderot était sorti du donjon, et qu'on lui avait donné le château et le parc de Vincennes pour prison, sur sa parole, avec permission de voir ses amis. Tous les deux jours au plus tard, malgré des occupations très exigeantes, j'allais, soit seul, soit avec sa femme, passer avec lui les après-midi. Je pris un jour le *Mercure de France* ; et tout en marchant et le parcourant, je tombai sur cette question proposée par l'Académie de Dijon pour le prix de l'année suivante, *Si le progrès des sciences et des arts a contribué à corrompre ou à épurer les mœurs*. À l'instant de cette lecture je vis un autre univers et je devins un autre homme. Ce que je me rappelle bien distinctement dans cette occasion, c'est qu'arrivant à Vincennes, j'étais dans une agitation qui tenait du délire. Diderot l'aperçut ; je lui en dis la cause. Il m'exhorta de donner l'essor à mes idées, et de concourir au prix. Je le fis, et dès cet instant je fus perdu. *Tout le reste de ma vie et de mes malheurs fut l'effet inévitable de cet instant d'égarement*[28].

---

27. *Ibid.*, p. 146.
28. Jean-Jacques Rousseau, *Les Confessions*, Livre VIII, Paris, Gallimard, 1995, p, 158-159. C'est nous qui soulignons.

Portrait de Jean-Jacques Rousseau
(1712-1778)

Jean-Jacques Rousseau est né le 28 juin 1712 à Genève, le second fils d'Isaac Rousseau et de Suzanne Bernard. Dix jours après sa naissance, sa mère meurt. Son père simple horloger va tenter d'assurer son éducation en le plaçant dans diverses familles. Malheureux, Rousseau finira par s'enfuir. Plus tard, il sera pris en charge par la comtesse, Mme de Walhens qui deviendra son amante et pour longtemps sa protectrice. Elle l'envoie en Italie pour qu'il se convertisse au catholicisme, ce qu'il fait sans trop de convictions. Il rencontre Thérèse Levasseur avec qui il aura cinq enfants qu'il abandonnera tous à l'Aide sociale de l'époque. Autour de 1745, il travaille avec les philosophes des « Lumières » et contribue à l'*Encyclopédie* de Diderot et d'Alembert. Il écrit des articles sur la musique, car autour de 1741 il avait inventé un nouveau système de notation musicale à partir des mathématiques. Mais en 1749, il a cette illumination qui change complètement sa vie en quelques heures. Il rejette le progrès des sciences, des techniques et des Lumières au nom de la vertu, de la sensibilité et de l'authenticité des sentiments. Son livre sur l'éducation, l'*Émile*, est condamné et brûlé sur un bûcher à Genève. Rousseau lui-même est recherché par les polices de France, de Suisse et d'Italie. Il trouvera protection chez le philosophe anglais David Hume. Bientôt Rousseau se croit persécuté et se brouille avec ses amis anglais. Après son retour sur le continent, il voyagera beaucoup, deviendra de plus en plus solitaire et paranoïaque.

Il se met à l'écriture de ses œuvres autobiographiques où il tente de se justifier aux yeux de ses contemporains. Il meurt le 2 juillet 1778 et est enterré sur une petite île qu'il affectionnait beaucoup. En 1794 le gouvernement révolutionnaire français, inspiré par la passion de Rousseau pour l'égalité et son mépris de la société monarchiste, transféra les restes de Jean-Jacques Rousseau au Panthéon en tant que héros de la nation française et de la liberté.

Œuvres principales :

- *Discours sur les sciences et les arts* (1750)
- *Discours sur l'origine et les fondements de l'inégalité parmi les hommes* (1755)
- *Du Contrat social ou Principes du droit politique* (1762)
- *Émile ou De l'éducation* (1762)
- *Projet de constitution pour la Corse* (1763)
- *Lettres écrites de la montagne* (1764)
- *Les Confessions* (1765-1770)

Gagnant du prix de l'Académie de Dijon, Rousseau va s'employer à démontrer comment les sciences et les arts ont corrompu les mœurs et concouru à l'inégalité et à l'immoralité des hommes de son temps. Désormais, pour Rousseau, le progrès véritable n'est plus celui des connaissances, mais celui des valeurs morales, de la vertu, de l'authenticité et de la liberté. Il est convaincu que sans l'égalité, la liberté n'est qu'une abstraction. Il rédigera donc, en 1755, un second discours approfondissant cette idée d'un lien nécessaire entre liberté et égalité, intitulé *Discours sur l'origine et les fondements de l'inégalité parmi les hommes*. Avec des accents qui annoncent la révolution française de 1789, il y écrit :

> Il est manifestement contre la Loi de Nature, de quelque manière qu'on la définisse, qu'une poignée de gens regorge de superfluités, tandis que la multitude affamée manque du nécessaire[29].

---

29. Id., *Discours sur l'origine et les fondements de l'inégalité parmi les hommes*, Paris, Gallimard, 1965, p. 127.

Dans son projet concernant la possibilité de la liberté en société, Rousseau rejette les points de vue de Hobbes et de Locke sur l'état de nature et l'origine de la société. Il s'étonne que des philosophes ayant proclamé la liberté et l'égalité entières de l'individu humain à l'état de nature acceptent de s'en départir à l'état social. Il faut se rappeler que Hobbes exigeait que chaque individu transfère sa liberté à l'autorité suprême du Léviathan et que Locke endossait l'appropriation des biens, acceptant du même coup comme naturelles les inégalités qu'elle finit par produire. Rousseau ne pouvait accepter que la nature humaine soit fondée sur la guerre de tous contre tous, ni que l'utilisation de la raison soit réduite au seul calcul égoïste, comme le prétendait Hobbes. Il décida donc de reprendre de façon radicale, à la racine, toute la problématique de la liberté humaine en traçant un portrait tout à fait original de l'être humain à l'état de nature.

La conception de la nature de Rousseau

Au siècle des Lumières, la vision de la nature est fortement influencée par les conceptions de Galilée et de Newton, soit celle d'un immense mécanisme descriptible par les lois de la science. Rousseau rejette cette vision, la trouvant trop réductrice. Il la remplace par celle d'une nature généreuse, faisant figure de mère nourricière et bonne, inspirant le calme, le bonheur et la vertu. Il exprimera, notamment dans un ouvrage, *Les rêveries du promeneur solitaire*, qu'il y trouve sa source d'inspiration. Pour lui, l'ordre de l'univers, loin d'être une mécanique, est une sorte de Providence qui donne au cœur humain les élans qui en font un être bon. En un mot, en plein siècle de la raison, Rousseau apparaît comme le premier romantique, position qui bien sûr accentuera son isolement du camp des philosophes. Aux constructions humaines qui sont artificielles et ne procurent jamais le bonheur, mais dénaturent plutôt l'être humain, il oppose ce sentiment d'authenticité, de calme et d'exaltation que procure le contact direct de la nature. Dans toute son œuvre, il met dos à dos la nature et les villes. Ces dernières sont pour lui de véritables lieux de corruption et de violence où les humains se livrent aux pires dépravations. Rousseau sent que l'âme humaine est **altérée** au sein de la société. Selon lui, les sciences portent à l'oisiveté et à la mollesse, le théâtre et les arts mènent à la superficialité et à la frivolité, la propriété crée les inégalités et le luxe. En un mot, plus l'être humain s'éloigne de la nature, plus il se corrompt. La nature offre un tableau d'harmonie qui non seulement contraste avec le désordre des sociétés humaines, mais permet même de sentir en notre cœur la présence du Créateur de l'univers ! Cette nature bienfaisante et généreuse allait produire un être qui allait tout bouleverser : l'être humain.

Altéré : Qui a été changé profondément, souvent de façon négative.

La conception de l'être humain de Rousseau

L'homme naturel, un animal sensible

Il arrive à Rousseau de qualifier l'être humain d'animal stupide et borné. Il ne faut pas y voir une caractérisation en contradiction avec les descriptions qui vont suivre. Rousseau veut simplement souligner ainsi fortement que, lorsque l'on veut vraiment tenter de retrouver l'homme tel qu'il sortit des mains de la nature, il ne faut pas imaginer un être comme celui que nous connaissons aujourd'hui. Selon Rousseau, ce fut là l'erreur de tous ses prédécesseurs, tels Hobbes et Locke, qui ont pris les peuples sauvages d'Amérique pour synonyme d'homme naturel. Il faut à son avis remonter plus loin encore et faire l'hypothèse que, à l'origine, l'homme était semblable à un singe bipède doté de sensibilité et d'instinct plutôt que de raison. Et Rousseau d'ajouter : « […] j'ose presque assurer que l'état de réflexion est un état contre Nature et que l'homme qui médite est un homme dépravé[30] ».

La sensibilité étant antérieure à la rationalité, Rousseau peut dire que l'homme était alors borné, car il ne parlait pas et ne pensait pas. La parole et la pensée n'apparaîtront que plus tard dans son évolution. Comme tous les animaux, son appréhension du monde est bornée à ses sensations.

Sachant fort bien se défendre contre ces autres animaux, il peut même devenir féroce quand sa survie est menacée. Il n'est pas méchant pour autant. Comme tous les animaux, il cherche « à se remonter lui-même », c'est-à-dire à assurer sa survie et sa défense : il s'agit là du sentiment que Rousseau nommera *amour de soi*. Cet amour de soi se limite aux besoins primaires : manger, boire, dormir, se vêtir. Cet amour de soi pourrait bien ressembler à l'agressivité hobbesienne et devenir synonyme de méchanceté si elle n'était limitée par cet autre sentiment qu'éprouve instinctivement l'homme naturel et que Rousseau nomme la *pitié*. L'homme, comme il a déjà souffert, peut s'imaginer ce que ressent l'autre qui souffre. Pourtant, il ne s'agit nullement ici de sociabilité. Rousseau distingue cette attitude, qui est purement instinctive puisqu'elle est partagée par les animaux, de celle, plus rationnelle, qui s'exprime dans le principe : « Fais à autrui comme tu veux qu'on te fasse. » La pitié aurait plutôt pour principe : « Fais ton bien en causant le moins de tort possible à autrui. » On voit que la pitié est issue de l'amour de soi, car elle vise d'abord le propre bien de l'individu, mais qu'elle peut prendre en compte la souffrance d'autrui. Pour Rousseau, le mieux pour l'homme naturel est d'éviter les autres tant qu'il peut.

Un être solitaire

De façon radicalement opposée à Locke, Rousseau fait l'hypothèse que les hommes à l'état de nature étaient des animaux solitaires, vivant épars sur la surface de la terre. Mis à part les brefs moments de la reproduction, ils ne rencontrent que rarement leurs semblables et n'ont aucunement besoin du langage, invention issue des besoins sociaux. Encore une fois, il prend le contrepied de Locke, pour qui l'homme est un être social, puisqu'il parle. Pour Rousseau, c'est au contraire parce qu'il est devenu social qu'il a ressenti le besoin de parler :

> Concluons qu'errant dans les forêts sans industrie, sans parole, sans domicile, sans guerre, et sans liaisons, sans nul besoin de ses semblables, comme sans nul désir de leur nuire, peut-être sans jamais en reconnaître aucun individuellement, l'homme Sauvage n'avait que les sentiments et les lumières propres à cet état[31].

Un être indépendant

Cette description amène Rousseau à dire que cet homme à l'état de nature, que certains jugeront malheureux, est tellement en équilibre avec ses besoins qu'il ne connaît même pas le sens du mot « besoin ». Par contre, les humains vivant en société se comparent, se jalousent, se détestent, se trompent, se font la guerre, et vont souvent même

---

30. *Ibid.*, p. 53.
31. *Ibid.*, p. 83.

jusqu'à s'enlever la vie. Ils sont donc beaucoup moins heureux que l'homme à l'état de nature. La raison en est bien simple : à l'état de nature, les hommes sont libres. Cela ne veut pas dire que la liberté n'est pas possible en société. Rousseau distingue deux sens au mot liberté. D'abord, « liberté » signifie *indépendance*. Cette indépendance provient de son état de solitude initial : il n'a pas besoin de « mettre d'autres bras au bout de ses bras pour vivre », il ne dépend de personne.

Un être perfectible

En isolant de cette manière l'homme à l'état de nature, Rousseau veut l'opposer radicalement à l'homme en société, ou « l'homme de l'homme » comme il se plaira à l'appeler. Les deux sont séparés par un fossé profond et on peut se demander comment se fait le passage de l'un à l'autre, et comment il se fait que l'homme naturel, si parfaitement autonome, a pu se transformer en cet esclave des liens sociaux qu'est l'homme de la société civile. Si cette transformation est possible, c'est que cette qualité d'agent libre se double d'une autre qualité distinctive, la *perfectibilité*, soit :

> [...] la faculté qui, à l'aide des circonstances, développe successivement toutes les autres, et réside parmi nous tant dans l'espèce que dans l'individu [...][32].

Lorsqu'il parle de perfectibilité, Rousseau ne veut pas dire que l'homme va nécessairement devenir plus parfait. L'homme peut se perfectionner dans un sens ou dans l'autre : devenir meilleur, renaturalisé, ou pire, dénaturé. À l'état de nature, la perfectibilité est dormante. Ainsi, il pourrait arriver que l'homme demeure dans son état premier *malgré* cette perfectibilité :

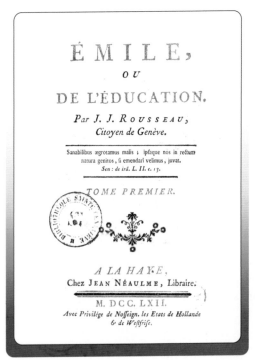

Figure 3.8 Frontispice de l'*Émile* de Rousseau.

> [...] il n'y avait ni éducation ni progrès, les générations se multipliaient inutilement et, chacune partant toujours du même point, les siècles s'écoulaient dans toutes les grossièretés des premiers âges, l'espèce était déjà vieille, et l'homme restait toujours enfant[33].

Un être éducable

La perfectibilité, qui peut tout aussi bien amener l'homme à dégénérer qu'à s'améliorer, donne tout son sens à une organisation de l'éducation. Dans son grand ouvrage *Émile, ou De l'éducation* (**figure 3.8**), Rousseau montre comment il faudrait éduquer l'être humain si on voulait retrouver l'homme de la nature. Si la société peut utiliser la perfectibilité pour entraîner l'être humain dans la décadence, elle peut développer une éducation qui utilise cette perfectibilité pour se renaturaliser. Par exemple, éduquer d'abord son corps et sa sensibilité avant sa raison, car c'est le corps qui par les expériences et les sensations développe la raison. Celle-ci ne serait pleinement développée que vers l'âge de quinze ans. On retrouve ici son opposition à Locke qui voulait que l'on raisonne déjà avec l'enfant dans la mesure de ses moyens. Mais lorsque celle-ci est constituée, elle produit la différence spécifique entre l'animal et lui : la conscience morale.

---

32. *Ibid.*, p. 58.
33. *Ibid.*, p. 82.

Un être moral

Si l'homme possède une dimension radicalement différente des animaux, c'est bien par cette conscience morale, qui fait la différence entre le bien et le mal. Le juste, le beau, l'utile, le respect des autres, tout cela a son origine dans le sentiment que c'est par ses choix et sous sa propre responsabilité que l'homme agit. Le remords, par exemple, n'a de sens que parce qu'il a le pouvoir de choisir ce qu'il fait. C'est donc la liberté qui fait la morale et la spécificité humaine. Ce principe inné de justice et de bonté est inscrit dans le tréfonds de l'âme humaine et ne saurait dégénérer, même lorsque l'homme est sorti de l'état de nature et qu'il est dénaturé par la présence de ses semblables.

De l'homme naturel à «l'homme de l'homme»

Les origines

Considérant comment Rousseau a arrimé l'être humain à cet état de nature (**figure 3.9**), il est étonnant de constater que les hommes sont devenus des êtres rationnels, sociaux et esclaves:

Figure 3.9 «Supposez un printemps perpétuel sur la terre...»

> Supposez un printemps perpétuel sur la terre; supposez partout de l'eau, du bétail, des pâturages; supposez les hommes, sortant des mains de la nature, une fois dispersés parmi tout cela, je n'imagine pas comment ils auraient renoncé à leur liberté primitive, et quitté la vie isolée et pastorale, si convenable à leur indolence naturelle, pour s'imposer sans nécessité l'esclavage, les travaux, les misères inséparables de l'état social[34].

Effectivement, cette chute hors de l'état de nature, l'homme ne l'a pas voulue. Elle s'amorce plutôt par une modification des besoins provoquée par des événements externes. Lentement, les conditions extérieures qui ont favorisé l'état de nature ont changé. Il est possible qu'une augmentation de la population ait rendu plus difficile la satisfaction des besoins. Des catastrophes naturelles (ouragans, explosions volcaniques, tremblements de terre) et des changements climatiques ont pu forcer les humains à se rapprocher et même à s'unir temporairement. L'utilisation courante du feu a favorisé la **sédentarisation**, puisqu'elle assurait un plus grand confort et une alimentation carnivore. La chasse étant devenue une activité de groupe, elle aurait favorisé l'entraide. Les familles de nomades se seraient peu à peu transformées en groupes humains stables, véritables bases naturelles de la société. Ces regroupements se seraient installés dans des villages où les chasseurs auraient divisé le travail et auraient pu ainsi comparer leurs habiletés. C'est dans cette volonté de paraître que l'*estime de soi* commence à se transformer en *amour-propre*. L'amour-propre est l'attitude qui consiste à se voir à travers le regard des autres, donc à se soumettre aux exigences du paraître plutôt qu'à celles de l'être. Elle est manifeste de nos jours dans l'importance qu'on accorde aux modes, par exemple dans l'achat de vêtements de marque ou de voitures imposantes indiquant un statut social privilégié, ou dans le remodelage du corps par la chirurgie plastique. Aujourd'hui tout comme au temps de Rousseau, l'amour-propre consacre la conscience des inégalités physiques, sociales et morales.

Sédentarisation: Mode de vie d'une population dont l'habitat est stable.

---

34. Jean-Jacques Rousseau, *Œuvres complètes*, tome III, Paris, Gallimard, Bibliothèque de la Pléiade, 1964, p. 107.

Dans les premières sociétés, la volonté de paraître meilleur chasseur que les autres encourageait la compétition et diminuait le sentiment de pitié envers l'autre. Il était important de tuer de plus en plus d'animaux pour se distinguer parmi les autres chasseurs. Ainsi, l'amour-propre atténuait le sentiment de pitié, non seulement envers les autres hommes, mais aussi envers les animaux sacrifiés au confort individuel. Mais, pour Rousseau, les inventions qui vont véritablement détruire la liberté et l'égalité de l'homme naturel, et plonger l'humanité dans la **servitude**, sont l'agriculture et la métallurgie : « [...] ce sont le fer et le bled qui ont civilisé les hommes, et perdu le Genre humain[35] ». Ces deux inventions nécessitaient en effet la propriété :

> Le premier qui, ayant enclos un terrain, s'avisa de dire : *Ceci est à moi*, et trouva des gens assez simples pour le croire, fut le vrai fondateur de la société civile. Que de crimes, de guerres, de meurtres, que de misères et d'horreurs, n'eût point épargnés au Genre humain celui qui, arrachant les pieux et comblant le fossé, eût crié à ses semblables : Gardez-vous d'écouter cet imposteur ; vous êtes perdus, si vous oubliez que les fruits sont à tous, et que la terre n'est à personne[36].

À la fin de cette période d'innovation technologique, les différences d'habiletés physiques se traduisirent par des inégalités de richesse ou de statut social. La société était née, et la liberté et l'égalité naturelles complètement perdues :

> Telle fut, ou dut être, l'origine de la Société et des Lois, qui donnèrent de nouvelles entraves au faible et de nouvelles forces au riche, détruisirent sans retour la liberté naturelle, fixèrent pour jamais la Loi de la propriété et de l'inégalité, d'une adroite usurpation firent un droit irrévocable, et pour le profit de quelques ambitieux assujettirent désormais tout le Genre humain au travail, à la servitude et à la misère[37].

Si la liberté et l'égalité naturelles ont jadis été perdues, est-il possible de les retrouver ? Rousseau affirme que oui, mais sous un jour nouveau. Bien qu'il soit impossible de retourner en arrière, il est toujours possible de procéder à une véritable **refondation** de la société, à partir d'un contrat qui ne soit pas une adroite usurpation, mais l'expression de la volonté générale.

La conception de la liberté de Rousseau

La liberté comme indépendance

Le premier sens du mot « liberté » que l'on retrouve chez Rousseau est cet état d'indépendance de quelqu'un qui n'a pas à compter sur les autres pour sa subsistance. C'est précisément la situation de l'homme naturel. Il est un être errant suffisamment bien organisé pour assurer sa survie sans avoir besoin de « mettre des bras au bout des siens » pour se procurer ce dont il a besoin ; de plus, ses mouvements ne sont pas contraints par quiconque. Il peut se déplacer à sa guise sur le territoire qu'il habite. Rousseau associe cette liberté à la solitude et l'oppose à l'esclavage de la société. Évidemment, l'homme en société est incapable de subvenir seul à ses besoins, puisque l'organisation même du travail et la proximité constante des autres l'en empêchent. On peut se demander comment Rousseau réagirait en contemplant les longs bouchons de circulation de nos villes modernes, l'entassement dans les tours à bureaux ou les écoles de plusieurs

Servitude : État de dépendance plus ou moins totale.

Refondation : Action de fonder une société sur des bases radicalement nouvelles.

---

35. *Ibid.*, p. 97.
36. *Ibid.*, p. 87.
37. *Ibid.*, p. 106.

milliers d'élèves. Alors même qu'ils profitent d'immenses capacités technologiques, les citadins se trouvent soumis à des contraintes tout aussi impressionnantes, non seulement dans leurs déplacements, mais dans leur travail. De fait, cette situation semble bien illustrer une des raisons pour lesquelles Rousseau considère que la vie en commun affecte radicalement notre indépendance, qui est le premier sens du mot «liberté». Pourtant, ce premier sens n'est pas le seul : l'homme naturel possède aussi une liberté intérieure, moins visible mais plus profonde que la première : la liberté de choix.

La liberté de choix

L'indépendance ne permet pas de distinguer les animaux des humains, car les deux la possèdent. Leurs actions et leurs déplacements semblent similaires, du moins de l'extérieur. Par exemple, les gestes qu'un animal ou un être humain pose pour se nourrir apparaissent à peu près identiques. Mais intérieurement, dit Rousseau, la différence est radicale :

> Je ne vois dans tout animal qu'une machine ingénieuse, à qui la nature a donné des sens pour se remonter elle-même [...]. J'aperçois précisément les mêmes choses dans la machine humaine, avec cette différence que la nature seule fait tout dans les opérations de la bête au lieu que l'homme concourt aux siennes en qualité d'agent libre[38].

Qu'est-ce qu'un agent libre ? D'où vient cette différence essentielle entre la machine humaine et la machine animale ? De la conscience de son pouvoir de choisir. Ce pouvoir est mieux perçu lorsqu'on refuse d'obéir à des pulsions naturelles et impératives. Par exemple, la nature m'impose un besoin de manger ou un désir sexuel. Si je le satisfais, on peut avoir l'impression que je n'ai pas exercé mon choix. En revanche, si je décide de faire la grève de la faim ou de devenir abstinent, alors il est plus clair que je suis la cause de mes actes. J'ai agi de ma propre initiative, je suis libre. Comme le dit Rousseau : «L'un choisit ou rejette par instinct, et l'autre par un acte de liberté[39]. »

Cette capacité de refuser de suivre un instinct naturel, cette liberté de choix tout intérieure, ouvre la voie à cette troisième dimension de la liberté lorsqu'elle est exercée en société : celle de la loi.

La liberté comme loi

La capacité de résister aux désirs naturels et la capacité de se soustraire aux contraintes sociales sont deux pouvoirs qui relèvent du même pouvoir général d'acceptation ou de refus qui *fait* l'essence humaine. Le défi social est cependant plus grand, puisqu'en société il nous faut composer avec le pouvoir des autres. C'est ce qu'exprime la célèbre phrase de Rousseau : l'homme est né libre et partout il est dans les fers. Il a en lui une liberté qui le constitue comme humain, mais il vit une condition dans laquelle il en est privé par le pouvoir qu'exercent sur lui les contraintes sociales. La condition humaine est fondée sur une contradiction. Le corps politique est considéré comme un être moral avec une volonté générale qui tend, comme chez les individus, à la conservation et au bien-être du tout. Pour éviter la contradiction, il faut faire coïncider les intérêts des individus et ceux de la société.

---

38. Jean-Jacques Rousseau, *Discours sur l'origine et les fondements de l'inégalité parmi les hommes, op. cit.*, p. 56-57.
39. *Ibid.*, p. 57.

Le contrat social et la volonté générale

Comment Rousseau imagine-t-il l'instauration d'une société où la vie en commun ne limite ni la liberté ni l'égalité? Cette question est d'autant plus importante que Hobbes et Locke n'avaient pu résoudre ce problème qu'en acceptant le sacrifice partiel de l'une ou l'autre dimension. Hobbes sacrifiait la liberté naturelle au profit de l'égalité de tous sous la domination du Léviathan. Quant à lui, Locke acceptait les inégalités créées par la propriété dans sa volonté de respecter la liberté individuelle. Quand nous disons que la réponse de Rousseau est « radicale », c'est précisément parce qu'il refuse d'instaurer une société contre nature en abandonnant ces deux caractéristiques fondamentales de l'être humain. Rousseau croit leur abandon impossible, car cela équivaudrait selon lui à l'abandon de notre qualité d'être humain elle-même. Il propose donc que la société soit fondée sur une association:

> [...] qui défende et protège de toute la force commune la personne et les biens de chaque associé, et par laquelle chacun, s'unissant à tous, n'obéisse pourtant qu'à lui-même et reste aussi libre qu'auparavant[40].

C'est là qu'il place le véritable fondement du contrat social. Tous acceptent d'aliéner leur volonté individuelle au profit d'une volonté commune que Rousseau nomme « volonté générale ». Cette volonté générale n'est pas la somme des volontés indivi-duelles, mais l'expression de leur volonté de vivre ensemble. Pour l'actualiser, chacun doit considérer le bien public comme son propre bien. Et faire de cette « volonté géné-rale » le véritable souverain. S'agit-il d'un despotisme de la volonté générale? Pas néces-sairement. Parce que les intérêts du souverain et les intérêts du peuple sont les mêmes: « [...] les sujets et le souverain ne sont que les mêmes hommes considérés sous diffé-rents rapports [...][41] ». La volonté générale s'exprime sous la forme des lois qui visent l'intérêt général. Ce n'est donc que par la soumission aux lois, qui sont l'expression de la volonté générale, que les hommes deviennent libres et égaux. C'est cette volonté géné-rale qui est la source du contrat qui fait de la liberté non plus une indépendance, comme dans l'état de nature, mais un droit véritable et assumé par tous. En un mot, la liberté devient une responsabilité morale que chacun doit respecter dans sa personne et dans celle des autres. Et la société doit légiférer dans des domaines où l'intérêt commun est concerné. Comme les dispositions deviennent obligatoires pour tous, on peut parler d'égalité. « Si la loi oblige ou favorise également tous les citoyens et si le souverain ne peut agir que par des lois, il n'y a plus à craindre qu'un sujet soit lésé au profit de la collectivité[42]. » Ainsi en est-il de l'égalité. Chacun a redonné tous ses biens acquis par la force dans la société inégalitaire, mais la société les lui restitue sous la forme d'un droit. Le contrat social produit donc un changement qualitatif chez l'être humain en recréant la liberté et l'égalité naturelles de l'homme à un niveau supérieur, celui de la légalité:

> Il n'y a donc point de liberté sans lois, ni où quelqu'un est au-dessus des lois: dans l'état même de nature, l'homme n'est libre qu'à la faveur de la loi naturelle qui commande à tous. Un peuple libre obéit, mais il ne sert pas; il a des chefs et non pas des maîtres; il obéit aux lois, mais il n'obéit qu'aux lois et c'est par la force des lois qu'il n'obéit pas aux hommes. [...] En un mot, la liberté suit toujours le sort des lois, elle règne ou périt avec elles[43].

---

40. Jean-Jacques Rousseau, *Du Contrat social, op. cit.*, p. 90.
41. Robert Derathé, *J.-J. Rousseau et la science politique de son temps*, Paris, Vrin, coll. Bibliothèque d'histoire de la philosophie, 1995, p. 353.
42. *Ibid.*, p. 356.
43. Jean-Jacques Rousseau, *Lettres écrites de la montagne* (1764), Huitième Lettre, dans *Œuvres complètes, op. cit.*, p. 841.

Mais si cette obéissance totale aux lois comme à un ordre supérieur peut ressembler à la pensée de Hobbes, elle en est radicalement l'opposé, car elle n'est pas imputable à une personne qui domine la société, mais à soi-même. « La liberté est l'obéissance à la loi qu'on s'est prescrite[44]. » En ce sens, la vie en commun ne porte pas atteinte à notre liberté, mais la fonde si chaque membre de la société devient un législateur qui voit à l'élaboration et à l'application de la loi.

Une démocratie « directe »

La souveraineté est ici totale, elle n'appartient pas à une personne ou à un groupe de personnes, comme chez Hobbes, mais à la volonté générale comme expression du peuple. La souveraineté ne saurait non plus être fractionnée comme chez Locke, car alors on n'a plus une volonté générale, mais l'affrontement de volontés particulières. Rousseau condamne la démocratie parlementaire avec des accents qui ressemblent beaucoup à certaines critiques qu'on entend aujourd'hui :

> Le peuple anglais pense être libre, il se trompe fort ; il ne l'est que pendant l'élection des membres du Parlement : sitôt qu'ils sont élus, il est esclave, il n'est rien. Dans les courts moments de sa liberté, l'usage qu'il en fait mérite qu'il la perde[45].

S'il en est ainsi, c'est que la souveraineté du peuple ne peut se déléguer à des représentants :

> La Souveraineté ne peut être représentée par la même raison qu'elle ne peut être aliénée ; elle est la même ou elle est autre, il n'y a point de milieu. Toute loi que le Peuple en personne n'a pas ratifiée est nulle ; ce n'est point une loi[46].

Devant l'impossibilité de concevoir une société parfaitement démocratique qui n'est praticable à ses yeux que par un peuple de dieux, Rousseau avoue encore préférer le despotisme de Hobbes, qui force au respect de l'harmonie sociale, aux divisions qu'impose le parlementarisme de Locke :

> Si malheureusement cette forme n'est pas trouvable, *et j'avoue ingénument qu'elle ne l'est pas*, mon avis est qu'il faut passer à l'autre extrémité ; par conséquent, établir le despotisme le plus arbitraire qu'il est possible. *En un mot, je ne vois point de milieu supportable entre la plus austère démocratie et le hobbisme le plus parfait*[47].

Conclusion

On voit donc comment la solution que donne Rousseau au problème de la liberté en société est radicale. Il n'y a pas pour lui de solution mitoyenne. Ou bien la loi peut être le fait de quelques-uns, et alors elle ne représente pas l'intérêt général et n'est qu'un coup de force déguisé. C'est aux yeux de Rousseau une organisation indésirable et c'est ainsi qu'il voit les élections aux quatre ans dans les démocraties parlementaires, un régime où l'individu n'est pas libre, mais asservi à des intérêts particuliers. L'autre option est que tous participent à la confection de la loi, ce qui les rend libres, mais alors ils ont un devoir absolu de la respecter. Mais une telle forme de gouvernement est aussi aux yeux de Rousseau pratiquement irréalisable. Il nous abandonne donc, assez impuissant, face à cette alternative inquiétante : soit l'impuissance de l'Utopie, soit la nécessité d'un Souverain absolu !

---

44. *Ibid.*, p. 108.
45. *Ibid.*, p. 340.
46. Jean-Jacques Rousseau, *Du Contrat social, op. cit.*, p. 339.
47. Voir aussi Robert Derathé, *op. cit.*, p. 113. C'est nous qui soulignons.

3.4 ACTUALISATION DE LA QUESTION

À la question fondamentale « Qu'est-ce qu'être un humain ? », les philosophes des Lumières répondraient : c'est agir conformément à sa nature. En effet, les philosophes des Lumières ont défini l'être humain comme un être « sorti des mains de la Nature », pour le dire à la manière de Rousseau. Cette origine lui conférait liberté et égalité. Pour eux, la question s'est immédiatement posée de savoir si cette liberté toute naturelle des individus était limitée par leurs conditions de vie sociale. Ils se sont posé cette question dans des sociétés fortement hiérarchisées, dont les dirigeants fondaient leur pouvoir politique sur une supposée volonté divine. De Hobbes à Rousseau, leur réponse a été positive, à savoir que la nécessité de vivre en commun avait limité cette disposition naturelle à agir librement. Pour Hobbes, la vie en commun exige l'**abdication** totale de la liberté naturelle au profit d'une force supérieure assurant à tous une égale sécurité ; sinon, les individus ne survivraient pas dans un état de guerre de tous contre tous. Pour Locke, la vie en société demande seulement que l'on cède le droit de punir à une autorité impartiale ; s'il était laissé à chacun, ce droit pourrait entraîner des débordements haineux et briser la rationalité naturelle, qui est aussi un trait de la nature humaine. Pour Rousseau, il est inadmissible de laisser se développer un pouvoir indépendant des individus, qui se doivent tous d'être législateurs. C'est le contrat social qui fait que chacun, se donnant à tous, ne se donne à personne en particulier, et demeure entièrement libre.

> **Abdication :** Abandon, renoncement.

La doctrine de Hobbes causa un vrai scandale et fut perçue comme une apologie de la monarchie ; l'exigence de Rousseau fut perçue comme relevant de l'utopie. C'est donc sur le modèle lockéen d'un pouvoir limité confié par le peuple à des représentants élus que se sont construites les démocraties modernes. Le combat pour cette démocratie est encore aujourd'hui actif dans une majorité de pays, et l'espoir qu'il suscite n'est pas sans rappeler la prophétie de Danton qui parlait d'un souffle et d'une soif qui allaient toucher tous les hommes ; ou encore ce discours de Robespierre, qui disait que la démocratie allait ramener l'homme à son véritable destin : le bonheur et la liberté. Mais est-ce vraiment ce qui s'est produit ? Et quelles furent les conséquences de l'adoption de cette démocratie représentative ?

Pour nous, qui vivons dans ces sociétés libérales issues des révolutions démocratiques que Locke a inspirées, la question est-elle toujours pertinente aujourd'hui ? La nécessité de la vie en commun porte-t-elle atteinte à la liberté des individus, leur enlève-t-elle ce pouvoir de faire ce qui lui est possible de faire ? Nous avons reconnu comme fondement de cet agir collectif une égalité nécessaire devant la loi, égalité qui permet à chacun d'agir à la condition de ne pas enfreindre celle des autres. Mais cette égalité toute juridique tolérait-elle les inégalités économiques ? Nos démocraties représentent-elles les peuples ou une minorité seulement ? Ne seraient-elles pas devenues de nouvelles oligarchies qui ont usurpé aux citoyens le pouvoir de faire les lois ? Et ces élus font-ils toujours des lois dans le sens de l'intérêt général ? Favorisent-ils la liberté de certains au détriment de celle des autres ? Nos démocraties « lockéennes » assurent-elles pleinement la liberté naturelle des individus ou leur permet-elle, comme le disait Rousseau et comme on l'entend souvent dire aujourd'hui, une journée de liberté tous les quatre ans ? Serait-ce pour cette raison qu'il a fallu se munir de chartes protégeant les droits fondamentaux au-delà du seul processus électoral ? Se demander si la vie en commun porte atteinte à la liberté semble bien une question toujours pertinente, surtout que, depuis l'échec des modèles égalitaristes, il semble bien que ce modèle soit le seul qui nous reste. On peut aussi se demander s'il n'existerait pas d'autres options, même utopistes, qui permettraient aux individus d'atteindre une plus grande réalisation de leur capacité naturelle d'agir.

Que sais-je?

Vérifiez vos connaissances

Ces questions vous permettront de savoir si vous avez retenu l'essentiel du chapitre.

1. Sur quel terrain la modernité livre-t-elle bataille au XVIIIe siècle?
2. Nommez les trois révolutions qui assurèrent le triomphe de la modernité.
3. Quelles sont les deux attitudes caractéristiques de l'empirisme?

Locke

4. Quelles sont les trois caractéristiques de l'être humain à l'état de nature selon Locke?
5. Quelle est la limite «raisonnable» de possession des biens dans l'état de nature d'après Locke?
6. Quelle règle constitue l'expression de la rationalité en démocratie selon Locke?

Rousseau

7. En quoi le projet de Rousseau diffère-t-il de celui des «Lumières»?
8. Quelles sont les deux principales caractéristiques de l'être humain à l'état de nature selon Rousseau?
9. Quelles sont les quatre étapes du passage de l'état de nature à l'état social selon Rousseau?
10. Rousseau donne trois significations au mot «liberté». Quelles sont-elles?

Vérifiez votre compréhension

Si vous pouvez répondre à ces questions, vous saurez que vous avez une bonne compréhension du chapitre.

1. Nous parlons dans ce chapitre de «triomphe» de la modernité. Expliquez.
2. Que veut dire cet énoncé: «La science prenait ainsi le relais des religions comme étalon des discours de vérité»?
3. Qu'est-ce que les «Lumières»? Expliquez.

Locke

4. Que signifie pour Locke : Dieu ne crée pas la nature «pour rien»?

5. Pourquoi, selon Locke, est-il impossible de perdre notre état de nature?

6. La liberté pour Locke est la possibilité de faire ou de ne pas faire. Expliquez en prenant un exemple.

7. Expliquez comment fonctionne le pacte social de Locke.

8. Existe-t-il une souveraineté dans le projet social de Locke?

9. Locke préserve un droit de résistance pour l'individu. Décrivez ce droit.

Rousseau

10. Quelles sont les différences entre la liberté à l'état de nature et la liberté à l'état social chez Rousseau?

11. Pourquoi Rousseau s'oppose-t-il à la démocratie parlementaire de Locke?

12. Qu'est-ce que la perfectibilité?

13. En quoi l'amour de soi s'oppose-t-il à l'amour-propre chez Rousseau?

14. Quel est le sens de l'expression : «la volonté générale»?

15. Quelles sont les différences entre le «pacte social» de Locke et le «Contrat social» de Rousseau?

Exercices

Les exercices suivants visent à vous exercer à caractériser des conceptions de l'être humain, à situer de façon significative des idées dans leur contexte et à maîtriser l'analyse comparative, qui consiste à dégager les ressemblances et les différences entre deux conceptions. Également, ils ont pour but de vous amener à réfléchir sur vos croyances et votre manière d'agir.

1. Caractériser des conceptions de l'être humain.
   a) Cernez les concepts clés des conceptions de l'être humain de Locke et de Rousseau.
   b) Rédigez un texte d'environ une page portant sur chacun de ces concepts.

2. Situer de façon significative des idées dans leur contexte.
   Dans ce chapitre, il est question du *triomphe* de la modernité. Montrez en quoi les conceptions de l'être humain de Locke et de Rousseau sont liées à ce triomphe en les situant par rapport aux trois principes actifs de la modernité (l'affirmation du sujet, la rationalité nouvelle, la rupture avec l'autorité). Faites de même avec le courant empiriste.

3. Comparer des conceptions.
   Comparez les conceptions de la liberté en société de Locke et de Rousseau.

4. Si vous aviez à choisir entre la démocratie représentative et la démocratie directe, laquelle préféreriez-vous? Justifiez votre choix.

LA CRITIQUE de la LIBERTÉ

ou La liberté n'est-elle qu'une illusion ?

Nous avons vu que Hobbes, Locke et Rousseau ont tous défendu l'idée que la liberté faisait partie de la nature humaine. Même Descartes faisait de la volonté infiniment et absolument libre une structure stable de l'être humain. La conception moderne de l'être humain comme un être fondamentalement libre est remise en question au cours du XIX\ :sup:`e` siècle. D'une part, l'évolution des démocraties libérales, qui font de la liberté et de l'égalité des droits fondamentaux, mène à des contradictions économiques et sociales insupportables pour la majorité des populations européennes. D'autre part, le développement des sciences sociales et humaines et le courant empiriste remettent en question les certitudes modernes relatives à la nature humaine. Ces nouvelles sciences mettent de l'avant une conception philosophique selon laquelle les actions humaines s'expliquent à partir des causes qui les ont rendues possibles. Comme il y a une cause ou un enchaînement de causes à toute action humaine, il y a un motif ou un enchevêtrement de motifs à la volonté. Ce sont ces causes et motifs que ces sciences nouvelles cherchent à connaître. Cette approche peut être qualifiée de déterministe, mais il ne faut pas confondre *déterminisme* et *fatalisme*. Le fatalisme est une « doctrine suivant laquelle certains événements sont fixés d'avance par une puissance extérieure et supérieure à la volonté, en sorte que, quoi qu'on fasse, ils se produiront infailliblement[1] ». Mais pour Darwin, le déterminisme est biologique ; pour Marx, il est socioéconomique ; pour Freud, il est psychique. S'ils ont raison, est-ce que cela signifie que la liberté, qui était devenue un droit, ne serait qu'une **illusion** ?

Illusion : Conviction séduisante pour l'esprit qui ne se dissipe pas devant la force de la raison ni la présence de la réalité.

Au XIX\ :sup:`e` siècle, on est fasciné par le phénomène de l'évolution. On cherche à comprendre l'évolution de la vie, des espèces, des sociétés, de l'histoire. Darwin a critiqué de façon rigoureuse l'idée, qui faisait pourtant consensus, selon laquelle l'être humain est un être à part dans la nature. Ce faisant, il a ramené l'être humain au rang d'animal parmi les autres animaux. Mais, si l'être humain est le produit d'une évolution animale, comme le prétend Darwin, y a-t-il encore de la place pour la liberté ? D'autres auteurs ont cherché à comprendre l'évolution des sociétés. Ils ont été amenés à remettre en question la croyance judéo-chrétienne selon laquelle l'histoire doit être conçue comme un processus temporel fini débouchant sur la résurrection des corps. Voulant rompre avec le sacré et expliquer rationnellement le sens de l'histoire, ils ont eu tendance, comme modernes, à y chercher un progrès vers un monde meilleur ici-bas. Mais encore une fois, si l'évolution sociale ou l'histoire a un but, un sens incontournable, qu'en est-il de la liberté ? Si l'être humain est un être social façonné par les conditions qui l'ont fait naître, comme le prétend Karl Marx, peut-on encore parler de liberté ? Peut-on à la fois être déterminé par la société qui nous façonne et en même temps être libre de modifier cette même société ? Si oui, comment ? Et surtout, dans quelle mesure ? Si la grande majorité des êtres humains est ou a toujours été aliénée et exploitée, doit-on associer l'idée de liberté à une illusion qui servirait à rendre supportable une vie de misère ? Mais si l'être humain peut se libérer de l'exploitation et de l'aliénation, comme il s'est libéré de l'esclavage, cela présuppose-t-il au contraire qu'il existe une autre forme de liberté ?

---

1. André Lalande, *Vocabulaire technique et critique de la philosophie*, vol. 1, Paris, P.U.F., 1999, p. 222.

Au XIXe siècle, on continue de s'interroger spécifiquement sur la nature humaine. C'est le siècle où l'on remet en question la conscience, tant vantée par Descartes et ses successeurs, en soutenant qu'elle n'est que la pointe de l'iceberg et qu'il existe un inconscient qui ferait agir l'être humain. Dès la fin du XIXe siècle, Freud cherche à comprendre le rôle de cet inconscient dans la vie des individus et en vient à soutenir que l'expérience intérieure de la liberté, tout universelle qu'elle soit, ne constitue pas une preuve objective de son existence. Mais si, par l'analyse des profondeurs de notre âme (la psychanalyse), on en arrive à modifier notre façon d'être et d'agir, ne faut-il pas y voir la preuve qu'il est possible de reconquérir la liberté ?

Ce siècle semble parcouru de mouvements contradictoires. D'une part, on y constate l'apparition de concepts hérités de la modernité dans des sphères de plus en plus nombreuses et de plus en plus importantes de la culture, à savoir les sciences humaines et sociales. D'autre part, on y observe les conséquences négatives de la modernisation de la culture, qui font naître des soupçons sur la valeur des transformations qu'elle apporte. C'est ainsi que Marx et Freud cherchent à fonder de façon très moderne la science de l'histoire et la psychanalyse, tout en critiquant certains postulats de la modernité.

Pour ces esprits inspirés par les découvertes des sciences naturelles et physiques, tout semble se comprendre en termes d'évolution. La liberté des philosophes peut apparaître illusoire, mais le travail concret de libération, tant individuel que collectif, semble être la nouvelle voie du progrès.

4.2 LE CONTEXTE SIGNIFICATIF

4.2.1 La modernité soupçonnée

Le sujet devenu une abstraction

On a vu aux chapitres précédents que le concept de sujet était un des fondements de la modernité. Et que la liberté de penser avait éveillé chez les citoyens le goût pour une plus grande liberté politique. Devenue un des fondements des démocraties modernes, la liberté a été associée à l'idée d'égalité de tous, du moins devant la loi. Le slogan « Pas de liberté sans égalité ! » était un des cris de ralliement révolutionnaires. Ces valeurs transformées en principes politiques sont devenues les sources du droit moderne.

À travers ses *révolutions politiques*, le siècle des Lumières a connu la mise en place des États de droits où les hommes sont considérés comme égaux devant la loi. Ils y sont libres de mener leurs entreprises personnelles dans le respect des lois et ils y jouissent d'un droit inviolable à la propriété. Ces droits ont été reconnus formellement par les constitutions des États modernes. *Malgré cela, l'accès à la propriété demeure limité, les inégalités ne cessent d'augmenter et les libertés individuelles sont limitées par des lois favorisant une minorité de nantis.* Les sujets sont formellement et juridiquement libres, mais la majorité des individus sont concrètement aliénés et exploités. Si la modernité se limite à la reconnaissance abstraite des droits des individus sans changer la vie des gens, y a-t-il vraiment un progrès ? Bref, au XIXe siècle, des politiciens, des intellectuels et des philosophes constatent que les révolutions politiques n'ont pas réussi à concrétiser les idéaux de la modernité et croient qu'il faut, en plus des révolutions politiques, une *révolution économique, sociale, psychique.*

Les contradictions du progrès

Les excès et les violences commises au nom de l'idéal révolutionnaire ont fait de la France de la fin du XVIIIᵉ siècle un pays ingouvernable. Pendant la période révolutionnaire en France (1789-1802), la prise de parole pouvait conduire bien facilement à la guillotine. Le 9 novembre 1799, à la suite d'un coup d'État, trois consuls, dont Napoléon Bonaparte, s'emparent du pouvoir. En 1802, Bonaparte se fait élire consul à vie, puis en 1804, il se fait sacrer, par le pape, empereur des Français (**figure 4.1**) :

> Sous le Consulat et l'Empire, Napoléon […] restructure l'administration et met en place un corps de fonctionnaires […] non plus élus mais nommés : les lycées de l'enseignement secondaire et l'université impériale sont créés pour assurer leur formation. Il rétablit les finances de l'État et la confiance du public en réorganisant la perception des impôts, en créant la Banque de France et en étatisant une nouvelle monnaie [...]. Enfin, il modernise les lois et unifie le droit dans un code civil (dit «code Napoléon») qui préserve les principes d'égalité et de liberté, mais se veut plus réaliste et pratique que les lois votées pendant la période révolutionnaire. Cependant, ce code consacre le droit de propriété et, au nom de la liberté d'entreprise, maintient l'interdiction des associations ouvrières ; de plus, dans l'objectif avoué de «propager l'esprit de famille», il renforce l'autorité paternelle et restreint les droits de la femme, soumise en tout à son mari. Le Code civil est complété notamment par le Code de procédure civil (1806), le Code de commerce (1807), et le Code pénal (1810). […] Par ailleurs, la censure est très active et une police vigilante veille à repérer et à réprimer les dissidences éventuelles[2].

Figure 4.1 Le sacre de Napoléon Bonaparte.

---

2. Marc Simard et Christian Laville, *Histoire de la civilisation occidentale. Une perspective mondiale*, 2ᵉ édition, Saint-Laurent, ERPI, 2005, p. 245.

Tous ces changements ont permis à la société française de sortir d'une période révolutionnaire qui n'en finissait plus et de mettre en place une organisation plus rationnelle, plus moderne de l'appareil d'État. Héritier des guerres menées par la Révolution, Bonaparte mènera en Europe et même en Afrique des batailles qui viseront à augmenter le pouvoir de l'Empire et à promouvoir les idéaux de liberté et d'égalité *devant la loi*. Les ambitions de l'empereur feront naître une coalition d'États monarchiques qui mettra fin à l'Empire et restaurera encore une fois la monarchie.

Les conditions de vie matérielle de la très grande majorité de la population ne s'améliorent pas. La *révolution industrielle*, qui se produit à la même époque, se traduit d'abord par une modernisation de la façon de produire les biens de consommation, basée sur l'application des découvertes scientifiques aux domaines de la production des biens matériels (**figure 4.2**). Par exemple, la découverte scientifique de la transformation de l'énergie calorique en mouvement (moteur à vapeur) a été appliquée aux productions agricole (le tracteur agricole) et manufacturière (automatisation du métier à tisser), au transport des marchandises et des personnes (train à vapeur, bateau), etc. Cette modernisation n'entraîne cependant pas une libération de l'homme. La machine ne remplace pas l'homme au travail. Elle transforme simplement la façon de produire et par conséquent l'organisation du travail. La révolution industrielle impose donc ses conditions et engendre des cycles économiques comportant des crises récurrentes. Les nouvelles techniques de production agricole, qui permettent de produire davantage et mieux, ont rendu possible une certaine croissance démographique qui entraîne un

Figure 4.2 La révolution industrielle : une forge (1893).

exode des travailleurs agricoles vers les villes. Par exemple, en Allemagne, vers 1850, l'industrialisation de la production des biens matériels demande la participation d'environ six millions d'ouvriers comparativement à cinquante mille vers 1800, ce qui représente une augmentation de 12 000 % :

> De même que dans tous les autres pays industriels de l'Europe, la vie ouvrière est très difficile. Pas plus qu'en France, la régularisation du travail des femmes et des enfants n'est respectée. On notera la faible proportion de la fréquentation scolaire, la mortalité des travailleurs vers 1850 [...]. La durée moyenne de vie est de 39 ans pour un ouvrier, de 68 ans pour un pasteur. Tout ceci montre bien que l'ouvrier allemand est aussi misérable que son camarade français [...]. La meilleure preuve en est l'émigration croissante vers les États-Unis [...]. Il semble certain que l'opposition entre riches et pauvres est allée en s'accentuant. Par ailleurs, les travaux statistiques contemporains montrent que le minimum vital n'est que très rarement atteint. La nourriture se compose essentiellement de pommes de terre et d'eau-de-vie. L'usage de la viande est rare et même le pain n'apparaît pas régulièrement sur les tables ouvrières[3].

Une augmentation de la production des biens de consommation de première nécessité déclenche l'industrialisation de la production de biens comme le textile, le métal, etc. Là encore, on produit plus et mieux avec moins de main-d'œuvre. Paradoxalement, ces mêmes techniques créent du chômage et par conséquent de la pauvreté. Les propriétaires investisseurs cherchent à augmenter leur marge de profit en augmentant les prix, ce qui a un effet inflationniste, mais aussi en diminuant les salaires. La classe ouvrière tout entière se trouve plongée dans un état de **paupérisation**. Bref, la modernisation de l'organisation économique fera naître plus de misère que d'espoir :

> Au début de la révolution industrielle, le travail commence au lever du soleil et se termine à son coucher ; lorsque l'éclairage au gaz apparaît, dans les premières années du XIXe siècle, les journées passent à 15 ou 16 heures en toutes saisons, six jours sur sept. Cela dans un environnement surpeuplé, assourdissant, enfumé, insalubre, glacial en hiver et torride en été [...] sans jamais de vacances, ni aucune protection contre les accidents, pourtant nombreux. Comme les salaires sont très bas, le revenu du père est insuffisant pour faire vivre la famille. Femmes et enfants doivent donc eux aussi prendre le chemin de l'usine ou de la mine[4].

Considérant que cette description présente le progrès annoncé par la modernité, il ne faut pas s'étonner de voir certains intellectuels remettre en cause les principes mêmes de cette modernité. Pas étonnant, dans ces conditions, de voir le projet révolutionnaire se redéfinir dans le but de mettre un terme à l'exploitation et à l'aliénation de la majorité des populations des pays européens qui s'industrialisent. « *Prolétaires de tous les pays unissez-vous !* » Ce slogan, formulé dans le *Manifeste du Parti communiste* (**figure 4.3**) de Marx et Engels, est devenu le cri de ralliement qui montre l'importance de l'internationalisation des unions ouvrières. Mais le système économique s'internationalise aussi par la voie de la colonisation, le colonialisme offrant une solution aux crises économiques. La création de

Paupérisation :
Abaissement progressif et continu du niveau de vie d'une population, d'une classe sociale.

Figure 4.3 Le *Manifeste du Parti communiste* (1848).

---

3. François G. Dreyfus, *Histoire des Allemagnes*, Paris, Éditions Armand Colin, coll. U, 1970, p. 207-208. La lecture de Balzac, décrivant les conditions de vie de la première moitié du XIXe siècle, est fort intéressante pour quelqu'un qui veut se faire une meilleure idée du contexte qui a fait naître les idées suspicieuses à l'égard de la modernité. On peut aussi lire Dickens ou Hugo.
4. Marc Simard et Christian Laville, *op. cit.*, p. 272.

nouveaux marchés permet en effet d'écouler les surplus de production. Le colonialisme ouvre aussi la porte à l'exploitation des ressources naturelles au profit des propriétaires étrangers et grâce à une main-d'œuvre à bon marché. Ce type d'internationalisation (mondialisation) exige l'appui politique et militaire des États-nations.

Les conditions de vie qui prévalent sont propices aux soulèvements populaires. Peu ou mal organisée, la classe ouvrière ne sortira pas gagnante des rébellions qui agiteront, au printemps 1848, les grandes villes d'Europe. La rébellion de Paris, par exemple, mettra en place la Deuxième République qui sera brève. La constitution de la Deuxième République est promulguée par le président de l'Assemblée constituante le 4 novembre 1848. Le 10 décembre, les Français élisent à la présidence Louis Napoléon Bonaparte celui-là même qui, à la suite d'un coup d'État, imposera un gouvernement autoritaire et restituera pour une seconde fois l'Empire. C'est la guerre franco-allemande (1870-1871) qui mettra fin au Second Empire français. Cependant, les ouvriers de Paris refusèrent de concéder la défaite, critiquant le gouvernement pour n'avoir pas su organiser une résistance efficace contre la **Prusse** monarchique. Ils prirent le contrôle de la capitale le 18 mars 1871, mettant en place un gouvernement insurrectionnel : la Commune de Paris (**figure 4.4**).

Ce gouvernement reprend à son compte l'objectif, inscrit dans la constitution de 1793, qui consiste à mettre en place une société soucieuse du bien commun. La liberté

Prusse : «Ancien État d'Europe centrale, dont le territoire correspondait à peu près aux territoires actuels de la Lituanie, du nord de la Pologne et de l'Allemagne, et qui fut dissous en 1935[5]. »

Figure 4.4 La Commune de Paris : la chute de la colonne Vendôme (16 mai 1871).

---

5. Article «Prusse», Dictionnaire de définitions, *Antidote RX*, version 6 [logiciel], Montréal, Druide informatique, 2007.

et l'égalité sont devenues des droits constitutionnels, mais la société n'est pas devenue plus juste pour autant. Les communards ont entrepris une véritable révolution sociale. Le Conseil général de la Commune, où siègent des ouvriers, abolit le travail de nuit, interdit les amendes et retenues sur les salaires, de même que l'expulsion des locataires ; il se donne le droit de réquisitionner les logements vacants et prend des moyens pour combattre le chômage. Il remplace l'armée par la Garde nationale, c'est-à-dire le peuple en armes. Il décrète la séparation de l'Église et de l'État. Il établit la gratuité de la justice, instaure l'école laïque, l'éducation gratuite et obligatoire pour tous les enfants y compris les filles. Bref, un moment qui suscite beaucoup d'espoir dans un climat de guerre civile.

Malgré l'échec de la Commune, on peut dire que la classe ouvrière a fait son entrée dans l'arène de l'histoire en tant qu'instigatrice de changements. Les leaders socialistes, qui ont tiré des leçons des échecs de 1848 et de 1871, travaillèrent clandestinement à l'organisation du monde ouvrier en syndicat et en regroupement de syndicats, appelé l'Internationale. La Commune de Paris servit d'origine mythique au projet révolutionnaire socialiste et communiste pendant de nombreuses années.

La révolution industrielle ne laissa pas les intellectuels de l'époque insensibles. Plusieurs cherchèrent à analyser ce nouveau mode de vie qui suscitait à la fois des espoirs illimités et de grands désespoirs. Certains, suivant les traces de John Locke, mettront la liberté et le droit à la propriété au centre de leur analyse, ce qui donna naissance au libéralisme économique. Selon cette théorie, il faut accorder aux entreprises les mêmes libertés fondamentales qu'aux individus. De cette manière, les crises économiques, qui reviennent de façon cyclique, se régleront par conséquent d'elles-mêmes. La loi de l'offre et de la demande agira un peu comme une main invisible et imposera l'équilibre nécessaire à la bonne marche de la société. D'autres penseurs, plus proches de Rousseau, prôneront l'avènement du socialisme, c'est-à-dire une pensée politique qui fait de la recherche de l'égalité et de la justice sociale la pierre angulaire de l'analyse sociale. Le bien commun serait une affaire d'État. Dans cette perspective, l'État doit intervenir dans la gestion des crises. Les socialistes reprochent aux libéraux de se satisfaire des acquis d'une révolution bourgeoise, c'est-à-dire d'une révolution qui ne profite qu'à une minorité, la nouvelle classe de propriétaires d'entreprises. Ils soutiennent que les lois favorisent ces propriétaires qui deviennent plus riches et plus puissants que l'aristocratie de l'ancien régime.

La raison dans l'histoire

Le XIXe siècle n'est pas seulement un siècle de misère, de révolutions et de guerres. C'est aussi un siècle où l'on assiste à d'importants progrès scientifiques et technologiques et où la modernité se manifeste dans les différentes sphères de la vie quotidienne. Les modes de transport, de logement et de communications sont radicalement transformés, ce qui se traduit par un bouleversement de la culture et de la conception de l'individualité. Le XIXe siècle verra l'apparition du bateau à vapeur, du train à vapeur et finalement de l'automobile. De même, l'énergie électrique, dont la production avait été maîtrisée au début du siècle, devient accessible dans les maisons à la fin du siècle, avec l'invention de l'ampoule électrique. C'est aussi le siècle du télégraphe et du téléphone[6]. Alors même que la plupart des populations connaissent des conditions d'existence

---

6. La science appliquée devient synonyme de progrès, ce qui finira par poser des problèmes. Certains feront de la pensée scientifique une nouvelle religion.

difficiles, une nouvelle culture se développe grâce à l'industrialisation. Les sciences humaines et sociales connaissent leur essor. Tout au long du XIXᵉ siècle, la pensée moderne, inspirée par les théories de la nature, cherche à comprendre l'homme, la société et l'histoire en évolution.

Darwin et l'évolution

La théorie darwinienne de l'évolution de la vie et de la sélection naturelle est sans doute l'exemple le plus connu de l'inclusion de l'idée du changement dans les sciences. En résumé, la théorie de l'évolution de Darwin critique l'idée généralement acceptée selon laquelle les espèces vivantes sont immuables, c'est-à-dire qu'elles auraient été créées telles qu'on les connaît[7]. À la thèse du fixisme des espèces, Darwin (**figure 4.5**) oppose l'hypothèse de la transformation des espèces en fonction du milieu. Le mécanisme de transformation procède par sélection naturelle et lutte pour la survie.

Figure 4.5 Charles Darwin (1809-1882).

Dans un milieu naturel où les ressources sont limitées s'installe entre les vivants qui habitent ce territoire une situation de lutte pour la survie. Plus les vivants se ressemblent, c'est-à-dire qu'ils partagent les mêmes besoins, plus la lutte est féroce. Certaines caractéristiques que possèdent, par hasard, des individus les servent dans cette lutte pour la survie. De sorte que certaines variations, même légères, constituent des facteurs d'adaptation favorables dans un contexte de concurrence vitale. Ce qui compte dans ce mécanisme, ce n'est pas tant la présence de ces caractéristiques que leur transmission à la descendance. En effet, les porteurs des caractéristiques favorables vivent plus longtemps et se reproduisent plus que les autres individus ; par conséquent, les générations successives qui hériteront de ces caractéristiques seront mieux adaptées au milieu et favorisées dans la lutte pour la survie. À la longue, ce mécanisme transforme profondément les espèces. Une même souche de vie qui se développe dans des milieux différents finira par se différencier et former ainsi le grand arbre de la vie.

L'idée d'une lutte entre organismes ne repose plus seulement sur l'idée de prédation, mais apparaît comme un moteur de la sélection naturelle :

> Toutes les plantes d'un pays, toutes celles d'un lieu donné, *sont dans un état de guerre les unes relativement aux autres.* Toutes sont douées de moyens de reproduction et de nutrition plus ou moins efficaces. Les premières qui s'établissent par hasard dans une localité donnée, tendent, par cela même qu'elles occupent l'espace, à en exclure les autres espèces ; les plus grandes étouffent les plus petites ; les plus vivaces remplacent celles dont la durée est plus courte ; les plus fécondes s'emparent graduellement de l'espace que pourraient occuper celles qui se multiplient plus difficilement[8].

De même, toutes les espèces animales qui partagent un milieu dont les ressources sont limitées se font une lutte pour la survie. Certains verront dans cette théorie une justification « biologique » du libéralisme économique, tandis que pour d'autres, l'idée que la lutte soit le moteur du changement servira à expliquer l'histoire des sociétés.

---

7. Darwin est conscient qu'une telle critique peut bouleverser les croyances et les valeurs profondes de son époque. Dans une lettre à un ami, J.D. Hooker, il écrivait qu'au simple fait de lui confier son point de vue, « [...] il se faisait l'effet d'avouer un meurtre [...] ».

8. Camille Limoges, *La sélection naturelle*, Paris, P.U.F., coll. Galien, 1970, p. 65. C'est nous qui soulignons.

Hegel et la raison dans l'histoire

Hegel est un philosophe incontournable du XIXᵉ siècle. Tout en défendant l'idée de progrès, il en fait une interprétation bien personnelle. Il pense avoir trouvé une méthode qui lui permetterait de saisir et de connaître la réalité dans toute sa complexité. Les bouleversements révolutionnaires en France l'ont convaincu que rien n'est éternel, statique et inchangeable, bref que tout est provisoire. Il met de l'avant une méthode qui reprend l'idée d'Héraclite selon laquelle tout est devenir. Pour lui, la contradiction est le moteur de l'histoire, du progrès. Les mouvements de la vie, de la connaissance et des sociétés ne s'accomplissent pas paisiblement suivant les lois établies d'avance par une volonté divine. Au contraire, tout progrès se réalise à travers une série d'oppositions. Hegel se propose d'étudier les contradictions de la vie, de la pensée et de la société pour retrouver et comprendre en elles le mouvement du devenir et du progrès qu'elles opèrent. Cette méthode est appelée « dialectique ». On peut l'illustrer en utilisant l'exemple de la fleur d'un arbre fruitier. Selon Hegel, le passage d'une fleur à une nouvelle fleur serait dû à un mouvement de contradictions s'effectuant à l'intérieur de cette fleur. On sait que sans une fleur, il n'y aurait pas de fruit. Mais la naissance du fruit nécessite inévitablement le dépérissement, la mort de la fleur. Ce sont deux éléments indispensables l'un à l'autre, la naissance de l'un exigeant la mort de l'autre. C'est en ce sens qu'il y a une contradiction entre la fleur et le fruit. Dans la langue de Hegel, on décrit cette évolution en disant que le fruit est la négation de la fleur. Et cette contradiction se résout en faveur du fruit. Celui-ci sera lui-même soumis à de nouvelles contradictions, puisqu'il porte des pépins qui germeront et donneront naissance à un arbre. Bien sûr, il y a une nouvelle contradiction entre le fruit et les pépins. Pour que les pépins puissent germer, le fruit doit mourir. Hegel parle alors d'une négation de la négation. Il s'agit en fait d'une suppression-conservation, d'un remplacement ou d'une relève (du terme allemand *Aufhebung*) par laquelle chaque être nouveau conserve et dépasse l'être qu'il remplace de manière à s'accomplir. Bref, le mouvement, ou le progrès, apparaît comme le devenir des contradictions, c'est-à-dire un processus qui procède par négation et affirmation, par suppression et conservation. C'est seulement dans la mesure où un être renferme une contradiction qu'il est capable de mouvement, et donc de progrès au sens de la pensée dialectique.

Pour Hegel, la raison est historique et dialectique. Appliquée à l'univers et à la société, la méthode hégélienne aboutit à une vision *idéaliste* des êtres et de l'histoire. Dans ce sens, l'idéalisme est absolu puisqu'il implique qu'une idée absolue préexiste et rend possible l'existence de toute chose. Tout comme un pont doit avoir été conçu par un ingénieur (qui en a fait un plan) avant la construction, de même l'univers et la société doivent avoir été conçus avant d'exister et d'évoluer. Pour devenir quoi? Un monde parfait, une société parfaite constituée d'hommes parfaits. Selon Hegel, ce sont les idées qui engendrent le monde. Ce point de vue sera sévèrement critiqué par Marx qui lui opposera un point de vue matérialiste.

La notion de *dialectique* désigne cette *logique de la dynamique* de la nature, de l'histoire, des sociétés, de la pensée, etc., qui comprend les changements en termes de *lutte des contraires*. Cette conception de la dialectique est reprise par Marx dans une perspective matérialiste pour analyser la société et l'histoire humaine. Par matérialisme, il entend une vision des choses selon laquelle tout est matière (c'était le cas pour Hobbes) et les idées ne sont que des reflets de la matière. Par exemple, le pont existe parce que le monde matériel a imposé un besoin qui a été pensé, réfléchi et réalisé par l'ingénieur. Pour Hegel, l'existence du pont répondait à une réalisation d'une idée claire du pont.

Marx réplique que le point de départ n'est pas l'idée, mais le besoin matériel qui devient idée avant de se matérialiser. D'où l'appellation *matérialisme dialectique* employée couramment pour désigner la philosophie de Karl Marx.

Nietzsche critique le rôle de la raison dans l'histoire

Dans un texte sur l'histoire intitulé *Considération inactuelle II*, Friedrich Nietzsche (**figure 4.6**) critique ce qu'il appelle l'excès d'histoire. Un peu comme Marx, il critique l'hégélianisme à la mode en Allemagne, mais d'un point de vue radicalement différent.

Pour Nietzsche, l'histoire est soit une *connaissance objective* du passé, soit une *mémoire vivante* du passé. Pour lui, le XIXᵉ siècle est malade d'objectivité. Il s'oppose au courant de pensée typiquement moderne qui consiste à valoriser la volonté de savoir au détriment de la volonté de vie. Cette pensée moderne fait du savoir (de la science) une valeur supérieure à la vie.

Si on résume ce texte sur l'histoire, on découvre la critique nietzschéenne de la modernité. Au début de ce texte, Nietzsche compare le bonheur de l'animal qui oublie le passé au fur et à mesure au tourment de l'homme attaché au passé ou à l'anticipation de l'avenir. Cela ne fait pas que l'homme doive imiter l'animal, mais simplement qu'il doive cultiver autant sa capacité à oublier que son sens historique. Oublier de se souvenir pour mieux vivre, voilà le message nietzschéen.

C'est le développement démesuré du sens historique que Nietzsche remet en question. En examinant l'être humain, il tire des conclusions positives de ce qui semble négatif aux yeux de la modernité. L'homme inculte qui vit dans l'instant et qui profite d'une vie aux horizons bornés ne souffre ni de son passé ni de son avenir. De même, l'homme passionné absorbé par son projet oublie tout le reste pour ne se consacrer qu'à lui-même dans le détachement et l'indifférence envers le reste du monde. Ces hommes se consacrent tout entiers à leur vie. L'ode à la vie met en scène l'individu humain concret et non le sujet humain raisonnable et capable de rationalité. Pour Nietzsche, le sens « **anhistorique** » est une qualité qui valorise la vie dans l'instant, ce n'est pas un défaut d'ignorance.

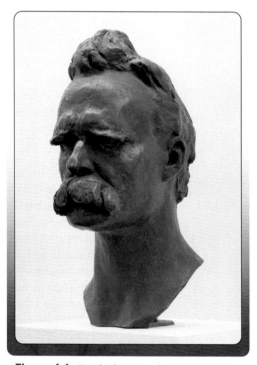

Figure 4.6 Friedrich Nietzsche (1844-1900).

Anhistorique : Qui ne tient pas compte du point de vue historique, au sens de connaissance objective du passé.

La revalorisation de l'oubli implique l'idée d'un renversement hiérarchique entre deux valeurs : la connaissance et la vie. L'histoire doit servir la vie. Quels services la connaissance historique peut-elle rendre à la vie ? « Nietzsche distingue trois genres d'histoire qu'il associe à trois grandes fonctions vitales : l'histoire monumentale qui sert une vie créative, l'histoire antiquaire qui sert une vie conservatrice et l'histoire critique qui sert une vie réformatrice[9]. » C'est l'histoire monumentale qui rend service à la vie en montrant que la vie a besoin d'histoire. L'homme créateur ne trouve pas dans l'instant présent tout ce dont il a besoin pour nourrir son travail de création ; il doit étudier le passé et s'en inspirer. L'histoire monumentale permet au créateur contemporain de

---

9. Friedrich Nietzsche, *Sur l'histoire. Seconde considération inactuelle : Utilité et inconvénient de la connaissance historique pour la vie,* trad. par François Guéry, Paris, Hachette, 1996, p. 116-117.

fréquenter l'humanité supérieure. L'histoire antiquaire, elle, a tendance à figer l'homme dans son état courant, tandis que l'histoire critique propose une seconde nature dont la pérennité n'est pas assurée. Bref, Nietzsche propose de mettre la vie au-dessus du savoir rationnel, de la sagesse raisonnable, de la morale. Nietzsche a été un critique radical de la modernité.

Freud resitue la raison

Le XIXe siècle est aussi celui de la découverte de l'inconscient. Il s'agit d'une découverte majeure pour la réflexion sur la question fondamentale qui nous intéresse, à savoir « Qu'est-ce qu'être un humain ? ».

La théorie copernicienne traite la Terre comme une planète parmi les autres. La théorie de l'évolution de Darwin fait de l'homme un animal parmi les autres. La théorie de Freud banalise la conscience humaine, tant valorisée par l'anthropologie philosophique, et fait de l'activité consciente une activité parmi d'autres. Son explication du comportement humain détrône la conscience pour accorder le rôle central à l'inconscient. En faisant de l'inconscient un fondement du comportement humain, Freud remet en question le rôle de la liberté dans l'anthropologie moderne.

Il n'est pas le premier à avoir réfléchi sur l'inconscient, mais c'est à lui que revient le mérite d'en avoir précisé le concept. Et l'importance de cette découverte est attribuable au rôle qu'il fait jouer à la sexualité dans l'explication du comportement humain en général. Tous les auteurs que nous avons étudiés jusqu'ici négligeaient cet aspect de la réalité humaine. La sexualité n'était pas un objet de discussion ouverte. Dans un tel contexte, on peut comprendre l'aspect scandaleux d'une démarche qui propose de faire de l'inconscient et de la sexualité les piliers d'une science nouvelle. La modernité découvre un aspect de notre être jusque-là caché. Nous étudierons plus loin la fonction de l'inconscient dans la conception freudienne de l'être humain et la caractérisation de la liberté qui s'y rattache.

4.2.2 Un courant philosophique majeur : l'historicisme dominant

L'idée rousseauiste de la *perfectibilité* de la nature humaine est porteuse de l'idée de *progrès*. Ces deux idées ont fait l'objet de discussions critiques tout au long du XIXe siècle. Au cœur des débats se trouvait l'opposition entre d'une part un mouvement de pensée basé sur l'idée de progrès comme porteur de sens et d'autre part une critique radicale des conditions de réalisation de ce progrès. D'un côté comme de l'autre, on est préoccupé par le sens de l'histoire. Par exemple, du point de vue du *libéralisme économique*, le progrès se définit comme la rencontre de la croissance économique, des libertés politiques et du bonheur personnel. Pour que le progrès, ainsi compris, se réalise, il faut rationaliser le travail[10], voter des lois favorables au développement de la croissance économique. Tout cela doit contribuer à accroître le bonheur des individus. Cette conception du progrès a été critiquée par les penseurs socialistes qui affirmaient que cette marche vers l'abondance, la liberté et le bonheur était constamment démentie par les faits. D'autre part, cette vision critique du progrès économique n'est pas complètement affranchie de l'idéal d'un « monde meilleur ». Les courants socialistes ont également recours à un

---

10. Taylorisation du travail.

concept de progrès qu'ils définissent cependant différemment : le progrès doit être social et se réaliser dans un accès à l'égalité des conditions d'existence. Ils conservent donc leur foi en un avenir meilleur, tout en remettant en question la notion de progrès.

La modernité est une rupture avec le passé et une profession de foi envers le progrès. Le passé et le futur ne sont plus inclus dans un rituel qui commande le « retour du même », année après année. Le projet de comprendre le passé en vue d'influencer l'avenir est un projet moderne. Il s'exprime dans l'historicisme, qui est ce courant de pensée qui fait de l'étude de l'histoire un outil de pensée indispensable pour comprendre le présent et orienter l'avenir.

Le XIXe siècle est tiraillé entre les idéaux modernes et les déceptions d'une majorité de la population qui souffre du « progrès économique ». L'espoir de vivre dans un monde meilleur s'avère vain et cela crée de l'insatisfaction. Certains, plus inspirés par l'espoir que par l'insatisfaction, font confiance à l'histoire. Auguste Blanqui, socialiste et révolutionnaire français, était convaincu que l'histoire menait de façon nécessaire au progrès :

> L'étude attentive de la géologie et de l'histoire révèle que l'humanité a commencé par l'isolement, par l'individualisme absolu, et qu'*à travers une longue série de perfectionnements elle doit aboutir à la communauté*. […] On verra nettement que tout progrès est une conquête, tout recul une défaite du communisme, que son développement se confond avec celui de la civilisation, que les deux idées sont identiques ; que tous les problèmes successivement posés dans l'histoire par les besoins de notre espèce ont eu une solution communiste, que les questions aujourd'hui pendantes, si ardues, si pleines de trouble et de guerres, n'en peuvent pas davantage recevoir d'autres […]. Rien ne se fait hors de cette voie. […] Que la civilisation ait pour couronnement inévitable la communauté, il serait difficile de nier cette évidence. L'étude du passé et du présent atteste que tout progrès est un pas fait dans cette voie, et l'examen des problèmes aujourd'hui en litige ne permet pas d'y trouver une autre solution raisonnable. Tout est en pleine marche vers ce dénouement. […] Le communisme n'est donc pas une utopie. Il est un dénouement normal […][11].

Auguste Comte, le fondateur de la sociologie moderne et le père du positivisme, conçoit l'histoire comme un mouvement favorable à l'humanité :

> *Rejetant l'idée « révolutionnaire » d'une perfectibilité illimitée*, et, *a fortiori*, la conception du progrès comme révolution continuelle ou succession de ruptures révolutionnaires, Auguste Comte définit en 1838 « l'idée rationnelle de progrès » comme celle d'un « développement continu, avec tendance inévitable et permanente vers un but déterminé ». C'est pourquoi, posera-t-il dix ans plus tard, « le progrès ne constitue, à tous égards, que le développement de l'ordre », ce qui implique qu'il se développe nécessairement selon certaines limites, et dans un sens déterminé. Mais si pour Comte, l'Histoire a un sens, « et nécessairement un sens unique », qui définit la civilisation, elle n'avance pas pour autant sur une ligne droite : la « marche de la civilisation », écrit-il, s'exécute « selon une série d'oscillations, inégales et variables, comme dans la locomotion animale, autour d'un mouvement moyen, qui tend toujours à prédominer ». La civilisation est chez Comte un processus à la fois intellectuel et matériel dont l'agent et le bénéficiaire sont l'humanité[12].

Bref, le XIXe siècle a été un siècle où l'on a cru que l'histoire avait un sens et que tout progressait. Cette idée console les esprits malheureux et donne confiance aux autres.

---

11. Auguste Blanqui, cité dans Pierre-André Taguieff, *Le sens du progrès. Une approche historique et philosophique*, Paris, Flammarion, 2004, p. 191.
12. *Ibid.*, p. 211.

Marx s'opposera à cette conception optimiste de l'histoire. Pour lui, le progrès n'est pas le moteur de l'histoire, car tous les progrès ne sont pas acceptables. Il entretient des *soupçons* sur la modernité. Son analyse de l'histoire observable est davantage teintée par l'insatisfaction que par l'espoir, quoique l'espoir reste présent dans son projet révolutionnaire. À ses yeux, le véritable progrès est indissociable de l'idée de révolution et la révolution implique la violence. Il peut sembler décevant que la violence soit ainsi associée à l'idée de progrès social. Engels[13] justifie cette association en soutenant que, tout comme dans l'accouchement, la violence accompagne la naissance des changements significatifs dans l'histoire. Ces philosophes croient que l'histoire aurait une fin, mais une fin non nécessaire, car les hommes doivent jouer un rôle actif afin d'orienter l'histoire. Ils ont donc une façon différente de la concevoir, mais elle reste au centre de leur pensée.

4.3 LE DÉBAT : MARX ET FREUD

Marx, comme Freud, est de ces auteurs qui interrogeront le plus profondément la philosophie alors même qu'ils ne se veulent pas philosophes.

Denis Collin[14]

4.3.1 Le projet de Marx

En critiquant les conceptions de l'homme et de la société de son temps, Marx a fait le procès des philosophies de l'histoire en vogue à son époque et conçu le projet de *faire de l'histoire une science.*

Ce projet fit de lui à la fois un moderne et un critique de la modernité. Il est moderne dans le sens où il transforme une activité littéraire en une nouvelle science. Un changement radical intervient avec Marx : plus question de se limiter à raconter, au bénéfice de la mémoire, comment les choses se sont passées. La science de l'histoire doit chercher à comprendre comment les choses se sont produites dans le temps afin d'influencer le cours de l'histoire. Comprendre pour influencer l'histoire, voilà le sens de la 11e thèse sur Feuerbach si souvent cité : « Les philosophes n'ont fait qu'interpréter le monde de différentes manières, ce qui importe, c'est de le transformer[15]. » Marx reproche aux philosophes modernes de se contenter de saisir abstraitement les choses, la nature humaine et la société. Si la compréhension rationnelle du monde propre à la modernité se limite à une connaissance abstraite, alors Marx soupçonne la modernité de servir, consciemment ou pas, les intérêts de ceux qui profitent du système capitaliste en place. Il considère que les philosophes modernes s'intéressent trop aux idées et pas assez aux conditions matérielles d'existence des hommes. Marx est donc à la fois critique de la modernité, en se faisant le juge du rôle social et historique des philosophies de son temps, et moderne, en se posant comme le fondateur d'une science nouvelle.

---

13. Engels est un ami, un disciple et un coauteur de plusieurs textes associés au marxisme.
14. Denis Collin, *Comprendre Marx*, Paris, Éditions Armand Colin, coll. Cursus Philosophie, 2006, p. 12.
15. Karl Marx et Friedrich Engels, *L'idéologie allemande*, trad. par R. Cartelle et G. Badia, Paris, Éditions sociales, coll. Classiques du marxisme, 1970, p. 142.

Portrait de Karl Marx
(1818-1883)

Karl Marx est né le 5 mai 1818 à Trèves, en Prusse rhénane (Allemagne actuelle). Son père d'origine juive, Hirschel Ha Levi, s'est converti au protestantisme pour pouvoir exercer le métier d'avocat. À la fin de ses études secondaires, Karl Marx entreprend des études en droit puis en philosophie, à Bonn et à Berlin. En 1841, il obtient un doctorat après avoir déposé une thèse intitulée *La différence de la philosophie de la nature chez Démocrite et Épicure*. Tout au long de ses études, il établit des liens avec les «jeunes hégéliens» de gauche, qui étaient considérés comme trop radicaux par les autorités prussiennes. Devant la difficulté de se trouver un poste de professeur, il accepte, en 1842, le poste de rédacteur en chef du journal *Rheinische Zeitung* et lutte pour la liberté de presse. En 1843, il épouse Jenny von Westfalen et s'installe à Paris dans le but de publier un journal radical à partir de l'étranger. C'est à cette époque qu'il rencontre Friedrich Engels, qui deviendra un ami et un collaborateur important. C'est avec lui que Marx écrit, en 1846, *L'idéologie allemande*, un texte important qui rompt avec les influences hégéliennes et propose une conception matérialiste de l'histoire. Considéré comme *persona non grata*, il quitte Paris et se réfugie à Bruxelles. En 1847, il adhère à la Ligue des communistes, un mouvement politique clandestin. Et c'est avec la collaboration de son ami Engels qu'il écrira le *Manifeste du Parti communiste*, document dans lequel il cherche à donner à la classe ouvrière un programme précisant les fondements scientifiques de l'activité révolutionnaire. Impliqué dans les événements révolutionnaires de 1848, Marx sera obligé de s'exiler de nouveau, vers l'Angleterre cette fois-ci. Entre 1851 et 1862, pour subsister, il écrit environ cinq cents articles pour les journaux britanniques et américains. Durant la même période, il travaille à l'écriture de son œuvre majeure, *Le capital*, dont le premier livre sera publié en 1867. C'est dans ce document qu'il entreprend une analyse critique et systématique de la société capitaliste. Il travaille à la création de l'Association internationale des travailleurs, qui vise l'unification des mouvements ouvriers. Karl Marx meurt le 14 mars 1883 à Londres, dans des conditions misérables.

Œuvres principales :

- *L'idéologie allemande* (1846)
- *Manifeste du Parti communiste* (1848)
- *Contribution à la critique de l'économie politique* (1859)
- *Le capital* (1867)
- *La guerre civile en France* (1871)

Faire de l'histoire une science dans le but d'influencer la transformation du monde, voilà le projet de Karl Marx. Il croit que la compréhension des lois qui régissent l'histoire des hommes est nécessaire pour celui qui veut mettre un terme à l'exploitation de l'homme par l'homme et à son aliénation.

Le matérialisme historique : la «science» de l'histoire

Marx, tout comme les philosophes naturalistes étudiés au chapitre précédent, fait l'hypothèse qu'à la *période préhistorique* aurait régné une forme de communisme primitif, c'est-à-dire une période où la propriété privée n'existait pas encore et où la division du travail se faisait en fonction des forces et habiletés de chacun. Il s'agirait d'une première période du développement des sociétés humaines où il n'existait pas de classes sociales, d'exploitation et d'aliénation des individus, du moins pas de façon **systémique**[16]. On peut reconnaître ici l'influence de Rousseau, qui prétendait que la société avait corrompu l'homme, c'est-à-dire qu'elle l'avait déterminé dans sa façon d'être. En parlant de la division du travail à l'époque préhistorique, Marx adhère à la thèse qui soutient que l'homme est, dès le point de départ, un animal social :

> On peut distinguer les hommes des animaux par la conscience, par la religion et par tout ce que l'on voudra. Eux-mêmes commencent à se distinguer des animaux dès qu'ils commencent à *produire* leurs moyens d'existence […][18].

Lorsque les êtres humains produisent leurs moyens d'existence, ils entrent en rapport avec la nature et avec leurs semblables. Voilà, selon Marx, ce qu'il faut étudier si l'on veut comprendre l'être humain concret. L'analyse marxiste va rompre avec toutes analyses idéalistes qui proposent une conception de la «nature humaine» plus près d'un idéal que de la réalité :

> La production des idées, des représentations et de la conscience est d'abord directement et intimement mêlée à l'activité matérielle et au commerce matériel des hommes, elle est le langage de la vie réelle. Les représentations, les pensées, le commerce intellectuel des hommes apparaissent ici encore comme l'émanation directe de leur comportement matériel. Il en va de même de la production intellectuelle telle qu'elle se présente dans le langage de la politique, celle des lois, de la morale, de la religion, de la métaphysique, etc., de tout un peuple. *Ce sont les hommes qui sont les producteurs de leurs représentations, de leurs idées, etc., mais les hommes réels, agissants, tels qu'ils sont conditionnés par un développement déterminé de leurs forces productives et du mode de relations qui y correspond*[19].

Marx prétend que toute tentative de comprendre ce que sont les individus doit prendre en compte les modes de production de l'existence. La façon d'agir et de penser des individus n'est pas déterminée par leur volonté ou leur conscience, ni par la réalisation d'un absolu quelconque, mais bien par le niveau de développement de la société. Nos pensées, nos valeurs, nos goûts sont le produit des relations que chacun d'entre nous entretient avec les modes de production de notre société. Il ajoute que ce sont les individus, historiquement déterminés par ces modes de production, qui transforment leur conscience tant individuelle que collective et non l'inverse.

Si l'on veut comprendre ce que c'est qu'être un humain, il faut examiner, selon Marx, les individus réels en action dans leurs conditions matérielles d'existence. Le matérialisme historique est la *conception marxiste de l'histoire* qui étudie ces conditions matérielles d'existence des hommes et leurs changements.

C'est par l'expression *mode de production* que Marx désigne les différentes façons dont la production des êtres humains s'effectue au cours de l'histoire. Ces modes de production et leur évolution sont animés par une *lutte des classes* qui a fait passer l'histoire humaine par les modes de production primitif, esclavagiste, féodal puis capitaliste. Elle devrait finalement – c'est le souhait de Marx – passer au mode de production communiste, puisque le socialisme est, dans son esprit et celui d'Engels, une période de transition entre le capitalisme et le communisme.

---

16. On peut penser ici à l'être humain à l'état de nature des auteurs du chapitre précédent.
17. *Le Petit Robert* sur cédérom.
18. Karl Marx et Friedrich Engels, *op. cit.*, p. 25.
19. Karl Marx, *Œuvres choisies 1*, Paris, Gallimard, NRF, coll. Idées, n° 41, 1963, p. 153-154.

On ne peut pas réduire l'idée de mode de production à la production de biens matériels. Pour Marx, ce qui «distingue une époque économique d'une autre, c'est moins ce que l'on fabrique, que la manière de fabriquer, les moyens de travail par lesquels on fabrique[20]». Ailleurs, il écrit :

> […] dans la production sociale de leur existence, les hommes entrent en rapports déterminés, nécessaires, indépendants de leur volonté, rapports de production qui correspondent à un degré de développement de leurs forces productives matérielles. L'ensemble de ces rapports de production constitue la structure économique de la société, la base concrète sur laquelle s'élève une superstructure juridique et politique et à laquelle correspondent des formes de conscience sociales déterminées. Le mode de production de la vie matérielle conditionne le processus de vie sociale, politique et intellectuelle en général. Ce n'est pas la conscience des hommes qui détermine leur existence, c'est au contraire leur existence sociale qui détermine leur conscience[21].

Cette analyse est schématisée à la **figure 4.7**. On y présente l'organisation du tout social. L'économie joue un rôle déterminant, mais cette infrastructure économique est elle-même soumise à l'influence, schématisée par des flèches, d'une superstructure. Marx était convaincu que la structure du système économique était déterminante pour expliquer ce que sont les individus concrets.

Mais qu'en est-il de la dynamique sociale ? Pour Marx, *c'est la lutte des classes qui est le moteur de l'histoire* : «Les classes sociales sont des groupes sociaux antagoniques, dont l'un s'approprie le travail de l'autre en raison de la place différente qu'ils occupent dans la structure économique d'un mode de production déterminé[22]. Cette place est déterminée fondamentalement par *la forme spécifique de leur rapport avec les moyens de production[23].*» La spécificité des rapports dont il est question ici est déterminée par la *propriété des moyens de production*, c'est-à-dire des outils, de la matière première et même de la **force de travail**,

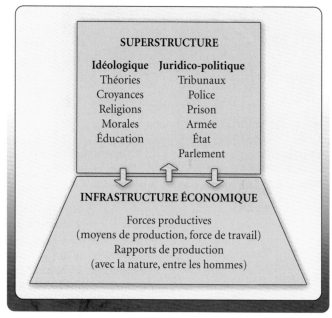

Figure 4.7 L'organisation sociale.

bref de tout ce qui est nécessaire à la production. Dans la société capitaliste, que Marx a longuement analysée, les propriétaires de ces moyens de production (les entreprises) ont des intérêts communs, notamment celui de favoriser le développement de stratégies politiques, sociales et idéologiques qui soutiennent la recherche et l'augmentation du profit. La propriété des moyens de production et leurs intérêts communs à rechercher à augmenter leurs profits font qu'ils appartiennent à une même classe : la *bourgeoisie*. À l'inverse, les individus qui ne sont pas propriétaires des moyens de production et sont réduits à vendre leur force de travail forment une même classe sociale, le *prolétariat[24]*.

Force de travail : Capacité de travailler d'un individu.

---

20. *Id.*, *Le capital*, Livre 1, tome 1, p. 182. Les citations en français sont tirées de l'édition suivante : Karl Marx, *Le capital*, Paris, Éditions sociales, 8 tomes.

21. *Id.*, *Contribution à la critique de l'économie politique*, trad. par R.P.M. Husson et G. Badia, Paris, Éditions sociales, 1972, p. 4.

22. On peut penser aux relations maîtres-esclaves, serfs-seigneurs féodaux, patrons-ouvriers.

23. Marta Harnecker, *Les concepts élémentaires du matérialisme historique*, Bruxelles, Contradictions, 1974, p. 151-152. C'est nous qui soulignons.

24. Prolétariat ou classe ouvrière.

Figure 4.8 La lutte des classes: la bourgeoisie asservissant le prolétariat.

L'affrontement de ces groupes aux intérêts opposés crée la lutte des classes (**figure 4.8**). Les prolétaires ont en effet des intérêts antagoniques à ceux de la classe bourgeoise. L'augmentation de leur niveau de vie ne peut se faire qu'aux dépens de la marge de profit du propriétaire de l'entreprise. Les intérêts des uns et des autres sont en opposition. Le concept de lutte des classes n'est donc pas une métaphore. Les acteurs de cette lutte sont les classes et non les individus. La lutte des classes comprise comme le moteur de l'histoire est elle-même déterminée par le degré de développement de l'organisation économique du mode de production.

Le schéma du *mode de production* comporte aussi une superstructure déterminée par l'organisation économique et la lutte des classes qui lui est associée. Pour Marx, le discours religieux et philosophique, qui appartient à l'instance idéologique de la superstructure, joue un rôle dans l'histoire de la lutte des classes. Les idées dominantes d'une société servent les intérêts de la classe dominante. Par exemple, l'idée de progrès, chère à la modernité, implique l'espoir d'un monde meilleur. Toute révolution cherchant à modifier radicalement le cours de l'histoire menace cette marche vers le bonheur. L'acceptation de son sort et l'espérance sont des valeurs qui servent les intérêts de la classe dominante et sont caractérisées comme des valeurs idéologiques dans la conception marxiste de l'histoire. Mais toutes les idées ne servent pas les intérêts de la classe dominante. Certaines, au contraire, s'y opposent. Elles demeurent, du point de vue marxiste, des idéologies, mais cette fois au service d'une autre classe.

Ces concepts de mode de production et de lutte des classes sont à la base du matérialisme historique, qui cherche à fonder l'histoire comme science. Pour Marx et Engels, l'histoire a pour objet l'étude de la transformation des modes de production par la lutte des classes. Cette conception intègre l'approche dialectique en ce sens que c'est une conception des changements en termes de lutte des contraires. Plus spécifiquement, il s'agit de comprendre les causes qui ont provoqué les passages d'un mode de production à un autre.

Marx et Engels se proposent d'étudier l'histoire dans le but de comprendre l'être humain, c'est-à-dire d'analyser à travers le temps les différentes manières de produire l'existence humaine. Le but de cette analyse est de comprendre la condition humaine à un moment précis de son développement. Et, si l'analyse est juste, elle devrait permettre de prédire les changements futurs de manière scientifique, donc de proposer des manières d'influencer le cours de l'histoire. En tant qu'hommes d'action, ils ne cherchent pas seulement à comprendre l'histoire, mais également à influencer les transformations historiques en vue d'une plus grande justice sociale. Ils visent à mettre en place une société qui tienne plus compte des conditions de vie de la classe ouvrière que des profits des propriétaires des entreprises.

Bref, *les individus naissent dans des conditions d'existence prédéterminées qui façonnent autant leurs actions que leurs pensées. L'idée d'une lutte des classes ancrée dans l'histoire doit ouvrir la porte à la possibilité de changer le cours de l'histoire. L'être humain pourrait être déterminé historiquement tout en gardant un espoir de liberté.*

La conception marxiste de l'homme

> [...] l'essence de l'homme n'est pas une abstraction inhérente à l'individu isolé. Dans sa réalité, elle est l'ensemble des rapports sociaux.
>
> Karl Marx et Friedrich Engels[25]

Qu'en est-il de l'être humain dans une perspective matérialiste et dialectique ? Pour Marx et son compagnon et collaborateur Friedrich Engels, *l'être humain est un animal social issu de la transformation du singe en homme par l'action du travail et à travers une lutte des contraires.* Le rôle de l'économie, du travail, est fondamental dans la pensée marxiste.

Leur explication dialectique des processus de transformation des humains part de l'hypothèse darwinienne de l'évolution de la vie et vise à reconstruire des processus non linéaires dans lesquels une cause produit un effet et un effet transforme la cause. La bipédie apparaît *d'abord*, mais la libération de la main survient *du même coup*. Cette formulation n'est pas incohérente, puisqu'elle manifeste cette idée dialectique que tout est en relation et donc, en l'occurrence, que la bipédie ne va pas sans la libération de la main. La main est aussi conçue comme l'organe du travail, c'est-à-dire comme l'organe que l'animal utilise le plus pour transformer la nature. C'est un passage obligatoire de l'homme pour assurer sa survie. En retour, le travail transforme, perfectionne la main. Le travail est le nom que Marx et Engels donnent à la stratégie de survie de l'animal humain. Le développement du travail favorisera très tôt, dans ce processus de transformation du singe en homme, l'apparition de la collaboration entre les individus. Ce serait en fait la lutte pour la survie qui l'exigerait. Cette collaboration nécessite l'apparition d'un système de communication, à savoir un langage. Bref, la bipédie, le travail et le besoin de communication sont en interrelation et transforment le cerveau de l'animal de telle sorte que la conscience, les facultés d'abstraction et de raisonnement deviennent possibles. En retour, ces nouvelles facultés participent au perfectionnement du travail et du langage. L'évolution pousse donc l'animal social vers l'homme achevé, à savoir l'homme en société.

La société existe parce que le travail est la stratégie de survie de l'animal humain. Et le travail commence avec la fabrication des outils, qui changent son rapport avec la nature. Les animaux sont dépendants de la nature, tandis que l'homme achevé domine la nature grâce au travail, bien qu'il en fasse toujours partie.

Quand Marx et Engels disent que l'être humain est un animal social, ils ne prétendent pas définir la nature humaine. Pour eux, il n'existe pas de nature humaine immuable qui définirait ce qu'est la réalité humaine de manière définitive dans l'histoire. Les animaux humains produisent leur existence et en même temps ils sont transformés par la manière de produire. Il s'agit d'un processus en évolution constante grâce au perfectionnement des outils. L'homme est donc un être historique (Rousseau disait perfectible) et, en tant que tel, on ne peut pas lui prêter quelques caractères naturels que ce soit. Pas de nature, pas de création ni de créateur ; cette conception est matérialiste, historique et athée.

Déterminisme et liberté

Le marxisme est un *déterminisme accompagné d'un appel à la libération.* Cette affirmation mérite une explication. Le déterminisme dont il est ici question n'a pas le sens qu'on lui donne en sciences expérimentales, à savoir celle d'une chaîne déterminée de

---

25. Karl Marx et Friedrich Engels, *op. cit.*, p. 140.

causes et de conséquences. Le déterminisme de la « science marxiste de l'histoire » indique davantage des tendances que des prévisions certaines, c'est-à-dire qu'il n'élimine pas la possibilité. Par exemple, le fait que l'économique soit déterminant dans tous les modes de production n'empêche pas la possibilité de voir naître des conflits de nature politique ou religieuse. Le marxisme ne peut pas être réduit à un déterminisme économique parce que l'économie n'est déterminante qu'*en dernière instance*. Cela veut dire que les contradictions sociales peuvent prendre une dimension idéologico-politique dont l'enjeu économique n'est fondamental qu'*à la limite*. Le matérialisme historique n'affirme pas que le mode de production esclavagiste se transforme nécessairement en mode de production féodal, que ce dernier se transforme obligatoirement en mode de production capitaliste, ni que le mode de production communiste arrivera aussi certainement que le beau temps après la pluie. Le déterminisme du matérialisme historique agirait dans deux sens :

> Tout ce qui advient s'explique par un enchevêtrement de causes efficientes, mais il n'en faut point conclure que le tout se déroule selon un ordre inexorable. Il faut distinguer *deux sens dans le déterminisme* : le déterminisme *orienté vers le passé* qu'il est toujours possible de mettre en œuvre (tous les événements du passé ne peuvent être compris que sous le mode d'une stricte causalité) et le déterminisme *orienté vers l'avenir* qui ne fonctionne que dans un certain nombre de cas bien précis et selon des modalités particulières, dans le domaine des sciences de la nature par exemple. Ce double déterminisme recoupe la double structure subjectivité-objectivité qui est la caractéristique de la théorie de la connaissance marxienne. *Les hommes font eux-mêmes leur propre histoire dans des conditions qu'ils n'ont pas choisies et qui pourtant sont le résultat de l'action passée des hommes.* Cette formule condensée et bien connue de la pensée marxienne peut s'interpréter ainsi : *l'action passée est devenue un phénomène objectif qui s'impose à chacun et détermine ainsi son action en en fixant les termes. Mais en tant qu'il est un individu vivant, chaque homme est subjectivement libre de la manière de traiter ces termes qui lui sont imposés. Il peut se conduire passivement sous l'effet des « affections »* ou au contraire agir activement sous la conduite de la raison qui consiste à connaître ce qui nous détermine[26]. La révolution sociale n'est pas possible dans n'importe quelle circonstance, ses conditions sont déterminées strictement par l'évolution historique et les ressources qui sont disponibles – le niveau de développement des forces productives – mais, pour Marx, il n'y a pas de révolution sociale sans que les ouvriers se décident eux-mêmes, subjectivement, à conduire l'action. [...] *L'histoire humaine n'est donc jamais réductible à un « objet » de science et n'est donc jamais pleinement « déterministe »*[27] *et néanmoins reste déterminée*[28].

Le déterminisme ainsi pensé ne rend pas caduque l'idée de la liberté, mais il la détrône. Il invalide l'idée d'une libre volonté comprise comme une faculté de l'esprit propre à la nature humaine. Pour Marx et Engels, cette dernière idée incarne, dans les faits, les intérêts de la classe bourgeoise, c'est-à-dire qu'elle constitue un outil idéologique, parmi tant d'autres, qui participe au maintien de la domination de classe de la bourgeoisie dans le mode de production capitaliste. En effet, puisqu'il définit la liberté comme un attribut appartenant à la nature humaine, toutes revendications s'opposant directement ou indirectement à cet état de nature seront considérées comme étant contre nature. De plus, le siècle des Lumières a fait de la liberté une valeur suprême en l'inscrivant au sommet des idées prônées par les différentes versions de la Déclaration des droits de l'homme. Et la Révolution française a défendu les libertés des hommes, des enfants et occasionnellement des femmes. Cependant, Marx remettait en question

---

26. « [...] il est clair que, sur ce point précis, Marx est un disciple strict de Spinoza : la liberté est la connaissance de la nécessité et l'action conformément à cette connaissance. » Denis Collin, *op. cit.*, note 9.
27. Ici, le mot déterministe a le sens de prévisible.
28. Tiré du site personnel de Denis Collin (consulté le 31 décembre 2007), http://pagesperso-orange.fr/denis.collin/determinisme.html. C'est nous qui soulignons.

certaines de ces idées, notamment dans des textes de jeunesse[29] où, avec Engels, il a élaboré une critique de la Déclaration des droits de l'homme.

Dans un autre texte intitulé *La question juive*, Marx affirme que c'est la propriété privée qui donne tout le contenu à l'idée de liberté. L'article 16 de la Constitution française de 1793 comporte la phrase suivante : « Le droit de propriété est celui qui appartient à tout citoyen *de jouir et de disposer à son gré* de ses biens, de ses revenus, du fruit de son travail et de son industrie [habileté][30]. » Ce droit à la propriété privée associé à la liberté favorise et défend en droit les intérêts de la classe bourgeoise. Dans le cadre du système capitaliste, la liberté de disposer de ses biens signifie que le propriétaire des moyens de production, qui achète la force de travail de ses congénères, a tous les droits. Marx a montré, dans son analyse du système capitaliste, que la *force de travail* est un moyen de production parmi d'autres qui a été transformé en *marchandise*. Cela implique que des individus démunis sont réduits à vendre pour survivre la seule chose qui leur reste : leur capacité de travailler. Celui qui achète la force de travail des autres peut donc en jouir et en disposer à sa guise. Sans posséder la personne (l'ouvrier n'est pas un esclave), il prend possession du temps de vie de la personne, il impose et dirige les activités, impose même les manières de faire et finalement s'approprie le fruit de son travail. Bref, Marx qualifie la condition de la classe ouvrière d'aliénante. L'aliénation est une condition d'existence où l'individu devient étranger à lui-même, en d'autres mots l'individu ne s'appartient plus. Marx écrit dans *La question juive* :

> [...] les prétendus droits de l'homme, les droits de l'homme distinct des droits du citoyen, ne sont rien d'autre que les droits [...] de l'homme égoïste, de l'homme séparé de l'homme et de la communauté [...]. L'homme par conséquent ne fut pas délivré de la religion, il obtient la liberté religieuse. Il ne fut pas délivré de la propriété, il obtient la liberté de propriété. Il ne fut pas délivré du profit, il obtient la liberté de profit[31].

Marx va soutenir que la Révolution française n'était qu'une révolution bourgeoise, c'est-à-dire une révolution qui a libéré le bourgeois (propriétaire des moyens de production) de l'obligation de travailler en légitimant la transformation de la force de travail en marchandise. En ce sens, la Déclaration des droits de l'homme justifie l'aliénation. Quand Marx parle de liberté de profit, il touche le fondement même de l'exploitation capitaliste (voir l'encadré).

Pour Marx et Engels, la Déclaration des droits de l'homme a permis de légaliser et de légitimer l'aliénation et l'exploitation des hommes dans le mode de production capitaliste. En concevant la possibilité de jouir et de disposer à son gré de ses biens comme un droit naturel dans un contexte où la force de travail est devenue une marchandise, on met en place les conditions juridiques nécessaires à la réalisation de l'exploitation de l'homme par l'homme. En d'autres mots, c'est une manière de donner une assise au concept d'homme égoïste en le considérant comme l'homme en général.

En dénonçant la propriété privée et le droit de disposer à son gré de ses biens, Marx ne rejette pas la liberté, mais la conception idéaliste de la liberté qui monte en épingle le concept d'homme naturel aux dépens de l'homme réel. Dans la production de leur existence, les hommes ne sont jamais seuls, mais travaillent en collaboration les

---

29. Plus particulièrement *La question juive* et *La sainte famille*.
30. Cité dans Ernst Bloch, *Droit naturel et dignité humaine*, Paris, Payot, coll. Critique de la politique, 1976, p. 180.
31. *Ibid.*

Exploitation et plus-value selon Marx

L'*exploitation* n'est pas nécessairement synonyme de l'aliénation. Il s'agit d'un concept à la fois économique et social. Dans sa forme capitaliste, elle désigne l'utilisation de la force de travail (une marchandise comme les autres) visant à maximiser le taux de profit dans l'indifférence des conditions d'existence des personnes impliquées dans le processus de production. En d'autres mots, elle se traduit par l'application d'une logique du profit au processus de production. Dans cette perspec-

tive, on se soucie des conditions de vie de la classe ouvrière seulement lorsque le mécontentement a un impact sur le rendement de l'entreprise. On peut illustrer le concept d'exploitation par le schéma suivant (**figure 4.9**).

La ligne représente une journée de travail, que nous fixons à dix heures dans cet exemple pour simplifier les calculs. La première portion de la ligne représente le temps de travail nécessaire pour justifier les coûts de production, à savoir le coût des matières premières, l'usure des machines, les intérêts sur le capital, les salaires, etc. La deuxième partie de la ligne représente la *plus-value*, c'est-à-dire la valeur ajoutée par la force de travail. Pour Marx, la plus-value n'est pas en soi une mauvaise chose. L'exploitation réside dans la gestion de cette plus-value. Les marchandises produites au cours de cette période de la journée, lorsqu'elles ont été vendues, produisent des profits qui appartiennent exclusivement aux propriétaires des moyens de production. La logique du système capitaliste repose sur l'idée que c'est «librement» que les ouvriers ont vendu leur force de travail et qu'il est naturel de chercher à faire «profiter» son capital. Mais alors comment?

On peut y parvenir en allongeant la journée de travail tout en maintenant les coûts de production au même niveau. C'est ce qu'illustre la **figure 4.10**. Cette stratégie est efficace en période de chômage élevé. Et elle montre une insensibilité à l'égard des conditions de vie de la classe ouvrière.

La diminution du temps de travail nécessaire pour justifier les coûts de production produit un effet analogue. La **figure 4.11** illustre cette seconde stratégie. Plusieurs options sont possibles: on peut diminuer les salaires, augmenter la cadence, engager des enfants (**figure 4.12**) et des femmes que l'on paye moins cher, etc.

L'exploitation capitaliste peut donc se définir comme une utilisation de la force de travail visant à produire de la plus-value et donc à faire profiter le capital. En d'autres mots, «[...] l'exploitation caractérise une situation où des hommes travaillent gratuitement au profit d'autres hommes [...][32]». C'est cette analyse que résume la formule marxiste souvent répétée: le système capitaliste est une exploitation de l'homme par l'homme.

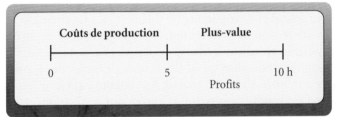

Figure 4.9 Journée de travail.

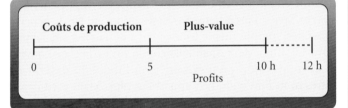

Figure 4.10 Nouvelle journée de travail.

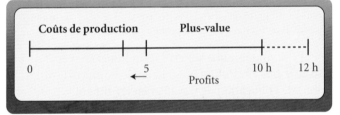

Figure 4.11 Nouvelle journée de travail.

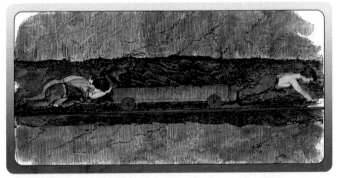

Figure 4.12 L'exploitation des enfants dans les mines.

32. Georges Labica (dir.), *Dictionnaire critique du marxisme*, Paris, P.U.F., 1982, p. 341.

uns avec les autres. Pour Marx, les autres ne constituent pas nécessairement une limite à la liberté, comme le laisse croire la constitution française de 1793 qui définissait le droit à la liberté de façon négative comme le droit de faire tout ce qui ne nuit pas à autrui. Au contraire, c'est au nom d'une possible *libération de la classe ouvrière* qu'il critiquera la propriété privée :

> [...] ce n'est pas la propriété qui doit devenir libre, mais *les hommes qui doivent être libérés* de la propriété ; non pas liberté du profit, mais libération des hommes de l'égoïsme du profit ; non pas émancipation qui libère l'individu égoïste de la seule société féodale, mais émancipation qui libère *tous les hommes de toute société de classes*[33].

La libération est une affaire de groupe et non de volonté individuelle. Marx serait donc à la fois un critique et un défenseur de la liberté. En fait, il pose différemment le problème de la liberté. « Marx pose le problème de la différence entre d'une part des *libertés formelles* garanties par des lois et les "droits de l'homme", et d'autre part une *liberté réelle*, résultant de ce que serait une authentique émancipation humaine[34]. »

Selon Marx, le règne de la liberté

> [...] ne commence, en réalité, que là où cesse le travail imposé par le besoin et la nécessité extérieure ; il se trouve donc [...] en dehors de la production matérielle proprement dite. Tout comme le sauvage, l'homme civilisé doit lutter avec la nature pour satisfaire ses besoins, conserver et reproduire sa vie ; cette obligation existe dans toutes les formes sociales et les modes de production, quels qu'ils soient. Plus l'homme civilisé évolue, plus s'élargit cet empire de la nécessité naturelle, parallèlement à l'accroissement des besoins ; mais en même temps augmentent les forces productives qui satisfont ces besoins[35].

L'homme civilisé fait la même chose que ce que l'homme primitif faisait, mais différemment, à savoir satisfaire ses besoins. Ceux-ci changent. Le travail n'est pas en soi quelque chose de négatif. Pour que le règne de la liberté s'instaure, il faut repenser l'organisation du travail, de manière à libérer l'individu, du moins en partie, du pouvoir absolu de la nécessité du travail. L'être humain serait condamné au travail, sans pour autant que sa liberté ne soit complètement niée. Dans une telle perspective, « [...] la liberté ne peut consister qu'en ceci : les producteurs associés – l'homme socialisé – règlent de manière rationnelle leurs échanges organiques avec la nature ; et ils accomplissent en dépensant le moins d'énergie possible, dans les conditions les plus dignes [...][36] ». La liberté dépend d'une organisation du travail qui prend en compte l'émancipation de l'être humain et elle ne devient réalisable qu'avec la réduction de la journée de travail. Une fois son existence personnelle assurée par un travail suffisant, l'individu peut se libérer. Mais cette liberté est limitée et n'a rien à voir avec la volonté ou le pouvoir de faire ce que l'on veut sans contrainte. Se libérer, c'est se donner collectivement des conditions d'existence, donc de travail, où l'aliénation et l'exploitation sont absentes.

4.3.2 Le projet de Freud

Le fondateur de la psychanalyse a souvent utilisé comme sources d'inspiration la mythologie grecque, l'anthropologie, la poésie et la littérature, mais a tenu à distancier son œuvre de la philosophie. Il a refusé que l'on traite sa conception de l'être humain

---

33. Ernst Bloch, *op. cit.*, p. 182. C'est nous qui soulignons.
34. Antoine Hatzenberger, *La liberté. Textes choisis*, Paris, Flammarion, coll. Corpus, n° 3023, 1999, p. 201.
35. Karl Marx, *Le capital*, tome III, trad. par Maximilien Rubel, Paris, Gallimard, Bibliothèque de la Pléiade, p. 1487.
36. *Ibid.*, p. 1488.

Résistance : «Au cours de la cure psychanalytique, [...] tout ce qui, dans les actions et les paroles de l'analysé, s'oppose à l'accès de celui-ci à son inconscient[37]. »

de philosophie, désirant plutôt que celle-ci soit considérée comme une démarche scientifique. Peu de philosophes ont eu sa considération hormis Schopenhauer et Nietzsche. Pour employer son propre langage, on pourrait dire qu'il s'agit là d'une véritable ***résistance***. Alors pourquoi, dans un manuel de philosophie, étudier la doctrine de Sigmund Freud ?

Une première réponse vient de la réaction même des philosophes, qui sont amenés à critiquer la métapsychologie freudienne parce qu'elle met en doute la liberté et défend une notion, celle d'inconscient, qui remet en question tout le projet de la philosophie moderne, lui-même basé sur les notions de sujet et de conscience. À son époque, Freud n'était pas seul à entretenir cette attitude critique face à la philosophie moderne issue de Descartes. Il était l'héritier de Darwin, de Marx et de Nietzsche. Il est donc normal que Freud apparaisse, au XXᵉ siècle, comme celui des « maîtres du soupçon » qui portera le coup fatal à la conception moderne de la liberté. Après la mise au jour marxiste de la nature idéologique de la liberté bourgeoise, le rejet nietzschéen de la raison triomphante

Portrait de Sigmund Freud
(1856-1939)

Freud naît dans une famille juive de Freiburg en 1856. Devant l'antisémitisme ambiant, la famille déménage à Vienne. Freud entre à la faculté de médecine en 1873 et deviendra, en tant que neurologue, un spécialiste reconnu de la paralysie infantile. Il reçoit une bourse grâce à laquelle il séjourne à Paris. Il assiste aux séances du psychiatre Martin Charcot, qui pratique l'hypnose sur des patients atteints de troubles nerveux. À partir de cette technique, lui et son ami, le Dr Breuer, mettront au point une thérapie par la parole qui deviendra la psychanalyse. La mort de son père provoque chez Freud une série de rêves qui deviendront les révélateurs des notions fondamentales de la psychanalyse : refoulement, inconscient, complexe d'Œdipe, sexualité infantile. Son œuvre ne cesse de se développer, enrichie par les séances quotidiennes qu'il tient dans son bureau avec ses patients. Il devient professeur à l'Université de Vienne en 1902. Il fonde bientôt avec des collègues l'Association internationale de psychanalyse et part donner des conférences aux États-Unis. En 1934, les nazis brûlent ses œuvres, mais malgré les menaces Freud demeure à Vienne. Lorsqu'en 1938 Hitler annexe l'Autriche, Freud quitte pour l'Angleterre, où il meurt d'un cancer l'année suivante.

Œuvres principales :

- *Études sur l'hystérie* (1895)
- *L'interprétation des rêves* (1899)
- *Psychopathologie de la vie quotidienne* (1904)
- *Trois essais sur la théorie sexuelle* (1905)
- *Cinq leçons de psychanalyse* (1909)
- *L'avenir d'une illusion* (1927)
- *Malaise dans la civilisation* (1929)

---

37. Jean Laplanche et Jean-Bertrand Pontalis, *Vocabulaire de la psychanalyse*, Paris, P.U.F, 1968, p. 420.

au profit des forces vitales, Freud sonna le glas du *cogito*. Avec lui, le sujet humain, cet éventuel maître du monde de la philosophie cartésienne, n'est même plus maître dans sa propre maison, car il doit composer avec des forces dont il ignore l'existence.

Mais on peut considérer aussi que la psychanalyse, à travers son rejet de la philosophie, en produit une qui s'ignore et qu'il faut analyser. À l'origine, Freud a cherché à créer une science, la psychanalyse, en proposant d'observer les réactions de ses patients, d'écouter leur discours sur le divan et d'interpréter leurs rêves. Mais à partir de 1900, il a aussi élaboré une véritable doctrine, qu'il voulait scientifique, mais qui comprenait aussi des thèses sur la nature du réel, la nature du psychisme humain et la valeur de la civilisation. Lui qui critiquait la religion comme illusion sans avenir[38] finira par attribuer à l'Amour et à la Mort le statut de principes immortels ! Cette critique de la philosophie et de la religion constitue à proprement parler une philosophie inspirée de thèses déterministes propres au courant historiciste et positiviste de son époque. Il y serait donc bien justifié, d'un point de vue *philosophique*, de tenter de comprendre et d'évaluer une telle doctrine, surtout lorsqu'elle est fondée sur la prétention d'expliquer le comportement des humains par des forces qui échappent à la conscience et à la liberté.

Quand, adolescent, il songe à sa future profession, Freud l'envisage sous les auspices de la science dans le but de comprendre les mystères de la nature. Dans son autobiographie, il raconte : « Les théories de Darwin m'attiraient fortement, car elles promettaient un extraordinaire progrès dans la compréhension du monde[39]. » Dans cette adhésion au projet de la science et du progrès, Freud participe au projet moderne de compréhension de l'être humain. Mais il s'en distance en critiquant le concept moderne de liberté fondée sur la conscience et l'autonomie, qui lui apparaît être une illusion. Après être devenu neurologue et spécialiste des pathologies du système nerveux, il travaille pendant dix ans avec les enfants atteints de paralysie. Grâce à cette expertise, une bourse lui permet d'aller à Paris où Freud découvre que l'on traite par l'hypnose certains malades frappés de paralysies mystérieuses. Assistant aux séances du Dr Charcot, Freud comprend que ces paralysies ne sont pas d'ordre physique, mais relèvent bel et bien du psychisme. Cela constituait un coup dur pour lui comme neurologue, mais lui fournit en même temps le point de départ de son projet. Délaissant les présupposés de sa discipline, il s'attaqua à comprendre comment l'esprit humain pouvait être modifié par de simples suggestions verbales. À l'époque, les médecins étaient conservateurs et ne concevaient pas que des maladies nerveuses puissent être causées par autre chose qu'un dérèglement *physique* du système nerveux. C'est pourquoi ils se servaient surtout des électrochocs ou de drogues comme la cocaïne pour soigner les dépressions et certaines névroses. Freud se dégagea de cette conception biologique de la maladie mentale et formula les bases d'une science nouvelle du psychisme humain qu'il nommera la psychanalyse. Cette science appliquée, construite par Freud à partir d'une méditation sur le traitement quotidien de ses patients, deviendra peu à peu une science spéculative, une « métapsychologie ». Elle s'organise à partir de la découverte d'un nouveau « continent du savoir » à explorer, l'**inconscient**, que Freud conçoit comme un réservoir de pulsions sexuelles originaires et puis refoulées par la suite.

Le projet de Freud était tout un défi à une époque où il était impossible de parler ouvertement de sexualité sans se faire reprocher d'être grossier. Il s'agissait de tenir compte de la sexualité dans l'explication des opérations du psychisme et de la culture.

Inconscient : Un des systèmes définis par Freud dans le cadre de sa première théorie de l'appareil psychique. Il est constitué de contenus refoulés qui se sont vu refuser l'accès au système préconscient-conscient par l'action du refoulement. Pour Freud, c'est par l'action du refoulement infantile que s'opère le clivage entre l'inconscient et le système préconscient-conscient.

---

38. Sigmund Freud, *L'avenir d'une illusion*, trad. par Marie Bonaparte, Paris, P.U.F., 1971.
39. Bernard This, « Freud. L'émergence de l'inconscient », dans *Pour la science*, Paris, mai-août 2003, p. 51.

Son espoir était qu'une fois maîtrisés les principaux éléments conceptuels de cette nouvelle « science », il pourrait les appliquer à d'autres domaines du savoir et proposer une explication des maladies nerveuses, de l'origine de l'homme, de la religion et de la culture.

Comme tous ses précurseurs, Freud fut durement critiqué, voire personnellement attaqué, lorsqu'il affirma l'existence d'une sexualité infantile, détruisant du même coup l'image de pureté de l'enfance. À la fin de sa vie, il subit l'affront de voir les nazis brûler ses livres sur la place publique et condamner sa théorie comme « science juive ». Infatigable travailleur, il réussit quand même à imposer son point de vue, même s'il s'avère parfois dogmatique en excluant ceux qui ne pensaient pas comme lui au sein du mouvement psychanalytique. Après toute une vie d'écoute de ses malades et d'une œuvre écrite monumentale, ses théories sur le psychisme humain rallièrent une grande partie de la communauté intellectuelle. Et la plupart des philosophes firent leur deuil du sujet cartésien, car il semblait désormais difficile de penser le sujet comme une conscience transparente pour elle-même.

La conception du monde de Freud

Pour Freud, le monde est cet univers matériel qui nous entoure et nous impose ses diktats ; c'est la nécessité *contre* laquelle nous sommes en lutte et qui nous impose sa puissance incommensurable. Que ce soit par les menaces que représentent les catastrophes naturelles, la maladie ou par l'inévitable mort, la nature est une ennemie de l'homme. Pour Freud, être au monde est un combat de tous les instants, que ce soit pour la survie ou plus simplement pour la recherche du bonheur. C'est à ce combat qu'est consacrée toute la civilisation.

S'il fallait chercher une origine à une telle conception de la nature, il faudrait soit chercher du côté de la tradition biblique ou à tout le moins dans la culture juive que Freud assume totalement malgré son athéisme. Du point de vue judéo-chrétien, la nature est ce lieu où les descendants d'Adam et d'Ève doivent purger leur peine dans le travail, la souffrance et l'angoisse de la mort.

On pourrait tenter, rétrospectivement, une comparaison avec les auteurs vus jusqu'ici. On s'apercevra que Freud a été influencé par Hobbes, pour qui l'état de nature renvoie à un champ de bataille opposant le désir de se préserver dans son être (principe de vie) et l'état de guerre de tous contre tous (principe de mort). Par contre, la conception freudienne de la nature est assez éloignée de la conception de Marx, qui fait de la nature la source de notre humanisation. Elle est aussi complètement opposée au romantisme de Rousseau, qui la décrivait comme une source d'inspiration et de beauté, la condition même du maintien de l'authenticité de notre nature humaine. Enfin, contrairement à Descartes, Freud considérait que

> [j]amais nous ne nous rendrons entièrement maîtres de la nature ; notre organisme, qui en est lui-même un élément, sera toujours périssable et limité dans son pouvoir d'adaptation, de même que dans l'amplitude de ses fonctions[40].

---

40. Sigmund Freud, *Malaise dans la civilisation*, trad. par C. et J. Odier, Paris, P.U.F., 1971, p. 32.

La conception de l'être humain de Freud

Une conception matérialiste de l'être humain

Au sein de cette nature impitoyable, l'être humain serait, pour Freud, une créature animale passablement défavorisée. Pendant une période de temps prolongée, l'être humain est dépendant d'autrui pour la satisfaction de ses besoins organiques. À la différence de Marx, qui caractérise l'être humain comme un être social produit par sa propre activité, Freud ne considère l'être humain que sous son aspect physiologique d'animal dépourvu et en quelque sorte inachevé biologiquement. C'est donc du corps, d'un corps particulièrement inadapté et fragile, que va dépendre l'évolution psychologique du «petit d'homme». Dès sa naissance, il se découvre en état de *tension* entre son bien-être et les exigences de la vie. Celle-ci tend au maintien et à la reproduction de soi par la satisfaction de nos besoins. Pour que nos pulsions vitales soient satisfaites, elles doivent nécessairement suivre les signaux qui rendent possible son action. Ces signaux proviennent du système nerveux central, également responsable de l'acquisition du plaisir et de la souffrance. Complètement dépendant de son entourage pour sa survie, c'est par son petit corps qu'il exprime sa satisfaction et sa souffrance. Même quand il sera capable de rechercher par lui-même la satisfaction de ses besoins, celle-ci devra souvent être détournée ou reportée dans le temps. Comme il ne lui est pas permis de choisir le chemin pour la satisfaction de ses besoins, il doit très tôt lutter contre les interdits pour parvenir à ses fins. Par exemple, même si le jeune enfant mâle éprouve de l'amour-haine pour ses parents dans le complexe d'Œdipe, le meurtre du père et la relation sexuelle avec sa mère lui seront à jamais interdits. Cette perspective matérialiste du développement humain qui voit le petit d'homme comme un organisme à la recherche du plaisir et de la satisfaction de ses besoins mènera Freud à une conception déterministe de l'être humain.

Une conception déterministe de l'être humain

> Imposez cette vérité, à savoir que seules les forces physiques et chimiques, à l'exclusion de toute autre, agissent sur l'organisme.
>
> Emil Du Bois-Reymond[41]

À l'opposé de Marx, qui développa une conception «déterminée, mais non déterministe» de l'être humain, Freud croyait à un déterminisme physique et cherchait à expliquer le fonctionnement du psychisme humain à partir du système nerveux. Ses premières recherches au laboratoire de physiologie animale de Brüke portaient sur le sexe des anguilles. Alors qu'il travaille sur le système nerveux d'un poisson et sur la transmission de l'influx nerveux, Freud passe à un cheveu d'être le découvreur des neurones, cellules alors inconnues. Peu à peu, il devient également spécialiste de la paralysie infantile, travaille sur les fibres nerveuses du bulbe rachidien chez le fœtus, dont il fait le portrait en expérimentateur méticuleux. Nous l'avons dit, c'est en tant que neurologue que Freud obtient sa bourse pour aller étudier à Paris chez le célèbre Charcot. Celui-ci traitait les malades dits «nerveux» ou hystériques» grâce à l'hypnose (**figure 4.13**). Tous les mardis, il donnait des démonstrations au cours desquels il faisait réagir ses patients endormis à partir de simples suggestions. À leur réveil, ceux-ci avaient totalement oublié leurs réactions, mais elles pouvaient entraîner des effets physiques réels sur eux. Par exemple, on suggérait à une patiente endormie qu'elle avait subi une brûlure de cigarette. Or, quelque temps après son réveil, la patiente découvrait qu'elle avait réellement une brûlure au bras. Un assistant de Charcot, le philosophe Joseph Delbœuf

---

41. Cité dans Bernard This, *op. cit.*, p. 5.

Figure 4.13 Charcot démontrant les effets de l'hypnose.

découvrit que le patient pouvait aussi se souvenir de ce qu'il avait vécu dans son sommeil hypnotique. Il écrivit un livre, *Le sommeil et les rêves*, dans lequel il démontrait que les oublis des personnes soumises à l'hypnose demeuraient présentes sous forme de traces dans la mémoire, même s'ils étaient inconscients. Bien qu'elles constituaient de véritables spectacles, les démonstrations de Charcot à l'hôpital de La Salpêtrière et les découvertes qui s'y faisaient donnèrent à cette méthode peu orthodoxe une réelle crédibilité qui impressionna Freud. L'hypnose n'était pas qu'un jeu de magicien, mais un réel instrument de traitement des maladies nerveuses. Un peu à contrecœur, Freud se vit obligé d'admettre que le déterminisme psychique ne pouvait être rattaché au déterminisme physique :

> Mais toutes les tentatives pour deviner, à partir de là, une localisation des processus psychiques, tous les efforts pour penser les représentations comme emmagasinées dans des cellules nerveuses et pour faire voyager les excitations sur des fibres nerveuses ont radicalement échoué […]. Il y a là une lacune manifeste, qu'il n'est pas possible, actuellement, de combler et qui, de plus, ne relève pas des tâches de la psychologie. *Pour le moment*, notre topique psychique n'a rien à voir avec l'anatomie ; elle se réfère à des régions de l'appareil psychique, où qu'elles se situent dans le corps, et non à des localités anatomiques[42].

Contrairement à tout ce que souhaitaient ses maîtres neurologues, Freud revient donc à Vienne avec la conviction qu'une cause psychique peut provoquer un effet physique. À ses yeux, ce n'est pas parce que cela avait échappé à la médecine jusque-là que ce n'était pas réel.

---

42. Sigmund Freud, *Métapsychologie*, trad. par J. Laplanche et J.-B. Pontalis, Paris, Gallimard, 1968, p. 78-79.

Son séjour à Paris incitait Freud à croire qu'il faisait face à un nouveau continent du savoir à explorer. Son ami le Dr Breuer allait renforcer ce sentiment. Pendant l'absence de Freud, Breuer avait traité une patiente hystérique qui allait devenir le cas mythique et fondateur de la psychanalyse. Elle s'appelait Bertha Pappenheim et ils la surnommèrent Anna O. C'était une amie de la famille Breuer. Elle allait devenir célèbre pour son action auprès des enfants et serait plus tard considérée comme une des premières féministes et assistantes sociales de l'Allemagne. Mais à l'époque, elle souffrait de maux étranges depuis la mort de son père. Un soir qu'elle veillait son père, elle avait été victime d'une hallucination : un gros serpent noir se glissait sur le lit de son père, mais lorsqu'elle voulut l'enlever, son bras resta paralysé. Plus tard, elle se mit à parler en des langues incompréhensibles, puis en anglais. Elle connaissait aussi régulièrement des périodes d'absence de la réalité, souvent paralysée d'une jambe et d'un bras.

Sous hypnose, Breuer lui suggère un soir de parler de ses problèmes, ce que, à sa grande surprise, elle réussit à faire. Plus elle parle des événements qui l'ont marquée, plus les symptômes de la maladie faiblissent. À travers ce qu'elle-même nomme sa *talking cure*, elle finit par revivre la nuit de 1880 où elle avait vu ce serpent noir sur le lit de son père. Breuer assure à Freud que ses symptômes hystériques ont disparu et que la patiente a été guérie. La méthode dite des « associations libres » était née avec cette conséquence inouïe que la patiente s'était en quelque sorte guérie elle-même et que les autres traitements externes, tels l'hypnose, les médications chimiques ou les chocs électriques, étaient devenus inutiles. L'idée que des représentations inconscientes refoulées causaient la souffrance des malades s'imposa aux deux hommes. Mais au-dessus de tout, cette première analyse convainquit Freud qu'un déterminisme psychique existait :

> Incapable d'en sortir, je m'accrochai à un principe dont la légitimité scientifique a été démontrée plus tard par mon ami C.G. Jung et ses deux élèves à Zurich [...]. C'est celui du déterminisme psychique, en la rigueur duquel j'avais la foi la plus absolue[43].

Cette croyance finit par convaincre Freud que ce déterminisme provenait d'un secteur du psychisme dont le contenu était en partie d'origine inconsciente :

> [...] Tu crois savoir tout ce qui se passe dans ton âme, dès que c'est suffisamment important, parce que ta conscience te l'apprendrait alors. Et quand tu restes sans nouvelles d'une chose qui est dans ton âme, tu admets, avec une parfaite assurance, que cela ne s'y trouve pas. Tu vas même jusqu'à tenir « psychique » pour identique à « conscient », c'est-à-dire connu de toi, et cela, malgré les preuves les plus évidentes qu'il doit sans cesse se passer dans ta vie psychique bien plus de choses qu'il ne peut s'en révéler à ta conscience. Tu te comportes comme un monarque absolu qui se contente des informations que lui donnent les hauts dignitaires de la cour et qui ne descend pas vers le peuple pour entendre sa voix. Rentre en toi-même profondément et apprends d'abord à te connaître, alors tu comprendras pourquoi tu vas tomber malade, et peut-être éviteras-tu de le devenir. C'est de cette manière que la psychanalyse voudrait instruire le moi. Mais les deux clartés qu'elle nous apporte : savoir que la vie instinctive de la sexualité ne saurait être complètement domptée en nous et que les processus psychiques sont en eux-mêmes inconscients, et ne deviennent accessibles et subordonnés au moi que par une perception incomplète et incertaine, équivalent à affirmer que *le moi n'est pas maître dans sa propre maison*[44].

Il devient évident qu'une nouvelle explication du psychisme humain était nécessaire pour expliquer les phénomènes encore mystérieux du comportement humain. Freud s'attaqua donc à la tâche de tracer un portrait de l'appareil psychique qui puisse

---

43. Sigmund Freud, *Cinq leçons sur la psychanalyse*, trad. par Yves Le Lay, Paris, Payot, 1965, p. 32.
44. Sigmund Freud, *Essais de psychanalyse appliquée*, trad. par Marie Bonaparte, Paris, Gallimard, 1971, p. 145-146.

éclairer ce nouveau type de déterminisme. Étrangement, c'est un phénomène à première vue incohérent qui deviendra pour Freud la voie royale d'exploration menant à ce portrait renouvelé du psychisme humain : le rêve.

Quand il parle de l'esprit humain, Freud parle d'« appareil » psychique et le décrit comme un lieu structuré, divisé de façon à ce que des fonctions différentes puissent s'exercer. C'est ce qu'il nomme une description *topique* de l'appareil psychique. L'instance originaire serait liée à la vie organique, au corps qui doit combler ses besoins. Les poussées d'énergie ou pulsions ont besoin pour se satisfaire d'un système conscient qui soit en contact avec le réel. Le système pulsionnel, qui désire la satisfaction immédiate, crée un malaise dans le psychisme conscient. Le système conscient doit alors négocier avec le réel pour obtenir un objet qui satisfasse la pulsion. Conséquence de la satisfaction procurée par l'objet, le corps va conserver en mémoire une trace de cette satisfaction et en reproduire sans cesse la demande : c'est ce que nous nommons « désir ». Certaines pulsions trop dangereuses, de nature agressive ou sexuelle, sont l'objet d'une censure et d'un refoulement. Freud reconnaît qu'il existe certains éléments du système conscient qui sont accessibles à la conscience ou à sa périphérie mais non présents : il les nomme « préconscients ». Cette description des différentes qualités des actes psychiques sera bientôt remplacée autour de 1920 par une deuxième topique. Celle-ci va donner une image encore plus substantive et délimitée des instances psychiques, véritables gouvernements constitués avec chacun leur origine, leur mode de fonctionnement, leurs territoires, leurs frontières. Il y sera surtout question des échanges constants entre ces instances, échanges compris comme rapports de force. Dans cette deuxième topique, les fonctions de l'« appareil » psychique manifestent suffisamment de constance pour qu'on puisse les identifier, leur donner une identité propre. Freud dira qu'il s'agit d'« instances ». Même s'il hésitera à parler de lieux physiques, il utilisera pourtant des comparaisons pour les illustrer, qui se référeront par exemple à la structure d'un œil ou aux pièces d'une maison. Le neurologue espérait-il un jour pouvoir rattacher les fonctions de l'« appareil » psychique aux structures du cerveau et du système nerveux ? La science de l'époque ne lui permettait pas de le faire. Il se montrait pourtant satisfait d'être le premier à tracer un portrait précis du psychisme qui soit basé sur une observation de phénomènes concrets.

Le ça

C'est faux de dire : je pense ; on devrait dire on me pense. Pardon du jeu de mots. Je est un autre.

Arthur Rimbaud[45]

Le ça est le réservoir des pulsions inconscientes qui proviennent de notre énergie vitale et qui demandent une satisfaction immédiate. Il n'obéit qu'au principe de plaisir. Le ça ne tient pas compte de considérations morales, d'interdits ou même de la logique. C'est le « barbare » qui sommeille en nous. Les forces inconscientes sont d'abord ces pulsions inconscientes qui nous viennent de notre corps, mais il s'y mélange aussi toute une part d'éléments refoulés lors de la résolution du complexe d'Œdipe[46]. Les désirs sexuels envers le parent de sexe opposé et de haine envers le parent de même sexe sont alors

---

45. Arthur Rimbeau, *Lettre à George Izambard*, 13 mai 1871, dans *Œuvres complètes*, NRF, Bibliothèque de la Pléiade, Gallimard, 1963.
46. *Œdipe roi* est une tragédie grecque sur l'aveuglement humain quant à sa destinée. L'Oracle a annoncé à Œdipe ce qu'il ferait, mais celui-ci le fait sans savoir qu'il le fait. C'est une tragédie de l'inconscience humaine face à un destin pourtant connu.

rejetés hors de la conscience pour longtemps. Ils réapparaîtront sous une forme acceptable lors de la maturation de la sexualité sous sa forme génitale. Pourtant, les pulsions y demeurent toujours actives et forcent un constant refoulement à s'exercer. Freud fait une constatation surprenante : l'inconscient ne connaît pas non plus la temporalité, les pulsions fixées à un complexe d'émotions sont virtuellement indestructibles ! Voici comment il définit cette instance fondamentale de la vie psychique :

> Le ça est la partie obscure, impénétrable de notre personnalité [...]. Il s'emplit d'énergie, à partir des pulsions, mais sans témoigner d'aucune organisation, d'aucune volonté générale ; il tend seulement à satisfaire les besoins pulsionnels, en se conformant au principe de plaisir. Les processus qui se déroulent dans le ça n'obéissent pas aux lois logiques de la pensée [...]. Dans le ça, rien qui corresponde au concept de temps, et [...] les impressions qui y sont restées enfouies par suite du refoulement sont virtuellement impérissables [...]. Le ça ignore les jugements de valeur, le bien, le mal, la morale[47].

Le moi

Le moi est l'instance qui fait le pont entre le ça et le réel. En raison de sa proximité avec le réel, le moi sert de négociateur entre les exigences du ça et celles de la réalité. Il développe des moyens de défense afin de protéger l'équilibre de l'appareil psychique contre les trop grandes demandes et exigences du ça :

> Le moi n'est qu'une partie du ça, opportunément modifiée par la proximité d'un monde extérieur menaçant. Le moi a pour mission d'être le représentant du monde extérieur aux yeux du ça. Il lui faut encore, grâce à l'épreuve du contact avec la réalité, tenir à distance tout ce qui est susceptible, dans cette image du monde extérieur, de venir grossir les sources extérieures d'excitation[48].

Il doit être fort, car en plus d'être coincé entre le réel et le ça, il doit subir la surveillance d'une troisième instance que Freud appelle le « surmoi ».

Le surmoi

Le surmoi est une instance psychique dérivée des interdits parentaux et de la morale sociale. Il a sa source dans le sentiment de culpabilité provoqué par le refoulement des pulsions inacceptables de l'Œdipe. Ses exigences seront intégrées à la structure de la personnalité. Cette intériorisation des interdits forgera notre idéal du moi et nos valeurs morales. Pourtant, ce qui est transmis à travers lui, ce sont les valeurs impersonnelles des traditions :

> Le surmoi dérive de l'influence exercée par les parents, etc. En général, ces derniers se conforment, pour l'éducation des enfants, aux prescriptions de leur propre surmoi [...]. Le surmoi de l'enfant ne se forme donc pas à l'image des parents, mais bien à l'image du surmoi de ceux-ci ; il s'emplit du même contenu, devient le représentant de la tradition, de tous les jugements de valeurs qui subsistent ainsi à travers les générations[49].

La représentation qui suit ne présente que l'aspect *topique* du fonctionnement du psychisme. Elle en donne une apparence statique, pour ne pas dire figée ! Nous verrons par la suite qu'il n'en est rien. Dans cette image, la conscience apparaît comme la partie émergée de l'iceberg, issue de son contact avec le réel, partie quelque peu insignifiante quand on la considère par rapport à l'inconscient, qui forme la partie submergée (**figure 4.14**).

---

47. Sigmund Freud, *Nouvelles conférences sur la psychanalyse*, trad. par Anne Berman, Paris, Gallimard, 1936, p. 103.
48. *Ibid.*, p. 106.
49. *Ibid.*, p. 94.

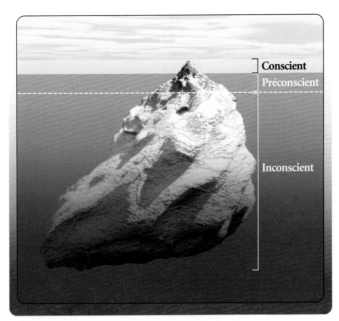

Figure 4.14 Le psychisme selon Freud.

Cette petite partie qui émerge est bien loin des définitions que Rousseau donnait de la conscience lors du triomphe de la modernité à l'âge des « Lumières » :

> Conscience, conscience, conscience ! instinct divin, immortel et céleste voix ; guide assuré d'un être ignorant et borné, mais intelligent et libre ; juge infaillible du bien et du mal, qui rend l'homme semblable à Dieu, c'est toi qui fais l'excellence de sa nature et la moralité de ses actions[50].

L'image de l'iceberg, si elle rend bien compte de l'effort que fit Freud pour illustrer sa topique, est par contre éloignée de la dimension vivante de l'appareil psychique que Freud nomme *dynamique*. À l'inverse, l'aspect *dynamique* des trois instances serait beaucoup mieux illustré par l'exemple d'un chaudron en ébullition ou d'un réacteur nucléaire que par celui d'un morceau de glace. La puissance de la réaction en chaîne d'un tel réacteur doit être totalement contenue parce qu'incompatible avec le réel, mais l'énergie qui s'en dégage peut être transformée de manière utile. Le déterminisme psychique dont parle Freud n'est pas statique, mais bien plutôt celui très complexe d'un ensemble de forces qui exercent des pressions les unes sur les autres en vue de la réalisation de la pulsion. La dynamique de l'appareil psychique, c'est essentiellement l'état de conflit permanent qui existe entre les trois instances. Au départ, le ça tente de satisfaire ses exigences en exerçant une pression sur le moi qui à son tour cherche à l'évacuer en direction du réel. S'il s'agit par exemple d'une pulsion sexuelle perverse, le surmoi intervient et produit un sentiment de culpabilité. La pression continue de monter et le moi doit négocier avec le surmoi les conditions de réalisation du désir en le modifiant ou par la **sublimation** de manière à le rendre acceptable. Si le moi ne réussit pas et que ses défenses ne suffisent pas à gérer la pression, alors une partie du réacteur (le corps) peut cesser de fonctionner. La dynamique ou le conflit entre les instances de la personnalité demande de toute évidence des investissements d'énergie plus ou moins considérables selon l'intensité de ces conflits. C'est l'aspect de l'appareil psychique que Freud va désigner comme *économique*. Et comme il n'existe pas une quantité infinie d'énergie dans l'organisme humain, s'il se produit un conflit trop grave, l'énergie qui y est investie créera un manque dans le système. C'est à ce moment qu'apparaissent les symptômes de certaines maladies et la maladie elle-même.

Pour Freud, il n'existe aucune âme dans cet « appareil psychique », mais simplement des fonctions au service des forces vitales.

Une conception dualiste de l'être humain

Quand on s'inspire de l'exemple du réacteur, on comprend mieux les interactions qui existent à l'intérieur de l'appareil psychique. On se rend compte que l'être humain

Sublimation : « Processus postulé par Freud pour rendre compte d'activités humaines apparemment sans rapport avec la sexualité, mais qui trouveraient leur origine dans la force de la pulsion sexuelle. Freud a décrit comme activités de sublimation principalement l'activité artistique et l'investigation intellectuelle[51]. »

---

50. Jean-Jacques Rousseau, *Émile ou De l'éducation*, livre IV, Flammarion, 1966, p. 378.
51. Jean Laplanche et Jean-Bertrand Pontalis, *op. cit.*, p. 465.

est l'enjeu de forces qui s'opposent. Dans la discussion de Marx au début du chapitre, il était question aussi des forces contraires qui s'opposent dans la société. Mais pour Marx, cette opposition formait une véritable contradiction qui finissait toujours par se transformer. En ce sens, la dialectique marxiste est historiciste, mais pas celle de Freud. Celui-ci conçoit plutôt les principes d'opposition comme des structures invariables et c'est pourquoi on peut qualifier la conception freudienne de l'être humain de dualiste. Elle n'est pas dualiste au sens cartésien, qui implique que l'être humain est constitué de deux substances différentes. Il s'agit plutôt d'un dualisme qui fait intervenir deux *forces* au sein d'une unique substance matérielle, le corps. Il s'agit du couple formé par un système conscient tourné vers le réel, avec ses systèmes de défense, qui s'oppose aux pulsions inconscientes originaires du ça. Selon Freud, ces deux types de réalités psychiques fonctionnent selon deux principes opposés : le principe de plaisir et le principe de réalité. Le premier exige une satisfaction immédiate, alors que le second, au contraire, a pour mission de « raisonner » cette exigence de satisfaction immédiate et de retarder la satisfaction des pulsions jusqu'à ce qu'une possibilité acceptable soit offerte. Cette opposition peut se transposer de façon plus générale dans les termes de la dualité nature-civilisation. Comme nous l'avons dit plus haut, pour Freud, la nature est cette puissance invincible contre laquelle nous élevons la civilisation, c'est-à-dire l'ensemble des œuvres artistiques et morales. Mais la dualité demeure, car nous ne parvenons jamais complètement à nos buts, pas plus que nous n'abandonnons nos efforts de créer une société meilleure.

À partir de son essai *Au-delà du principe de plaisir*, Freud modifie son dualisme selon les termes d'une opposition nouvelle agissant au sein même de la **libido**. Elle fait intervenir d'une part Éros, l'énergie érotique qui correspond à la pulsion de vie, et d'autre part Thanatos, la pulsion de mort qui est une force d'autodestruction. Plusieurs psychanalystes ont rejeté cette doctrine, mais Freud l'a toujours défendue. En particulier, il a fait de la pulsion de mort une force mythique, indestructible, qui lutte contre l'Éros sans que jamais l'un des éléments du couple Éros-Thanatos ne connaisse la victoire ou la défaite. Ces deux opposés entraînent les individus et les sociétés dans un ballet sans fin où les unions visées par l'Éros deviennent de plus en plus fusionnelles jusqu'à ce qu'elles finissent dans la haine, la guerre et la destruction sous l'impulsion de Thanatos. Dans l'élaboration de cette vision de l'être humain et de la civilisation, Freud reconnaît avoir été influencé par un philosophe de l'Antiquité grecque, Empédocle, dont le couple Amour et Haine dominait tour à tour la configuration de l'Univers.

Libido : « En tant que la pulsion sexuelle représente une force exerçant une "poussée", la libido est définie par Freud comme l'énergie de cette pulsion[52]. »

Une conception pessimiste de l'être humain

Dans ses dernières œuvres, Freud, qui se prétend toujours à l'extérieur du champ philosophique, s'interroge pourtant sur le sens de la vie. Après avoir rejeté, dans *L'avenir d'une illusion*, le sens de la vie proposé par les religions, il décrit, dans *Malaise dans la civilisation*, le cercle vicieux dans lequel l'humanité s'enferme dans sa recherche du bonheur et les raisons pour lesquelles, selon lui, elle s'illusionne. Comme nous venons de le voir, il est hors de question pour Freud de penser que le dualisme des forces qui entourent l'être humain disparaisse un jour. Dans *Malaise dans la civilisation*, il énumère une série d'arguments pour expliquer comment ce combat des deux forces immortelles empêche l'humanité d'atteindre l'objectif fondamental qu'elle poursuit : le bonheur. Il observe que notre organisme, qui fonctionne selon le principe du plaisir, n'est pas

---

52. *Ibid.*, p. 124.

doué pour le bonheur, car ses désirs sont impossibles à combler. La détente que crée le plaisir sexuel, dont la nature est d'être intense mais bref, est toujours à renouveler et pas toujours facile à atteindre. Il ne croit pas non plus qu'il nous soit possible de nous retirer du monde et d'éviter la souffrance, qui lui apparaît nécessairement liée à notre sensibilité. Cela vaut également de l'usage des drogues, qui augmentent la souffrance qu'elles étaient censées soulager en créant la dépendance. Le moi qui doit gérer cet équilibre entre plaisir et déplaisir se trouve constamment encerclé par ses trois ennemis : le ça qui pousse à la satisfaction des pulsions, le réel qui le freine et autrui qui voit en lui un objet de possible utilisation. On pourrait penser que l'évasion dans les arts et la culture pourrait offrir un exutoire à cette situation, mais l'art exige une sublimation de la libido et repose de la sorte sur une diminution de l'énergie érotique. Évidemment, Freud exclut radicalement la religion, cette illusion qu'il juge dangereuse. En plus de la répression qu'elle a exercée sur la sexualité allant jusqu'à la diaboliser, la religion d'amour qu'est le christianisme a mené aux inquisitions, aux guerres de religion sanglantes, et au racisme contre le peuple juif. Freud n'envisage pas non plus que les révolutions politiques puissent procurer le bonheur à l'humanité. La Révolution bolchevique, qui a mis en application les idées de Marx en Union soviétique depuis 1917, s'annonce aussi répressive que le régime qu'elle a aboli, car elle ignore les déterminismes psychiques :

> Les communistes croient avoir découvert la voie de la délivrance du mal [...]. Lorsqu'on abolira la propriété privée, qu'on rendra toutes les richesses communes, et que chacun pourra participer aux plaisirs qu'elle procure, la malveillance et l'hostilité qui règnent parmi les hommes disparaîtront [...]. La critique économique du système communiste n'est point mon affaire. En ce qui concerne son postulat psychologique, je me crois autorisé à y reconnaître une illusion sans consistance aucune[53].

En fait, Freud est beaucoup plus pessimiste que son texte ne le suggère. Dans une note en bas de page à laquelle il fait référence pour expliquer son attitude pessimiste face au marxisme, le ton est carrément défaitiste :

> En vérité, si cette lutte veut en appeler aux principes abstraits, et fondés sur la justice, de l'égalité de tous les hommes entre eux, il serait trop facile de lui objecter que la nature la toute première, par la souveraine inégalité des capacités physiques et mentales réparties aux humains, *a commis des injustices contre lesquelles il n'y a pas de remèdes*[54].

Les options laissées à l'humanité ne sont pas des plus réjouissantes et la question se pose en des termes clairs :

> La question du sort de l'espèce humaine me semble se poser ainsi : le progrès de la civilisation saura-t-il, et dans quelle mesure, dominer les perturbations apportées à la vie en commun par les pulsions humaines d'agression et d'autodestruction[55] ?

On peut dire qu'une telle question, posée en 1930 à une civilisation prête à déclencher la plus grande confrontation que l'humanité ait connue, sur le point de consommer le génocide du peuple juif dans une des nations les plus civilisées d'Europe, est une question plus que pertinente et à laquelle on peut concéder un ton pessimiste !

---

53. Sigmund Freud, *Malaise dans la civilisation, op. cit.*, p. 67.
54. *Ibid.*, p. 67. C'est nous qui soulignons.
55. *Ibid.*, p. 107.

Un être de conflit à la conquête de soi

Là où était le ça, le moi doit advenir.

Sigmund Freud[56]

Il est possible de dégager un certain nombre de points majeurs de cette présentation de la conception freudienne de l'être humain. Pour Freud, l'être humain est un être de pulsion et de désir en vertu de sa nature animale. Le fond de sa nature n'est pas la bonté rousseauiste ni la socialité marxiste, mais est déterminé par une puissance barbare, agressive et immorale qui échappe à sa conscience et qui en fait un être méchant et asocial :

> […] l'homme n'est point cet être débonnaire, au cœur assoiffé d'amour, dont on dit qu'il se défend quand on l'attaque, mais un être, au contraire, qui doit porter au compte de ses données instinctives une bonne somme d'agressivité. Pour lui, par conséquent, le prochain n'est pas seulement un auxiliaire et un objet sexuel possible, mais aussi un objet de tentation. L'homme est, en effet, tenté de satisfaire son besoin d'agression aux dépens de son prochain, d'exploiter son travail sans dédommagements, de l'utiliser sexuellement sans son consentement, de s'approprier ses biens, de l'humilier, de lui infliger des souffrances, de le martyriser et de le tuer. *Homo homini lupus*[57]. Qui aurait le courage, en face de tous les enseignements de la vie et de l'histoire, de s'inscrire en faux contre cet adage[58]?

Par cette description d'un être contraint à se socialiser devant la nécessité d'assurer sa survie, Freud exprime la parenté philosophique de sa conception de l'être humain avec celle de Thomas Hobbes. Grâce à l'élaboration de principes moraux assurant la vie en commun, l'être humain crée la civilisation et du même coup les restrictions à l'atteinte de son plaisir, car la société est essentiellement répressive. Il demeurera donc un être déchiré, tiraillé, divisé par les conflits intérieurs des instances qui l'habitent et les exigences de la vie sociale. L'humanité du « petit d'homme » consiste avant tout à assurer la conquête de son équilibre émotif face aux trois ennemis qui le guettent : le réel, le ça et les autres. C'est le sens de la célèbre phrase de Freud : « Là où était le ça, le moi doit advenir. » Cette phrase, selon certains, ouvre la porte à la possibilité de la liberté.

La conception de la liberté de Freud

Liberté et illusion

Plusieurs éléments, dans l'exposé que nous venons de faire de la conception freudienne, semblent invalider l'idée que la liberté puisse être considérée comme le caractère essentiel du sujet, ce principe d'autonomie fondamental à la fondation moderne de la conception de l'être humain. La découverte du concept d'inconscient, produit des processus de censure et de refoulement, dont les forces demeurent souterraines, en est certainement un. Un autre de ces éléments est le projet de Freud de donner au déterminisme une dimension strictement scientifique. Mentionnons aussi sa description de la conscience comme une excroissance du ça et un simple système de perception du réel. Tous ces éléments contribuent à faire apparaître la liberté comme une illusion. Dans *Psychopathologie de la vie quotidienne*, Freud s'attarde à tracer les contours d'un psychisme déterminé jusque dans ses moindres recoins. Déterminés les lapsus lorsqu'un mot inopportun nous échappe, déterminés les actes manqués et même, aussi incroyable cela puisse apparaître, le simple choix au hasard d'un chiffre ou d'un nom !

---

56. Sigmund Freud, *Nouvelles conférences sur la psychanalyse, op. cit.*, p. 105.
57. « L'homme est un loup pour l'homme. »
58. Sigmund Freud, *Malaise dans la civilisation, op. cit.*, p. 64.

On comprend que des pans entiers de la philosophie de la liberté s'écroulent devant de telles analyses. Il va de soi que Freud rejette l'idée du libre arbitre au sens de Descartes ; il lui apparaît impossible que la liberté s'exerce dans l'indifférence :

> Nos analyses ont montré qu'il n'est pas nécessaire de contester la légitimité de la *conviction* concernant l'existence du libre arbitre. La distinction entre la motivation consciente et la motivation inconsciente une fois établie, notre conviction nous apprend seulement que la motivation consciente ne s'étend pas à toutes nos décisions motrices. [ ] Mais ce qui reste ainsi non motivé d'un côté reçoit ses motifs d'une autre source, de l'inconscient, et il en résulte que le déterminisme psychique apparaît sans solution de continuité[59].

Nous avons vu que Locke conçoit la liberté comme un pouvoir de faire. Encore là, cette conception semble partiellement mise hors jeu par la psychanalyse, car le jeu des forces psychiques, telles que les conçoit Freud, laisse aussi peu de place à cette conception de la liberté. Il suffit de songer aux hystériques dont les membres se trouvent soudain paralysés, aux névrosés obsessionnels qui doivent répéter sans cesse les mêmes rituels, tel le lavage de main. Leur pouvoir de faire ou de ne pas faire selon ce qu'ils ont décidé semble être jugulé par des forces inconscientes qui le limitent. La définition rousseauiste de la liberté comme capacité de résister aux commandes de la nature semble être aussi partiellement invalidée par la psychanalyse freudienne, car une telle résistance nous condamnerait à la maladie : les névroses ne sont pas autre chose qu'un refus des demandes naturelles de notre être sexué. Il ne reste que la définition spinoziste de la liberté comme la connaissance des causes qui nous déterminent qui résiste aux arguments de la psychanalyse. On peut donc affirmer que *la conception de la liberté qui s'apparente le plus à la conception de Freud est celle de Spinoza*. La liberté freudienne consisterait donc seulement en cette autonomie du moi qui peut, au sein d'un champ de forces inconscientes, maîtriser l'ensemble des déterminismes qui l'affectent. La cure psychanalytique, moyen de faire émerger ces représentations inconscientes dans la conscience, produit chez le patient une libération des symptômes de sa maladie. Cette volonté de libérer l'individu de souffrances dont il ignore la cause rapproche cette fois la pensée freudienne de celle de Marx.

Liberté et libération

La psychanalyse consiste en une cure par la parole dont le but est de libérer le patient de symptômes qui le gênent ou le rendent malade. Il n'est pas question de guérison. Freud est clair : la psychanalyse vise la compréhension de soi. Après un siècle de pratique, il apparaît que la plus grande libération qu'ait permis la psychanalyse est celle de l'auto-analyse de la personne malade. Rendons à Freud ce qui revient à Freud : il est bien rare qu'un médecin invente une cure ou un remède dont il n'a pas le contrôle. Mais cet analyste assis derrière son patient étendu sur le divan est-il aussi non interventionniste que l'on le pense ? Est-ce qu'une compréhension de soi qui libère le patient de ses symptômes peut vraiment être réalisée hors de tout cadre d'interprétation ? Et si le fait d'accepter d'être couché sur le divan était une acceptation implicite de la théorie psychanalytique et une soumission au médecin ? Il s'agirait alors d'une libération, mais d'une libération bien partielle, subtile manipulation de la croyance du patient en la guérison. Si, comme le dit le philosophe canadien Charles Taylor, l'être humain est cet être qui s'auto-interprète, il est possible que les patients pensent leur vécu à la lumière de la théorie psychanalytique sans que l'analyste n'ait à intervenir autrement que par sa présence silencieuse pour leur faire accepter son interprétation de la maladie qui les affecte.

---

59. Sigmund Freud, *Psychopathologie de la vie quotidienne*, trad. par S. Jankélévitch, Paris, Payot, 1968, p. 272. C'est nous qui soulignons.

Dans la dernière partie de sa vie, Freud prit position pour une morale plus ouverte qui accepterait d'intégrer une éducation sexuelle à l'école. Il s'engagea à démontrer que bien des souffrances et des maladies pourraient être évitées par une libéralisation des mœurs. Encore ici, Freud ne prônait pas une libération sexuelle qu'il jugeait bien trop dangereuse compte tenu de l'agressivité contenue dans la pulsion sexuelle, mais une éducation à la sexualité, qui n'est qu'une libération partielle, puisque cette éducation transmet en même temps les normes de la société.

4.4 ACTUALISATION DE LA QUESTION

La petite histoire de la notion de liberté que nous examinons depuis le premier chapitre nous place devant un paradoxe que les penseurs du XIXᵉ siècle connaissaient bien : l'incapacité de donner une définition définitive de la liberté et l'incapacité de nier le goût de liberté qui s'impose en chacun de nous. D'où la question de ce chapitre : « La liberté n'est-elle qu'une illusion ? » En d'autres termes, l'affirmation de la liberté n'est-elle qu'une façon erronée d'interpréter une sensation réelle ? Une tromperie comparable à celle qui nous fait croire, si on ne réfléchit pas, que notre planète est immobile et non en mouvement ? Pire encore, que penser de cette liberté devenue un droit fondamental devant la réalité de la majorité des individus aliénés et exploités ? Serait-elle un concept creux qui ne vise qu'à verser un baume sur une condition humaine difficile à supporter ?

Sous l'influence des penseurs tels que Hegel et Darwin, Marx a donné une conception de l'homme qui tient compte du caractère changeant de l'existence. Pour Marx, il n'existe pas d'essence surnaturelle et pas d'avantage de nature humaine immuable et universelle. L'être humain se bâtit, sans cesse en relation avec son milieu, qui est, lui aussi, en devenir. À notre question fondamentale, Marx et Engels répondraient qu'un être humain se définit par sa capacité de produire les moyens de sa subsistance. C'est un animal social qui se construit, à travers les époques, par le travail. Ils l'appellent un « animal social » parce que le travail suppose la collaboration de plusieurs et l'héritage des générations antérieures qui détermine les manières de faire. Les êtres humains sont des êtres historiques, c'est-à-dire des êtres *déterminés*, dans ce qu'ils sont et dans ce qu'ils pensent, par le mode de production. Si les êtres humains sont déterminés, la nature humaine n'est pas libre, malgré le sentiment de liberté qui habite les êtres humains. Mais, dans le projet marxiste, les hommes peuvent, du moins collectivement, influer sur le cours de l'histoire s'ils comprennent bien la dynamique des relations qu'ils entretiennent avec la nature, avec la manière de produire et avec les autres. Est-ce là une façon significative de préserver la notion de liberté mise en péril par une conception déterministe de l'être humain ?

À la fin du XIXᵉ siècle, Freud reprend la question sous un autre angle, celui de l'individu. Il affirme que l'individu est *déterminé* par des forces dont il n'est pas conscient. Ces forces sont elles-mêmes soumises à des censures et produisent chez les individus des refoulements parce qu'elles sont jugées socialement inacceptables. Elles agissent déguisées, tels des danseurs à un bal masqué. De fait, il existe un portier de la conscience qui les surveille, c'est le surmoi, qui représente l'intériorisation des valeurs parentales et sociales. Mais lui aussi est en partie inconscient, car les censures imposées par nos parents et la société ont été intériorisées dès notre plus jeune âge. Malgré la présence d'un surmoi déterminant dans la vie des individus, la réalisation des pulsions dans le monde réel exige que le moi possède une certaine autonomie. La liberté se présente donc encore sous la forme d'un paradoxe : les individus sont déterminés, autant dans ce qu'ils sont que dans ce qu'ils pensent, par la force d'un inconscient, mais ils ont besoin pour se réaliser d'autonomie, c'est-à-dire de liberté. Tout en admettant la croyance en une certaine forme de libre arbitre, Freud se plaît à démontrer que le choix qui peut sembler le plus anodin, tel celui d'un mot au lieu d'un autre dans une phrase, ne se fait pas par hasard, mais est déterminé par les forces inconscientes. Freud sachant bien que la liberté et le déterminisme ne font pas bon ménage, aurait-il voulu nous dire que l'être humain est animé par un besoin de s'illusionner ? La liberté serait-elle une illusion nécessaire pour réussir les combats de la vie ?

La dynamique entre les pulsions, la censure et les refoulements qui nous déterminent est parfois une source de souffrance et de maladies. Freud croit que l'individu malade peut, à l'aide d'une thérapie, conquérir une certaine liberté qui ne soit pas illusoire. Ici, l'individu se sert des symptômes qui l'accablent pour descendre en lui-même et s'en libérer. Ce cheminement, même s'il ne comble pas le désir de liberté, n'est pas illusoire puisqu'il produit des changements qui permettent à l'individu de se guérir et de changer son comportement. Les êtres humains se sentent habités, socialement et individuellement, par une liberté que semble démentir la réalité, en même temps qu'existent des formes concrètes de libération. Est-ce qu'ils ne font qu'entretenir des rêves de liberté sans fondement ou, au contraire, la liberté existe-t-elle sous la forme d'une libération concrète individuelle ou collective ? La réponse à cette question n'est pas sans avoir des conséquences, à la fois sur nos pensées et nos actions. Revenons donc à notre question : la liberté n'est-elle qu'une illusion ?

Que sais-je ?

Vérifiez vos connaissances
Ces questions vous permettront de savoir si vous avez retenu l'essentiel du chapitre.

1. Mentionnez la raison pour laquelle on dit que les nouvelles sciences sociales et humaines sont déterministes.
2. Qu'est-ce que la « Commune de Paris » ?
3. Pour quelles raisons la Commune de Paris a-t-elle été une véritable révolution sociale ?
4. Pourquoi la raison est-elle à l'origine du progrès dans les différentes sphères de la vie quotidienne ?

Marx

5. Quelle expression résume le mieux le projet marxiste ?
6. Comment définit-on le *matérialisme historique* ?
7. Dans l'analyse du mode de production capitaliste, deux classes s'opposent de façon antagonique. Lesquelles ? Et en quoi sont-elles antagoniques ?

8. Nommez les attributs définissant l'être humain dans la pensée marxiste.

9. Sur quoi repose l'idée que c'est la propriété privée qui donne tout le contenu à l'idée de liberté?

10. Comment définit-on la notion d'aliénation?

11. Qu'entendent Marx et Engels par l'«exploitation capitaliste»?

12. En quoi la Déclaration des droits de l'homme a-t-elle permis de légaliser et de légitimer l'aliénation et l'exploitation des hommes dans le mode de production capitaliste?

Freud

13. Quelle était l'attitude de Freud à l'égard de la philosophie?

14. Quelle était l'attitude Freud à l'égard de la nature?

15. Quelles expériences ont amené Freud à quitter la neurologie?

16. Freud a découvert un nouveau «continent». Lequel?

17. Quelles sont les trois instances du psychisme selon Freud?

18. À quelles lois obéit le ça?

19. Qu'est-ce que la libido?

20. Quels sont les trois ennemis du moi dans sa recherche du bonheur?

21. Comment Freud nomme-t-il les deux forces fondamentales qui s'opposent dans l'être humain?

Vérifiez votre compréhension

Si vous pouvez répondre à ces questions, vous saurez que vous avez une bonne compréhension du chapitre.

1. Quels liens faites-vous entre la question inaugurale du chapitre 3 et celle que nous posons dans ce chapitre?

2. En quoi se distinguent le déterminisme et le fatalisme?

3. Pourquoi dit-on que le sujet est devenu une abstraction?

4. Dites en quoi les contradictions du progrès alimentent le soupçon à l'égard de la modernité.

5. Comment expliquer le fait que l'historicisme soit devenu un courant philosophique majeur?

Marx

6. En quoi le projet de Marx se distingue-t-il des autres projets étudiés en ce qui a trait à la modernité?

7. Marx affirme que les hommes se distinguent des animaux dès qu'ils commencent à *produire* leurs moyens d'existence. Que veut dire «*produire* leurs moyens d'existence»?

8. Résumez en environ une page ce que Marx et Engels entendent par le *matérialisme historique*.

9. Quel est le rôle du travail dans la conception de l'homme de la pensée marxiste?

10. Pourquoi dit-on que l'explication de la transformation des humains est dialectique?

11. Dans quel sens dit-on que le marxisme est un déterminisme?

12. Expliquez cette assertion : «Le droit à la propriété privée associé à la liberté favorise et défend en droit les intérêts de la classe bourgeoise.»

13. En critiquant la Déclaration des droits de l'homme, Marx et Engels rejettent-ils l'idée de liberté?

14. Comment faut-il comprendre cette phrase : «Se libérer, c'est se donner collectivement des conditions d'existence, donc de travail, où l'aliénation et l'exploitation sont absentes»?

Freud

15. Pourquoi la philosophie doit-elle s'intéresser à la conception freudienne de l'être humain (donnez deux raisons)?

16. En quoi la conception freudienne de la nature est-elle différente de celle de Rousseau?

17. Comment Anna O. est-elle parvenue à se guérir?

18. Que veut dire Freud lorsqu'il affirme : «Le moi n'est pas maître dans sa propre maison»?

19. Pourquoi y a-t-il refoulement des pulsions selon Freud?

20. Dans un texte d'environ une page, expliquez le fonctionnement «dynamique» du psychisme.

21. En quoi la conception de l'être humain de Freud est-elle dualiste?

22. En quoi la conception de l'être humain de Freud est-elle pessimiste?

23. Peut-on véritablement parler de liberté dans la conception freudienne de l'être humain?

Exercices

Les exercices suivants visent à vous exercer à caractériser des conceptions de l'être humain, à situer de façon significative des idées dans leur contexte et à maîtriser l'analyse comparative, qui consiste à dégager les ressemblances et les différences entre deux conceptions. Également, ils ont pour but de vous amener à réfléchir sur vos croyances et votre manière d'agir.

1. Caractériser des conceptions de l'être humain.
   a) Cernez les concepts clés des conceptions de l'être humain de Marx et de Freud.
   b) Rédigez un texte d'environ une page à l'aide de ces concepts.

2. Situer de façon significative des idées dans leur contexte.
   Dans ce quatrième chapitre, il est question de la *critique* de la modernité. Montrez en quoi les conceptions de l'être humain de Marx et de Freud sont liées à cette critique en les situant par rapport aux trois principes actifs de la modernité (l'affirmation du sujet, la rationalité nouvelle, la rupture avec l'autorité). Faites de même avec l'historicisme.

3. Comparer des conceptions.
   Comparez les conceptions de la liberté présentées dans ce chapitre. Indiquez quelles en sont les ressemblances et les différences. Quelles conséquences sur votre pensée en tirez-vous?

4. Produisez un argument favorable ou défavorable à l'idée de liberté comme illusion.

LIBERTÉ et DÉTERMINISME

ou Sommes-nous condamnés à être libres?

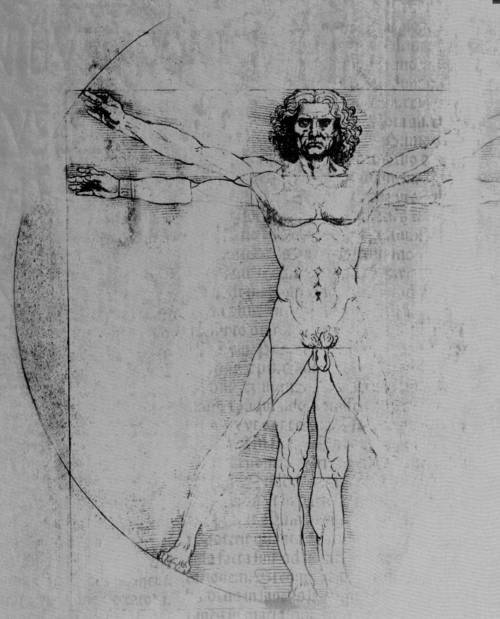

5.1 PRÉSENTATION DE LA QUESTION

Entraînés par l'élan du progrès et des divers développements qu'ont connus les sciences au XIXᵉ siècle, certains philosophes se sont affichés sous la bannière du matérialisme et du **scientisme**. La grande rupture du darwinisme a consolidé une vision évolutionniste de l'homme, désormais réintégré dans sa famille biologique : les primates. Marx et Freud, ces deux grands penseurs du « soupçon », ont mis en doute certains éléments clés de la modernité, particulièrement les notions de sujet libre et de progrès. Chacun à sa manière, ils ont dévoilé les déterminismes profonds qui conditionnent les actes soi-disant libres des individus et les prétendus progrès des sociétés modernes. Leurs œuvres ont eu une profonde influence sur la philosophie du XXᵉ siècle et sur les sciences humaines. Dans ces sciences, l'homme, grâce au développement de sa faculté rationnelle, se prend lui-même comme objet. Le sujet perd ainsi une partie de l'autonomie que lui avait reconnue la philosophie moderne. Selon l'expression de Jacques Derrida, un éminent philosophe français (1930-2004), le sujet est maintenant l'objet d'une « déconstruction ». D'autres penseurs veulent le résoudre en ses éléments physico-chimiques, notamment ceux de son code génétique. Comme l'écrivait le grand anthropologue Claude Lévi-Strauss dans son échange avec Sartre : « […] nous croyons que le but dernier des sciences humaines n'est pas de constituer l'homme, mais de le dissoudre […][1] ».

C'est dans cette direction que, dès le début du XXᵉ siècle, la psychologie behavioriste oriente ses recherches sous la direction de Pavlov en Russie. Dans une expérience devenue célèbre, celui-ci soumet un chien à un conditionnement tel qu'il finit par saliver au son d'une cloche, sans même voir la nourriture qui l'accompagnait auparavant. Aux États-Unis, Watson et Skinner proposent une vision de l'être humain assez proche de celle d'un animal qu'on peut conditionner par renforcement positif et qui ne fait que répondre aux stimuli qui l'entourent. Skinner suggère que c'est par l'éducation qu'il est possible de conditionner l'homme, comme l'avait fait Pavlov avec sa cloche et son chien. Dans son livre paru en 1971, *Par delà la liberté et la dignité*, il trace le portrait d'une société où les savants planifient la culture et conditionnent les humains à être heureux. Évidemment, la liberté en est exclue, puisqu'elle est tout à la fois source d'autonomie et de conflits.

Mais ce sont les avancées de la biologie qui, au milieu du XXᵉ siècle, ont poussé à sa limite cette volonté de déconstruction de la notion de sujet humain libre. Avec la découverte de la double hélice de l'ADN par Crick et Watson en 1953[2], la science fait un pas en avant vers son rêve d'expliquer la vie. En accord avec ce projet, la génétique cherche à recréer un être humain selon les lois de la science. Ce rêve fou d'imiter Dieu, des écrivains l'avaient mis en scène dès le XIXᵉ siècle. Dans son roman *Frankenstein*, Mary Shelly décrivait un savant, qui réussissait à créer la vie ; mais Frankenstein, sa « créature », échappait à son créateur, tel un nouvel Adam, et semait la destruction. En 1932, l'écrivain Aldous Huxley fournissait une illustration plus proche de l'idéologie scientiste de ce rêve. Dans son roman *Le meilleur des mondes*, les individus étaient conçus dans des éprouvettes, leur structure génétique ayant été prévue par le ministère de la Prédestination, de manière à ce que chacun accomplisse son destin en paix avec les autres et vive un bonheur parfait dans un monde pacifié. Huxley reconnaîtrait probablement le climat de son œuvre dans notre époque, où les bébés-éprouvette et les animaux clonés sont devenus réalité.

---

1. Claude Lévi-Strauss, *La pensée sauvage*, Paris, Plon, 1962, p. 326.
2. Découverte qualifiée de « plus grande réussite scientifique de notre siècle ».

On peut donc retracer dans le projet scientifique et une partie de la philosophie du XXe siècle une volonté d'ouvrir le rideau sur les structures internes du sujet libre de manière à pouvoir enfin en contempler tous les mécanismes cachés. Cette déconstruction devrait nous livrer un être totalement déterminé, que ce soit par son époque, ses mass-médias, sa classe sociale, son désir et ses pulsions, sa race, son enfance, ses instincts et ultimement par ses gènes! Cette tendance des diverses sciences à expliquer de façon déterministe la liberté pose cependant un problème fondamental: celui qui nous force à considérer la disparition conséquente des notions de responsabilité et de démocratie. Le sujet libre de Descartes, de Spinoza, de Locke et de Rousseau était aussi le porteur de la démocratie et des droits fondamentaux. Il impliquait des principes d'humanité, dont la dignité, qui interdit de le traiter comme un simple moyen, lui qui peut s'appliquer à lui-même sa propre loi. Comment concevoir la relation entre morale et démocratie si ce sujet est complètement assujetti à un ensemble de codes qui le réduisent à l'état de robot? Mais un tel déterminisme est-il seulement possible? Peut-on envisager, que ce soit par clonage, par modification de notre génome, par renforcement et désinformation ou par dictature politique, de conditionner un être humain, de telle sorte qu'il ne soit plus «dans son être question de son être», comme le dit Sartre. Et que penser de l'impossibilité d'appliquer des sentences à des criminels parce qu'ils sont jugés non responsables de leurs actes? Et aussi de l'impossibilité de s'attribuer le mérite des bonnes décisions que nous avons prises? Que faire de cette humanité sans qualités?

Ne ressemblerait-elle pas plus à un coupe-papier, à un chou-fleur ou à un petit pois, comme le dira Jean-Paul Sartre dans sa conférence *L'existentialisme est un humanisme*[3]. C'est contre cette tendance philosophique réductrice et scientiste que s'est élaborée l'affirmation radicale de la liberté humaine dans la philosophie de Jean-Paul Sartre. C'est dans la constitution de l'être de l'homme, dans son «étoffe» comme il le dit si bien, qu'il tente d'inscrire la liberté, afin que les déterminismes extérieurs ne puissent l'atteindre. Selon Sartre, cette liberté est totale ou elle n'est pas. Présente au cœur de l'être de chacun de nous, elle nous oblige à agir, à inventer l'homme, et nous fait porter la responsabilité non seulement de nos actes, mais de ceux de l'humanité tout entière! On pourrait difficilement trouver position philosophique plus puissante à opposer aux courants scientistes qui traitent l'être humain comme un objet dépourvu de l'autonomie de sa conscience. Et si Sartre a raison et qu'il s'avérait impossible d'effacer cette autonomie de la conscience de l'être humain, ne serait-il pas tout aussi impossible de le défaire de sa liberté? La question demeure ouverte: *Sommes-nous condamnés à être libres?*

5.2 *LE CONTEXTE SIGNIFICATIF*

Nulle maison n'est bâtie, nul plan n'est tracé
Où la perte future ne soit la pierre de base.

Ernst Jünger[4]

Afin de tracer le contexte dans lequel Jean-Paul Sartre a élaboré sa philosophie et a, en particulier, formulé son combat contre les thèses déterministes, nous devrons présenter de manière approfondie ce qu'il est advenu de la modernité en Europe. Cette présentation est rendue nécessaire surtout pour clarifier les axes de réflexion suivants.

---

3. Jean-Paul Sartre, *L'existentialisme est un humanisme*, Paris, Gallimard, 1996, p. 26.
4. Ernst Jünger, *Sur les falaises de marbre*, trad. par Henri Thomas, Paris, Gallimard, coll. L'Imaginaire, n° 47, p. 179.

5.2.1 La modernité remise en question

Un revirement dans les ruptures et les fondations

Jusqu'à maintenant nous avions montré comment la culture moderne avait entraîné une suite de ruptures avec la tradition à partir de trois principes actifs : l'autonomie d'un sujet individuel, la rationalisation progressive des pratiques sociales et le progrès comme horizon d'avenir. Au chapitre précédent, nous avons présenté deux penseurs, Marx et Freud, qui ont porté chacun à sa manière un « soupçon » sur ces principes. Dans la première partie du XXᵉ siècle, en Europe, ces trois principes seront remis en question. Nous assisterons donc à une rupture, mais cette fois avec ce que sont devenus les principes de la modernité : retour à l'autoritarisme, au communautarisme et aux valeurs du passé.

Ce revirement peut paraître loin des préoccupations d'un témoin vivant au XXIᵉ siècle en Amérique du Nord, un continent qui n'a pas connu la guerre depuis plus d'un siècle[5]. Pourtant, ici, la prospérité dont nous jouissons a été gagnée en partie par des guerres qui se déroulaient ailleurs et qui ont entraîné la perte de nombreuses vies humaines. Ce fut le cas des deux grandes guerres mondiales, qui eurent pour champ de combat principal l'Europe où elles entraînèrent des destructions massives. L'Amérique du XXᵉ siècle, qui fut épargnée, a été la continuatrice de la modernité et à l'origine de nombreuses révolutions technologiques et scientifiques : de la production de masse à la marche sur la Lune, en passant par les révolutions de la chimie et de la médecine. Mais elle a aussi connu des années sombres, notamment durant la dépression des années 1930, qui y a pris origine et s'est répandue au reste du monde.

Dans ce mouvement incessant de remise en question et de poursuite de la modernité, les philosophes ont joué un rôle important. Au XXᵉ siècle, plusieurs d'entre eux ont radicalisé les philosophies du « soupçon » de Marx, de Nietzsche et de Freud en élaborant une philosophie que l'on peut qualifier d'antihumaniste. Sartre s'est opposé à ce courant par sa philosophie de l'existence et a tenté de défendre les idéaux de la modernité en proposant de nouveaux fondements à la notion de liberté et de sujet.

En parcourant les événements marquants et les dérives idéologiques de ce siècle « de fer et de feu » que fut le XXᵉ siècle, nous chercherons à mettre en évidence les enjeux du combat que Sartre a mené pour la liberté, tant en philosophie que dans l'arène politique.

5.2.2 Le progrès remis en question

> Le progrès est une idée moderne, donc une idée fausse.
>
> Friedrich Nietzsche[6]

La remise en question du progrès a pris plusieurs visages au XXᵉ siècle. Religieux, tout d'abord. En effet, dès le début du XXᵉ siècle, soit en 1907, le pape Pie X écrivait une

---

5. À plus forte raison, au Québec, il peut sembler inusité de parler d'une remise en question de la modernité. Le Québec n'est devenu un État véritablement moderne jusqu'à partir de la Révolution tranquille, dans les années 1960, et il n'a pas connu ce rejet de la modernité qui s'est produit en Europe. Les intellectuels, syndicalistes et politiciens québécois ont plutôt lutté pour rattraper le retard du Québec et favoriser son entrée dans l'ère moderne avant la fin du siècle.
6. Friedrich Nietzsche, *L'antéchrist*, trad. et présentation par Dominique Tassel, Paris, Union générale d'éditions, 1967, p. 11.

encyclique[7] contre ce qu'il appelait le « modernisme », qui s'introduisait insidieusement dans l'Église. Il y condamnait sans appel tous les intellectuels, philosophes, historiens, prêtres ou théologiens, qui voulaient voir l'Église s'engager dans la voie du progrès. L'Église étant la représentante sur terre de Dieu et de sa Parole, elle ne saurait être ni modifiée ni modernisée.

Dans la crise des démocraties qui secoue les années 1930, Oswald Spengler[8] remet lui aussi en question la notion de progrès qu'il jugeait, tout comme Nietzsche, fausse. Dans son ouvrage marquant *Le déclin de l'Occident*, il montrait que, *du point de vue de la vie*, toute chose connaît un début, une apogée et une fin. Pour lui, les cultures humaines ont toutes connu ce parcours et la culture occidentale n'y échapperait pas. En fait, selon Spengler, elle donnait déjà des signes de déclin :

> Les hommes voyaient devant eux l'histoire comme une grande artère dans laquelle, bravement et toujours *en avant*, défilait *l'humanité* […] Mais vers où cette marche ? Et combien de temps ? Et pour arriver à quoi ? Elle était un peu ridicule, cette marche vers l'infini et à l'infini, vers un but auquel les hommes ne pensaient pas sérieusement […] CAR UN BUT EST UNE FIN. Le développement implique l'accomplissement : toute évolution a un début, et tout accomplissement est une FIN. La jeunesse implique la vieillesse ; la croissance, la décrépitude ; et la vie, la mort[9].

Selon Raymond Aron, un sociologue qui avait été un camarade de classe de Sartre et sera un de ses grands adversaires, la modernité, si elle implique un mouvement et des améliorations constantes, n'implique ni un destin à la Spengler, ni une soumission aux lois de l'histoire, comme le conçoivent les communistes. Il formule l'hypothèse selon laquelle le progrès serait un processus de « destruction créatrice[10] », éliminant tout ce qui est inefficace afin de produire une croissance soutenue. Aron croit impossible d'assurer l'égalité de tous sous tous les rapports et en tout temps : « Il ne se peut pas que *tous* les individus connaissent les circonstances *les plus favorables*. Assurer l'épanouissement des virtualités de tous est et restera un idéal inaccessible[11]. » Sa critique en est aussi une de l'égalitarisme.

La crise du capitalisme : la grande dépression de 1929-1939

Comme nous le disions plus haut, le territoire nord-américain fut épargné par les grandes guerres du XXe siècle, ce qui permit à l'économie de progresser. L'aide que les États-Unis fournirent aux Alliés de la Première Guerre mondiale, et même à l'Allemagne après sa défaite, donna un élan à l'économie américaine. Mais, comme l'avait prévu Marx, la surproduction, alliée à des salaires qui ne permettaient pas aux ouvriers d'acheter la marchandise, allait conduire à un effondrement brutal de l'économie (**figure 5.1**).

---

7. *Pascendi Dominici Gregis*, encyclique du pape Pie X.
8. Oswald Spengler, intellectuel allemand (1880-1936), était proche de la révolution conservatrice, mais s'opposait aux nazis sur leur antisémitisme. Dans *Le déclin de l'Occident* (1917), il propose une division de l'histoire humaine en périodes et s'oppose à l'idée de progrès continu.
9. *Id.*, *L'homme et la technique*, trad. par Anatole Petrowsky, Paris, Gallimard, 1958, p. 48.
10. C'est un concept que Aron emprunte à l'économiste conservateur Joseph Schumpeter, dans son livre *Capitalisme, socialisme et démocratie*, publié en 1942.
11. Raymond Aron, *Les désillusions du progrès. Essai sur la dialectique de la modernité*, Paris, Calmann-Lévy, 1969, p. 151.

Figure 5.1 La crise du capitalisme aux États-Unis : des chômeurs à la soupe populaire.

L'intervention de l'État dans l'économie étant contraire au dogme du libéralisme, ses défenseurs ne firent rien pour empêcher la mise à pied de millions de travailleurs qui allaient s'ajouter aux chômeurs et aux fermiers ruinés errant sur les routes de l'Amérique à la recherche d'un travail. Cette situation contradictoire entre surproduction et sous-consommation allait connaître son dénouement le jeudi 24 octobre 1929 baptisé « Jeudi noir ». En Allemagne, la crise connaîtra des rebondissements politiques. La déstabilisation économique liée à l'humiliation nationale de la défaite de 1914-1918 va propulser au pouvoir le parti national-socialiste.

La chute des démocraties

L'incapacité des démocraties libérales à résoudre les crises du capitalisme va progressivement provoquer leur chute, et ce, aux deux extrémités du spectre politique : à l'extrême gauche, par la Révolution bolchevique de 1917 et son extension aux pays d'Europe de l'Est après 1945 ; à l'extrême droite, par l'instauration de dictatures fascistes ou de régimes autoritaires dans les pays d'Europe de l'Ouest.

C'est d'abord en Italie, sous la gouverne de Mussolini en 1925, que s'instaure, avec l'appui de l'Église catholique et des grands capitalistes, la première dictature fasciste en Europe. C'est le début d'une véritable contagion. En 1933, le fascisme a atteint le Portugal et l'Allemagne, qui élit Adolf Hitler et tombe sous la dictature nazie. Cette barbarie raciste, nationaliste et fasciste cherche à soumettre entièrement l'individu à l'État, le peuple au dirigeant suprême (le *Führer*), et l'Europe entière à l'Allemagne (**figure 5.2**). La victoire électorale de Hitler est l'aboutissement d'une révolution conservatrice allemande qui remet totalement en cause le projet de la modernité tel que nous l'avons décrit. Elle se fait contre la liberté individuelle et pour la soumission au chef, contre l'égalité de tous et pour la domination du plus fort, et pour le retour à la communauté fondée autour de l'appartenance à la terre natale, contre l'ouverture à l'autre.

En 1936, l'Espagne connaît la guerre civile, un conflit qui va faire des centaines de milliers de morts avant que Francisco Franco n'établisse lui aussi sa dictature fasciste nationale et catholique. À la veille de la Deuxième Guerre mondiale, il n'y a plus que neuf États démocratiques sur les vingt-quatre que compte l'Europe (**figure 5.3**).

La bataille pour la liberté est loin d'être gagnée; en fait, il faut même se battre pour conserver les acquis. Pour les individus, il est difficile de *se sentir libres* dans un monde en si grand désarroi.

Les guerres mondiales

Le XXe siècle fut un siècle de progrès techniques et scientifiques comme nul autre avant lui. Qu'on pense seulement aux théories d'Einstein, à la découverte de l'ADN et de l'insuline, et à la conquête de l'espace. La liste pourrait s'allonger sur de nombreuses pages. D'autre part, la violence qui se répandit sur la planète jeta une ombre sur ces progrès. L'Europe, en particulier, est partagée entre l'espoir que suscitent les progrès sociaux, scientifiques et techniques et les désillusions engendrées par les nombreuses guerres et révolutions. Du début de la Première Guerre mondiale, en 1914, à la fin de celle de Bosnie, en 1995, les guerres n'ont cessé d'ensanglanter l'Europe. Elles ont fait des millions de morts et causé d'incalculables pertes matérielles. Deux données saisissantes permettent de l'illustrer. Pour la seule année 1915, on a dénombré 600 000 jeunes gens tués dans la boucherie des tranchées divisant la France et l'Allemagne[12]. Quant à la Deuxième Guerre mondiale, des estimations en arrivent à environ 62 *millions* de morts.

Figure 5.2 « Un peuple, un Reich, un chef. »

La découverte de l'ampleur du programme d'extermination réalisé par les nazis durant la Deuxième Guerre provoqua une consternation universelle. C'étaient des millions de Juifs et de Tziganes qui avaient été victimes de cet holocauste. Les Européens étaient forcés de s'interroger sur la profondeur du progrès accompli depuis deux siècles sur leur continent. Ainsi, le philosophe Theodor Adorno observe que *le Progrès semble cheminer main dans la main avec la Destruction*, car c'est avec les techniques modernes qu'on a éliminé six millions d'innocents, allant jusqu'à les transformer en produits commercialisables. Ernst Jünger, un penseur allemand d'extrême droite, avait annoncé dans son essai de 1930 intitulé *La mobilisation totale* que la violence guerrière était en train de prendre un tour inédit. Cette *mobilisation totale* enrôlant les populations civiles et l'économie entière des pays dans l'effort de guerre allait, selon lui, mener à la militarisation de la planète entière.

Aux États-Unis, le projet Manhattan, qui mena à la fabrication de la bombe atomique et à son largage sur des populations civiles, semble témoigner d'une indifférence similaire. Il s'agit d'un projet gigantesque qui mobilisa par la suite quelque 140 000 personnes, dont quelques-uns des plus grands physiciens de l'époque.

---

12. Jean-Claude Guillebaud, *La refondation du monde*, Paris, Seuil, 1999, p. 41.

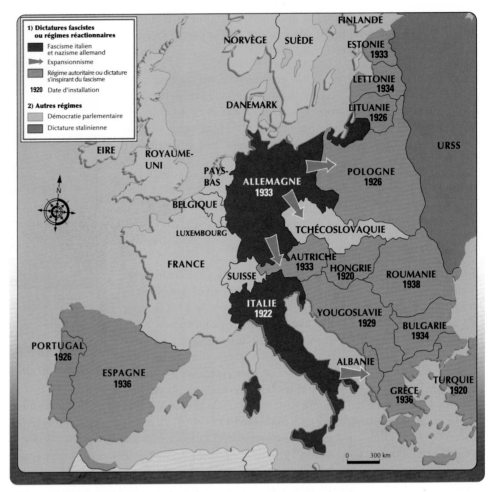

Figure 5.3 Le déclin de la démocratie en Europe dans l'entre-deux-guerres.

Le largage par les Alliés de deux bombes atomiques au Japon et le développement d'un gigantesque armement nucléaire durant la guerre froide ont contribué à miner l'espoir de l'humanité dans un progrès continu. La question se posait de savoir si on ne progressait pas plutôt vers la destruction de l'humanité. C'est déjà ce que se demandait l'écrivain et philosophe Albert Camus au surlendemain de la destruction d'Hiroshima (**figure 5.4**) :

> Nous nous résumerons en une phrase : la civilisation mécanique vient de parvenir à son dernier degré de sauvagerie. Il va falloir choisir, dans un avenir plus ou moins proche, entre le suicide collectif ou l'utilisation intelligente des conquêtes scientifiques. En attendant, il est permis de penser qu'il y a quelque indécence à célébrer ainsi une découverte, qui se met d'abord au service de la plus formidable rage de destruction dont l'homme ait fait preuve depuis des siècles[13].

Guerre froide, génocides et décolonisation

Une des illustrations de la militarisation des sociétés politiques en temps de paix est celle de la *division du monde en deux camps* durant la guerre froide entre 1945 et 1991. L'Union

---

13. Albert Camus, *Combat*, 8 août 1945.

Figure 5.4 Les ruines d'Hiroshima au lendemain du largage de la bombe atomique.

soviétique devait engouffrer *près de la moitié* de son produit intérieur brut à des fins militaires pour concurrencer les développements technologiques militaires des États-Unis. C'est d'ailleurs une des causes de sa chute. Cette mobilisation de la société soviétique était totale en ce sens que toute critique du régime était aisément interprétée comme une trahison. Certains observateurs de la politique internationale voient dans la *mobilisation* des nations du monde autour des États-Unis après les attentats 11 septembre 2001 une manifestation du même phénomène. George W. Bush avait d'ailleurs averti solennellement ses alliés : « Désormais, vous êtes avec nous ou contre nous. »

Le XXᵉ siècle a connu non seulement la mobilisation de la société civile à des fins militaires et une plus grande indifférence des militaires à l'égard des civils, mais également le perfectionnement du génocide, c'est-à-dire de l'extermination planifiée de peuples ou de populations entières. Les génocides survenus en Turquie, en Allemagne, au Cambodge (**figure 5.5**) et au Rwanda témoignent tous de l'échec de la démocratie au profit d'une planification administrative et d'une exécution systématique et rationnelle.

Dans les années 1960, l'Occident mettait en vitrine les immenses succès de sa technologie. Elle lui assurait, de concert avec ses découvertes scientifiques, une longueur d'avance sur les pays issus de la décolonisation. Les guerres de libération menées par ces nations illustraient le fait que *le* Progrès n'avait pas été *leur* progrès. Dans le livre le plus célèbre de ce mouvement de décolonisation, *Les damnés de la Terre*, Frantz Fanon fait cette condamnation radicale d'un progrès inégalitaire. Sartre écrira en préface :

> Vous savez bien que nous sommes des exploiteurs. Vous savez bien que nous avons pris l'or et les métaux puis le pétrole des « continents neufs » et que nous les avons ramenés dans les vieilles métropoles. [...] La violence coloniale ne se donne pas seulement le but de tenir en respect ces hommes asservis, elle cherche à les déshumaniser. Rien ne sera ménagé pour

Figure 5.5 Le génocide cambodgien.

liquider leurs traditions, pour substituer nos langues aux leurs, pour détruire leur culture sans leur donner la nôtre ; on les abrutira de fatigue. Dénourris, malades, s'ils résistent encore la peur terminera le *job*[14].

5.2.3 La raison remise en question

La raison est l'ennemie la plus acharnée de la pensée.

Martin Heidegger[15]

Les événements que nous avons décrits comme les plus marquants du XXᵉ siècle ont remis en question la notion d'un progrès *nécessaire* et *linéaire* de l'histoire humaine. Cette longue série de chutes et de rechutes dans la violence, la haine et la guerre amenèrent les philosophes du XXᵉ siècle à s'interroger sur le concept de raison mis de l'avant par la modernité depuis les Lumières, à savoir une *faculté d'émancipation de l'humanité*.

L'École de Francfort et la rationalité «instrumentale»

L'École de Francfort regroupait des philosophes, des psychanalystes, des sociologues, des écrivains réunis autour de l'Institut de recherche sociale fondé en 1923, dont beaucoup étaient juifs. L'arrivée au pouvoir des nazis en força un grand nombre à l'exil. Ils

---

14. Jean-Paul Sartre, dans Frantz Fanon, *Les damnés de la Terre*, Paris, Maspero, 1961.
15. Martin Heidegger, *Chemins qui ne mènent nulle part*, trad. par W. Brokmeier, Paris, Gallimard, 1962, p. 219.

élaborèrent une «théorie critique» selon laquelle la raison, dans les sociétés capitalistes modernes, est devenue instrumentale, c'est-à-dire soumise uniquement aux impératifs de l'efficacité socioéconomique. Cette rationalité était invoquée pour rejeter tout ce qui n'était pas utile à la société. Selon les tenants de cette théorie, la raison n'était plus cette instance critique invoquée pour dénoncer des injustices existant dans la société capitaliste. Elle était utilisée au contraire pour camoufler l'oppression qui y est toujours présente. Cette raison «instrumentale» ne portait que sur les moyens et se désintéressait de la réflexion sur les fins. On dit souvent, dans ce sens, que ce qui *peut* être fait *sera* fait. La technique et la science ressembleraient donc de plus en plus à des idéologies qui aident à maintenir en place une démocratie déclinante. Finalement, les tenants de cette école font valoir que le projet même de constituer un monde rationnel en devenant «maîtres et possesseurs de la nature», tel que l'ont voulu Bacon, Descartes et Galilée, est en soi un projet de domination qui instrumentalise les êtres vivants. Le savant dans son laboratoire n'est-il pas la parfaite réalisation de cette conception de la raison comme outil de domination?

Adorno l'illustre ainsi:

> L'homme possède la raison qui progresse impitoyablement; l'animal qu'il utilise pour aboutir à ses conclusions irrévocables n'a que la terreur déraisonnable, l'instinct de la fuite qui lui est interdite. L'absence de raison n'a pas de mots pour s'exprimer. Durant les guerres, en temps de paix, dans l'arène et à l'abattoir, les créatures privées de raison ont eu à subir la raison[16].

Oswald Spengler: la raison comme essence de l'«homme de proie»

Pour Spengler, penseur allemand d'extrême droite, il est normal et même nécessaire que la rationalité soit un projet de domination technique. Selon lui, la technique n'a rien à voir avec la fabrication de machines. Il s'agit plutôt d'une «tactique vitale» de chaque animal, c'est-à-dire de la manière dont il assure sa survie:

> [...] et qui décide de l'histoire de cette vie et détermine si son destin est de subir l'histoire des autres ou de se réaliser soi-même[17].

L'homme serait, par sa tactique vitale, un prédateur supérieur dont la main, façonnée pour devenir un outil lui permettant de tuer ses proies, est associée naturellement à son cerveau, qui permet le langage, le calcul et la prévision. La culture occidentale est celle qui a poussé le plus loin cette «volonté de puissance» par la planétarisation de la technique, si loin qu'elle semble même en train d'entrer en contradiction avec son but:

> La mécanisation du monde est entrée dans une phase d'hypertension périlleuse à l'extrême. *Toutes les choses vivantes agonisent dans l'étau de l'organisation. Un monde artificiel pénètre le monde naturel et l'empoisonne. La civilisation est elle-même devenue une machine [...]. Par sa multiplication et son raffinement toujours plus poussés, la machine finit par aller à l'encontre du but proposé.* Dans les grandes agglomérations urbaines, l'automobile, par sa prolifération même, a réduit sa propre valeur: l'on se déplace plus rapidement à pied. Nous ne pouvons regarder une cascade sans la transformer mentalement en énergie électrique[18].

16. Theodor Adorno et Max Horkheimer, *La dialectique de la raison*, trad. par Éliane Kaufholz, Paris, Gallimard, 1974, p. 268.
17. Oswald Spengler, *op. cit.*, p. 43.
18. *Ibid.*, p. 161-162. C'est nous qui soulignons.

Martin Heidegger et l'«arraisonnement» de la nature

Dans la même veine d'analyse de la domination par la raison instrumentale dont il voit la forme «achevée» dans ce qu'il nomme le «déchaînement de la technique», Martin Heidegger écrit:

> La Russie et l'Amérique sont toutes deux […] la même chose; *la même frénésie sinistre de la technique déchaînée et l'organisation sans racines de l'homme normalisé*[19].

Il se demande s'il faut encore espérer voir la fin de cette domination:

> […] car l'obscurcissement du monde, la fuite des dieux, la destruction de la Terre, la grégarisation de l'homme, tout cela a déjà atteint […] de telles proportions que des catégories aussi enfantines que pessimisme ou optimisme sont depuis longtemps devenues ridicules.

Pour lui, ce que dévoile l'essence de la technique moderne, c'est la présence d'une *volonté*: celle de mettre la nature au service de l'homme et de l'exploiter comme un fonds de réserve (**figure 5.6**). Pour la technique qui réalise ainsi l'ambition moderne de la domination rationnelle du monde:

> […] la nature est une réserve de bois, la montagne une carrière de pierres, la rivière une force hydraulique […][20].

Figure 5.6 L'«arraisonnement» de la nature: la forêt est une réserve de bois.

---

19. Martin Heidegger, *Introduction à la métaphysique*, trad. par Gilbert Kahn, Paris, Gallimard, 1977, p. 46. C'est nous qui soulignons.
20. *Ibid.*, p. 47.

Cet «arraisonnement» de la nature conduit l'homme, dit-il, à forcer les fleuves comme le Rhin à «livrer sa pression hydraulique»; en d'autres mots, la technique moderne force la nature à exister sous le mode de la rationalité industrielle. Ces discours sur l'évolution de la rationalité moderne en tant que volonté technique et domination de la nature ont, de façon surprenante, été écrits entre 1925 et 1935. Ils préfigurent ce qu'on nomme aujourd'hui la «conscience écologique».

5.2.4 Le sujet remis en question : l'antihumanisme

À mesure que nous en savons plus sur les effets de l'environnement, nous avons moins de raisons d'attribuer quelque part du comportement humain à un agent autonome.

Burrhus Frederic Skinner[21]

Ces remises en question de la liberté politique, de la croyance au progrès et de la capacité de la raison à assurer l'harmonie, la paix et le bonheur de l'humanité entraînent aussi une remise en question de l'autonomie du sujet. Elle se réalise dans une réaction philosophique qui a pris le nom d'antihumanisme.

Pour caractériser cet antihumanisme, il faut d'abord préciser deux sens de l'humanisme. En un premier sens, l'humanisme est cette affirmation historique de l'humanité, que nous avons présentée au premier chapitre, qui survient lorsque l'homme de la Renaissance se redécouvre dans son corps et dans sa «dignité». Un courant de l'humanisme s'ouvre alors avec Pic de la Mirandole (1533) qui fait de l'homme la créature la plus spéciale, non parce qu'il serait l'être le plus comblé de la Création, mais justement parce qu'il en est *le plus démuni*. Il est celui qui, n'ayant pas de nature propre, doit se produire lui-même, être sujet de lui-même, être l'agent de son autocréation. Comme nous l'avons vu au chapitre 3, Rousseau fonda cet humanisme sur la capacité de l'être humain à *résister* aux lois naturelles et sur celle à *se déterminer* par des lois universelles.

La nature seule fait tout dans les opérations de la bête, au lieu que l'homme concourt aux siennes en qualité d'agent libre. L'une choisit ou rejette par instinct et l'autre par un acte de liberté[22].

Dans cette optique, l'humanité de l'homme, c'est sa liberté et non sa supposée supériorité. Évidemment, c'est de ce courant que se réclamera Jean-Paul Sartre dans sa célèbre conférence intitulée *L'existentialisme est un humanisme*. Poussant plus loin que Pic de la Mirandole la logique du dénuement de l'homme, Sartre le conçoit comme un être délaissé, même de Dieu.

Un deuxième sens du concept d'humanisme, qu'on trouve dans la culture moderne (chapitre 2) et qui procède des pensées de Bacon et de Descartes, c'est celui d'*un projet de domination* de la nature à partir de la pensée rationnelle et de l'expérimentation scientifique.

En France, la philosophie du XXe siècle a elle-même largement contribué à promouvoir l'«antihumanisme». Inspirés de ceux que nous avons appelés au chapitre précédent les penseurs du soupçon, Marx, Nietzsche et Freud, la philosophie française de la deuxième moitié du XXe siècle a été résolument antihumaniste. Pour Michel Foucault,

21. Burrhus Frederic Skinner, *Par delà la liberté et la dignité*, trad. par Anne-Marie et Marc Richelle, Paris, Robert Laffont, 1971, p. 125.
22. Jean-Jacques Rousseau, *Discours sur l'origine de l'inégalité parmi les hommes*, Paris, Gallimard, 1965, p. 57.

par exemple, la philosophie doit questionner l'humanisme moderne en inversant ses présupposés : le sujet autonome de la modernité n'est pas celui qui constitue le savoir, le pouvoir ou la morale, mais bien celui qui *est constitué par eux* :

> Comment sommes-nous constitués comme sujets de notre savoir ? Comment sommes-nous constitués comme sujets qui exercent ou subissent des relations de pouvoir ? Comment nous sommes-nous constitués comme sujets moraux de nos actions[23] ?

Pas étonnant qu'il prononce ce mot qui fit scandale et le rendit célèbre : « [...] l'homme est une invention dont l'archéologie de notre pensée montre aisément la date récente. Et peut-être la fin prochaine[24]. »

5.2.5 Un courant philosophique majeur : l'existentialisme

Le cataclysme effroyable de la guerre mondiale, avec les horreurs sans nom qu'il a comportées, le climat d'insécurité foncière dans lequel l'humanité a vécu, le sentiment d'une sorte d'écroulement de toutes les valeurs jusque-là respectées, l'angoisse qui a étreint les cœurs pendant quelques-unes des années les plus sombres que le monde ait connues, tout cela a contribué puissamment à détacher l'homme des spéculations abstraites. Les doctrines de Camus, l'existentialisme de Heidegger et de Sartre aussi, pour une bonne part, relèvent de ce courant d'**absurdisme**. Toutes, en tout cas, font une part considérable à l'angoisse et au désespoir, qui, à la fois, portent la marque d'une époque tourmentée et ont *le privilège de rappeler l'homme à la subjectivité*.

Régis Jolivet[25]

Absurdisme : Courant philosophique qui affirme le caractère absurde du monde et de la vie.

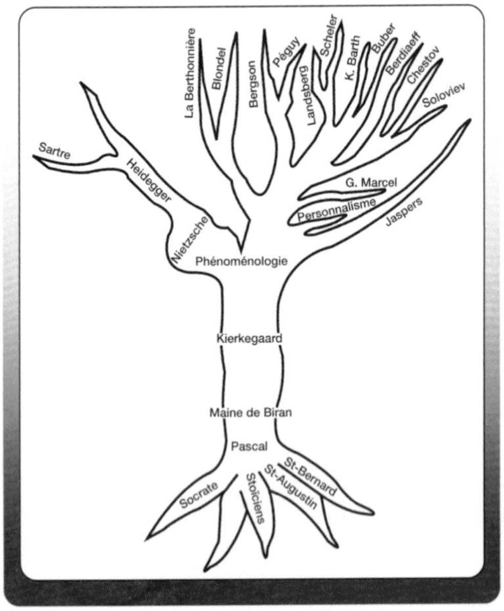

Figure 5.7 L'arbre existentialiste, d'après Emmanuel Mounier[26].

Un courant prolifique

De tous les courants philosophiques que nous avons présentés, l'existentialisme est sans aucun doute celui qui, en raison des aléas de son évolution, mérite le mieux l'appellation de « courant » (**figure 5.7**). Certains le font remonter jusqu'à l'Antiquité grecque ; d'autres, au XIXe siècle seulement. D'autres ont refusé de s'identifier à ce courant par une volonté de se distancier de la mode qui avait cours dans les cafés parisiens autour des véritables « stars » de la philosophie que furent Jean-Paul Sartre et Simone de Beauvoir. Si une branche de ce courant repose sur la croyance religieuse, l'autre trouve son point de départ dans l'athéisme. Une dernière difficulté vient de ce que ce courant se prête plus à l'écriture romanesque ou théâtrale, les thèses existentialistes s'étant développées autant sinon plus en littérature ou au théâtre qu'en philosophie. Pour le caractériser, on pourrait toujours, pour commencer, faire comme Emmanuel Mounier, et définir l'existentialisme par ce à quoi il s'oppose : « En termes très généraux, on pourrait caractériser cette pensée comme une réaction de la philosophie de l'homme contre l'excès de la philosophie des idées et de la philosophie des choses[27]. »

---

23. Michel Foucault, cours inédit (« Qu'est-ce que les Lumières ? »), dans *Le Magazine littéraire*, no 309, avril 1993, p. 73.
24. *Id.*, *Les mots et les choses*, Paris, Galimard, 1966, p. 398.
25. Régis Jolivet, *Les doctrines existentialistes*, Paris, Éd. de Fontenelle, 1948, p. 28-29.
26. Emmanuel Mounier, *Introduction aux existentialismes*, Paris, Gallimard, 1962, p. 12.
27. *Ibid.*, p. 9.

Ces *philosophies des idées ou des choses* sont celles qui tentent *d'expliquer l'homme* par des abstractions, des généralités ; pour utiliser un terme philosophique, nous dirons qu'elles sont essentialistes : elles veulent expliquer l'homme comme la science le fait dans son explication des choses. Or, l'opposition de l'existentialisme à ces philosophies vient justement du fait qu'il considère que *l'existence de l'individu humain est unique et ne saurait être « expliquée » comme une chose*. Voilà, au moins, un premier trait qui serait caractéristique à tous les penseurs du courant existentialiste.

Une rupture historique : la mort de Dieu

C'est au milieu du XIXe siècle que se sont fixés les paramètres plus précis du courant existentialiste et que s'est produite la grande scission qui devait orienter son développement. Le penseur danois Sören Kierkegaard (1813-1855) a contribué à donner ses fondements à la branche chrétienne de l'existentialisme, alors que Friedrich Nietzsche (1844-1900) a contribué à en élaborer une compréhension athée en annonçant la mort de Dieu.

Sören Kierkegaard

À l'écart des grands centres philosophiques, au Danemark, Sören Kierkegaard (**figure 5.8**) a remis en question la valeur des grands systèmes du XIXe siècle. Pour le père de l'existentialisme chrétien, la vie d'un individu fait intervenir un esprit ou une subjectivité qui fait de chacun de nous un être unique ou « existant ». Ainsi, l'existant humain ne fait pas simplement être comme une chose ou comme le serait un animal sélectionné pour ses qualités ; il est une réalité ouverte, inachevée. Devant la série des possibles qui s'ouvrent devant lui, il a à décider seul de ce qu'il sera et, de ce fait, il est saisi par l'angoisse. « L'angoisse est le possible de la liberté[28] » affirme Kierkegaard. Ce déchirement entre son existence finie et sa mort d'un côté et les possibilités infinies qui sont les siennes pousse l'individu de l'angoisse au désespoir. Il ne peut s'en délivrer que par un saut dans la foi religieuse. Pour Kierkegaard, Jésus-Christ est, dans sa personne vivante, l'union du fini et de l'infini, celui qui résout la contradiction qui habite tout être humain. Le sens de l'existence humaine repose donc, pour l'individu, dans la totale liberté et l'absolue responsabilité d'accepter ou de refuser le salut que lui offre le christianisme.

Figure 5.8 Sören Kierkegaard (1813-1855).

Friedrich Nietzsche

L'analyse de la mort de Dieu par Friedrich Nietzsche supprime la dimension religieuse de l'angoisse existentielle, telle que l'avait thématisée Kierkegaard, mais elle ne dissout pas toute forme d'angoisse pour autant.

> Dieu est mort ! Dieu reste mort ! Et c'est nous qui l'avons tué ! Ce que le monde a possédé de plus sacré et de plus puissant jusqu'à ce jour a saigné sous notre couteau ; qui nous nettoiera de ce sang[29] ?

---

28. Sören Kierkegaard, *Le concept de l'angoisse*, trad. par Knud Ferlov et Jean-J. Gateau, Paris, Gallimard, coll. Idées, 1969, p. 160.
29. Friedrich Nietzsche, *Le gai savoir*, trad. par Alexandre Vialatte, Paris, Gallimard, 1950, p. 170.

Si Dieu n'est plus la source absolue des valeurs, il revient à l'être humain d'en être le créateur, de devenir en quelque sorte lui-même Dieu. À la même époque, le romancier russe Dostoïevski (1821-1881) fait dire à un de ses personnages, dans son célèbre roman *Les frères Karamazov* : « Si Dieu n'existe pas, tout est permis. » Sartre, reprenant la formule à son compte, donnera à la mort de Dieu la valeur d'un fondement : « Dostoïevski avait écrit : "Si Dieu n'existait pas, tout serait permis." C'est là le point de départ de l'existentialisme[30]. »

Après avoir parcouru rapidement quelques moments de son histoire, on pourrait convenir avec Jolivet que le courant existentialiste consiste en « l'ensemble des doctrines d'après lesquelles la philosophie a pour objet la description et l'analyse de l'existence concrète, considérée comme l'acte d'une liberté qui se constitue et n'a d'autre genèse ou d'autre fondement que cette affirmation de soi[31] ».

5.3 LE DÉBAT : LA LIBERTÉ SARTRIENNE ET LE DÉTERMINISME EN SCIENCE

5.3.1 Jean-Paul Sartre : à la recherche d'une liberté totale

> Je suis condamné à être libre. Cela signifie qu'on ne saurait trouver à ma liberté d'autres limites qu'elle-même ou, si l'on préfère, que nous ne sommes pas libres de cesser d'être libres.
>
> Jean-Paul Sartre[32]

Tout au long de sa vie et de son œuvre, Sartre a cherché à démontrer qu'en toutes circonstances et en tous lieux, la liberté de l'être humain est totale. Que ce soit par rapport au monde des choses qui nous entourent, y compris notre corps, ou des rapports humains qui à ses yeux échappent à tout déterminisme, même s'ils comportent une certaine aliénation. Les critiques fusent de toutes parts. Les marxistes lui reprochent d'ignorer les conditions collectives de la liberté. Les tenants de la psychanalyse lui reprochent son rejet de la notion d'un inconscient. Les chrétiens lui reprochent de présenter un monde sans Dieu, donc absurde, et de figer l'existence humaine et le destin de l'humanité dans une attitude défaitiste. En guise de réponse à toutes ces critiques, Sartre tentera de construire une philosophie de la conscience qui permette à tout individu de faire de son existence un projet dont le sens ne relèvera que de lui-même.

La conception du monde de Sartre

L'en-soi ou le plein de l'être

Le point de départ de la philosophie de Jean-Paul Sartre n'est pas la nature ou le monde en général, mais plutôt, comme Descartes, la conscience. Pour la conscience, le monde apparaît donc comme opaque et la plus simple description qu'on puisse en faire consiste à dire que « ça existe ». Les choses sont là hors de nous, sans signification. Par

---

30. Jean-Paul Sartre, *L'existentialisme est un humanisme, op. cit.*, p. 39. C'est nous qui soulignons.
31. Régis Jolivet, *op. cit.*, p. 28-29.
32. Jean-Paul Sartre, *L'être et le néant*, Paris, Gallimard, 1943, p. 494.

Portrait de Jean-Paul Sartre
(1905-1980)

Jean-Paul Sartre naît en 1905 dans une famille aisée de Paris. Comme son père meurt tout juste après sa naissance, il est élevé par son grand-père Schweitzer et sa mère. C'est à contrecœur que Sartre quitte un milieu choyé pour une ville de province. En 1921, la famille revient à Paris afin de lui assurer une éducation dans les meilleures écoles. Il y fut un étudiant brillant, mais surtout renommé pour ses «bouffonneries» et son antiautoritarisme. Sartre se voit refusé à sa première tentative pour passer le concours terminal de philosophie en 1928. Pour celui qui sera considéré comme «le» philosophe français du siècle, quel début retentissant! Toujours est-il que Sartre non seulement réussit l'année suivante, mais se classe premier. Celle qui termine deuxième, et dont il fait la connaissance cette année-là, se nomme Simone de Beauvoir (**figure 5.9**). Elle sera la compagne de toute sa vie, une adepte à la fois fidèle et originale de sa philosophie. En appliquant les principes de la philosophie sartrienne à la condition des femmes par son célèbre: «On ne naît pas femme, on le devient […][33]», elle sera une des figures phares du mouvement féministe du XXe siècle.

De 1931 à 1937, Sartre est professeur. L'année 1933 est cruciale pour son avenir: il est titulaire d'une bourse et part à l'Institut français de Berlin étudier la philosophie allemande.

Entre 1937 et 1939, il publie deux textes qui le rendront célèbre: un recueil de nouvelles, *Le mur*, et un roman, *La nausée*. Il publie également deux essais de philosophie, *L'imaginaire* et *La transcendance de l'ego*. En 1940, il est fait prisonnier. Libéré dès 1941 grâce à de faux papiers qui le déclarent malade, il se retrouve dans une France occupée par l'armée allemande et dont une partie entière collabore avec l'occupant; il fonde un groupe de «résistants intellectuels», écrit dans le journal *Combat* édité par Camus et rédige une pièce de théâtre condamnant la collaboration: *Les mouches*. Il finit de rédiger en 1943 son maître livre sur la liberté: *L'être et le néant*.

Avec la fin de la guerre et le retour de la démocratie, sa philosophie de la liberté prend l'allure d'une mode. Sartre et Simone deviennent les vedettes d'une vague que les médias nomment l'existentialisme. Passant le plus clair de leur temps dans les cafés, entourés d'admirateurs, le couple libre qu'il forme avec Simone donne le ton à une nouvelle manière de vivre, individualiste, anarchiste, critique de la société. Sartre fonde en 1945 une revue, *Les temps modernes*. La même année, il donne une conférence qui suscite un grand intérêt du public, intitulée *L'existentialisme est un humanisme*.

Cette «sortie de placard» philosophique va marquer le début d'un engagement de plus en plus radical. À partir de ce moment, comme il le dit lui-même, sa vie et sa philosophie ne feront plus qu'un. Il va voyager sans arrêt à travers le monde et prêter son nom et sa plume à toute une série de causes tant qu'il jugera qu'elles servent la liberté.

À la mort de Sartre, en 1980, 50 000 personnes suivaient son cercueil en silence dans Paris.

Figure 5.9 Simone de Beauvoir (1908-1986).

Œuvres principales:

- *La transcendance de l'ego* (1937)
- *La nausée* (1938)
- *L'être et le néant* (1943)
- *Huis clos* (1944)
- *L'existentialisme est un humanisme* (1945)
- *Situations (I à X)* (1947 à 1976)
- *Questions de méthode* (1957)
- *Critique de la raison dialectique I et II* (1960 et 1985)

---

33. Simone de Beauvoir, *Le deuxième sexe 1*, Paris, Gallimard, 1949, p. 285.

exemple, un biologiste dira que la salicaire est une plante envahissante, un jardinier dira qu'elle est belle. Ces catégories sont des inventions de la conscience, quant à la plante elle-même elle existe, un point c'est tout ! Dans son premier roman, *La nausée*, Sartre décrit cette découverte de l'existence brute des choses comme une présence envahissante qui s'empare de son personnage et lui donne littéralement envie de vomir :

> J'étais tout à l'heure au jardin public. La racine du marronnier s'enfonçait dans la terre, juste au-dessous de mon banc. Je ne me rappelais plus que c'était une racine. Les mots s'étaient évanouis et, avec eux, la signification des choses, leurs modes d'emploi, les faibles repères que les hommes ont tracés à leur surface. J'étais assis, un peu voûté, la tête basse, seul en face de cette masse noire et noueuse, entièrement brute et qui me faisait peur. Puis j'ai eu cette illumination. Ça m'a coupé le souffle. Jamais, avant ces derniers jours, je n'avais pressenti ce que voulait dire « exister ». [...] Et puis voilà : tout d'un coup, c'était là, c'était clair comme le jour : l'existence s'était soudain dévoilée. Elle avait perdu son allure inoffensive de catégorie abstraite : c'était la pâte même des choses, cette racine était pétrie dans de l'existence. Ou plutôt la racine, les grilles du jardin, le banc, le gazon rare de la pelouse, tout ça s'était évanoui : la diversité des choses, leur individualité n'était qu'une apparence, un vernis. Ce vernis avait fondu, il restait des masses monstrueuses et molles, en désordre – nues, d'une effrayante et obscène nudité[34].

Si les choses existent sans raison, si toutes les classifications humaines ne font pas partie de leur existence, alors, qu'est-ce qu'exister ? Exister, c'est être là, simplement ! Cette saisie directe du monde permet de dire que l'être est en soi, ou ce qui est équivalent, que l'être est ce qu'il est. Sur la base de cette constatation, Sartre élabore le concept de contingence :

> *L'essentiel c'est la contingence. Je veux dire que, par définition, l'existence n'est pas la nécessité. Exister, c'est être là, simplement*; les existants apparaissent, se laissent rencontrer, mais on ne peut jamais les déduire. Il y a des gens, je crois, qui ont compris ça. Seulement, ils ont essayé de surmonter cette contingence en inventant un être nécessaire et cause de soi. Or, aucun être nécessaire ne peut expliquer l'existence : la contingence n'est pas un faux-semblant, une apparence qu'on peut dissiper ; c'est l'absolu, par conséquent la gratuité parfaite. Tout est gratuit, ce jardin, cette ville et moi-même[35].

Ce qui se découvre dans l'expérience traumatisante de la « nausée », c'est l'évidence que la conscience n'est pas une chose comme les autres choses. Que dire alors de cette conscience qui se découvre dans cette « pâte » des choses ? Que c'est un pour-soi : se découvrant comme une ouverture envahie par le monde. De trop dans le monde des choses, elle se saisit elle-même, elle est « pour soi ».

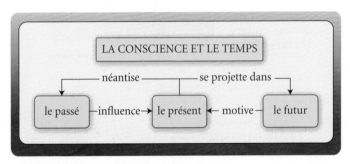

Figure 5.10 La conscience et le temps.

Le pour-soi ou le manque d'être

En face de ce monde plein des choses, apparaît donc la conscience, qui, à tout moment, grâce à sa capacité de nier, peut s'arracher à elle-même et au monde, reconsidérer son passé ou se projeter dans l'avenir (**figure 5.10**).

Toujours ouverte aux trois dimensions du temps, la conscience permet à l'être humain une redéfinition constante (**figure 5.11**). À cause de

---

34. Jean-Paul Sartre, *La nausée*, Paris, Gallimard, 1938, p. 179-180.
35. *Ibid.* C'est nous qui soulignons.

cela, je ne peux jamais dire «je suis» comme je dirais cette table est. Je suis un être tel «qu'il est ce qu'il n'est pas et qu'il n'est pas ce qu'il est[36]».

La conception de l'être humain de Sartre

L'existant humain : une réalité singulière et ouverte

Prenons quelques exemples de la vie courante pour nous aider à comprendre ce caractère ouvert de la réalité humaine selon l'existentialisme sartrien.

Considérons la publicité destinée à la clientèle vieillissante, anxieuse de demeurer jeune, d'un club de conditionnement physique : «Osez être ce que vous êtes». Ou bien, la réaction d'une étudiante, Sabine, qui est mécontente du résultat d'un examen et affirme : «Ça ne sert à rien de faire des efforts, j'ai toujours été poche.» Ces deux situations peuvent effectivement nous aider à comprendre par l'absurde la philosophie de la liberté de Jean-Paul Sartre. Pour Sartre, au niveau **ontologique**, nous ne sommes jamais ce que nous sommes ; par définition, l'être humain ne coïncide jamais avec lui-même.

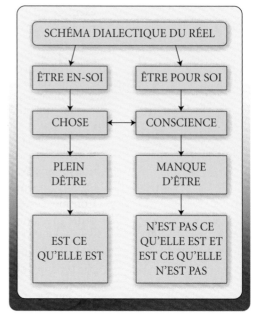

Figure 5.11 Schéma dialectique du réel.

Bien qu'elle puisse être déroutante au premier abord, cette définition de l'être humain est celle qui, hors de tout discours savant, colle le mieux à notre réalité quotidienne. Sartre affirme que sa conception de l'être humain est définie en fonction de la réalité concrète et non, comme l'ont fait l'ensemble des philosophies et des religions, en fonction d'une essence abstraite. Il soutient aussi que la réalisation de soi de chaque être humain est une possibilité toujours ouverte, un mode d'être qui n'est pas décidé d'avance, mais dont l'existence précède l'essence.

Ontologique : Qui se rapporte à l'ontologie. *Ontologie :* Mot formé du grec *ontos* (être) et *logos* (discours) ; étude de l'être en tant qu'être.

Contrairement à un objet ou à une plante, l'existence humaine est susceptible de se redéfinir à tout instant. C'est en tenant compte de cette réalité fondamentale qu'il semble possible à Sartre d'avancer cette différence spécifique de l'existence humaine :

> [...] il y a au moins un être chez qui l'existence précède l'essence, un être qui existe avant de pouvoir être défini et cet être c'est l'homme ou comme le dit Heidegger, la réalité humaine [...]. Cela signifie que l'homme existe d'abord, se rencontre, surgit dans le monde, et qu'il se définit après[37].

L'essence de l'individu humain, ou sa définition, sera celle qu'il aura été quand il sera mort, pas avant.

Des obstacles à une existence ouverte : l'idée de Dieu et le déterminisme

Selon Sartre, l'existence de Dieu, ou le concept de la divinité, est le principal obstacle que l'homme rencontre dans l'affirmation de la liberté. En effet, la représentation qui est faite de Dieu dans nos religions monothéistes est celle d'un artisan qui nous a façonnés à son image. S'il est vrai que nous avons été ainsi créés, Dieu serait notre concepteur, comme ce qu'est l'ingénieur-inventeur par rapport avec sa création, par

---

36. Jean-Paul Sartre, *L'être et le néant, op. cit.*, p. 117.
37. *Id., L'existentialisme est un humanisme, op. cit.*, p. 29.

exemple une turbine, ou, pour reprendre l'exemple de Sartre, l'artisan-inventeur par rapport à son coupe-papier. Nous ne serions qu'un objet manufacturé et donc non libre :

> Lorsque nous concevons un Dieu créateur, ce Dieu est assimilé la plupart du temps à un artisan supérieur [...]. Ainsi le concept d'homme dans l'esprit de Dieu est assimilable au concept de coupe-papier dans l'esprit de l'industriel ; et Dieu produit l'homme suivant des techniques et une conception, exactement comme l'artisan fabrique un coupe-papier selon une définition et une technique[38].

Une deuxième objection à cette idée d'une liberté totale est rattachée à la conception de l'être humain comme chose naturelle ou « objet ». C'est une conception que nous avons examinée au chapitre précédent dans l'étude de Marx et de Freud. Elle est encore influente aujourd'hui en science, comme nous le verrons dans la section qui suit. Comme c'est le cas pour la pensée religieuse, cette conception place le sujet dans un ordre préétabli, à cette différence près qu'il provient de la nature, non pas de Dieu. Le sujet est l'effet de multiples causes : c'est un animal produit par l'évolution, l'environnement social ou qui est soumis à ses pulsions sexuelles. En fait, il serait aussi déterminé par la nature que l'est une racine. Sartre proteste contre ce déterminisme matérialiste :

> Tout matérialisme a pour effet de traiter tous les hommes, y compris soi-même, comme des objets, c'est-à-dire comme un ensemble de réactions déterminées que rien ne distingue des qualités et des phénomènes qui constituent une table ou une chaise ou une pierre[39].

L'existant humain : un être conscient

Selon Sartre, en traçant de telles limites à notre liberté, on ne tient pas suffisamment compte du fait que l'homme est doté d'une *conscience* qui peut lui permettre de se dégager de la réalité. Sartre disait : de se « désengluer » du réel. Comme la conscience possède ce pouvoir de retour sur soi, il est impossible de ne pas en tenir compte dans l'interprétation de la réalité humaine.

> Notre point de départ est en effet la subjectivité de l'individu [...] Il ne peut pas y avoir, au point de départ, d'autre vérité que celle-ci : je pense, donc je suis, c'est là la vérité absolue de la conscience s'atteignant elle-même[40].

L'existant humain : un être qui peut nier

Dans cette interprétation du phénomène de la conscience, Sartre donne un rôle crucial au pouvoir de dire « ne pas », de refuser, de nier : « L'homme se présente donc comme cet être qui fait éclore le néant dans le monde[41]. » La conscience a la possibilité de « néantiser », de se distancier de soi et des choses. Ce néant au cœur de l'être, ce vide de la conscience, qui peut à tout moment se dégager du réel, c'est précisément la *liberté*.

L'existant humain : un « être-au-monde »

Mais ce dégagement n'est pas une fuite hors du réel, car Sartre pose avec Heidegger que l'existence humaine apparaît comme un être dans le monde qui ne saurait le fuir d'aucune manière, il demeure : « [...] cet être pour lequel il est dans son être question de son être en tant que cet être implique un être autre que lui[42] ».

---

38. *Ibid.*, p. 28.
39. *Ibid.*, p. 58.
40. *Ibid.*, p. 57.
41. Jean-Paul Sartre, *L'être et le néant, op. cit.*, p. 58.
42. *Ibid.*, p. 29.

Si la conscience n'est pas une substance, si elle est pure projection vers…, elle se projette vers un être qui existe hors d'elle, qui *n'est pas* elle. Cet être, c'est le monde des choses (table, arbre, etc.). Comme dans l'expérience de la « nausée », la conscience, ouverture sur le monde, ne saurait apparaître qu'en *relation avec ce monde et ne saurait exister sans lui*. Il arrive à la conscience d'imaginer un monde surnaturel distinct du nôtre, mais Sartre refuse l'existence d'un tel arrière-monde. Étant athée, il le voit comme une fuite. Pour lui, il n'y a pas d'autres mondes que celui-ci, pas de vie éternelle, mais une fin nécessaire dans un temps limité.

L'existant humain : un être de finitude

Une des principales caractéristiques de la réalité humaine selon Heidegger est sa finitude. C'est dans cette conscience de la finitude, qui n'est rien d'autre qu'un rapport envers la mort, que l'être humain s'ouvre à ses possibilités de vie. Cette conscience de la fin implique donc d'une part pour lui une angoisse devant la charge de l'existence qu'il a à réaliser. Mais, d'autre part, c'est aussi en s'ouvrant au fait qu'il est seul à porter la responsabilité de ses choix que se dévoile à lui son entière liberté.

À partir de ces caractéristiques, Sartre a maintenant en main une conception de l'être humain grâce à laquelle il peut construire une théorie de l'être totalement libre. L'être humain serait une subjectivité ou *cogito*, simple intentionnalité sans substance, qui, visant le monde, découvre qu'elle n'est pas ce monde mais qu'elle ne peut exister sans lui. Il porte en lui ce pouvoir de nier qui en fait une liberté (**figure 5.12**).

Figure 5.12 Le *cogito* chez Descartes et chez Sartre.

La conception de la liberté de Sartre

Selon ce schéma, la liberté n'est pas une qualité qui puisse être acquise ou perdue, mais bien l'étoffe même de l'être humain. Nous sommes donc en présence d'un philosophe radical qui rejette toute voie moyenne en ce qui concerne la liberté et qui ose jouer le tout pour le tout : « L'homme ne saurait être tantôt libre et tantôt esclave : il est tout entier et toujours libre ou il ne l'est pas[43]. » Sartre ne se contente pas de l'affirmer, mais cherche à le démontrer.

La liberté comme projet

À cause de la distance que la conscience crée avec elle-même et qui est néant ou liberté, on peut dire avec Sartre que l'être humain se projette lui-même, c'est-à-dire qu'il tente de se réaliser en créant ses possibilités. Ainsi, nous serons ce que nous aurons fait de nous et rien de plus. Mais ce projet n'est pas clos une fois pour toutes. Il est toujours possible de se projeter de nouveau vers d'autres possibilités.

Considérons le cas fictif d'une personne, disons Hélène, qui a toujours eu comme projet d'être engagée socialement, particulièrement auprès des plus démunis. Elle y parvient en travaillant dans un groupe d'aide aux femmes violentées, mais prend conscience qu'elle a besoin d'une compétence reconnue. Elle s'inscrit donc à un programme

---

43. *Ibid.*, p. 495.

universitaire en travail social. Dans les faits, elle réussit tellement bien que ses professeurs lui offrent de poursuivre ses études au doctorat plutôt que de retourner à son ancien emploi. Ainsi, elle aura la possibilité de devenir chercheuse et d'enseigner à l'université. Elle a la possibilité de réitérer son choix de projet ou d'en choisir un nouveau, car il est clair que les deux sont incompatibles. Hélène fait le choix de s'en tenir à son projet initial d'être une intervenante plutôt que de poursuivre des études de doctorat. On peut penser qu'en faisant le choix contraire, elle aurait trahi son projet initial. Mais le projet de devenir une chercheuse faisait autant partie de ses possibles et, pour Sartre, sa liberté était totale, dans un cas comme dans l'autre.

La liberté comme responsabilité

Si mon projet et mes choix ne relèvent que de moi, il est évident que je suis totalement responsable de ce qui m'arrive, puisque je peux toujours choisir ceci que plutôt que cela. Considérons l'exemple suivant. S'il survient une guerre, je peux avoir à choisir entre m'opposer à la guerre, et donc refuser d'y participer, ou accepter la guerre, et y aller. Or, ce choix, je le fais pour moi, mais aussi face aux autres : que je me définisse comme objecteur de conscience ou soldat, j'affirme par mon choix que l'humanité devrait être telle ou telle. Chacun de nous, en inventant l'individu qu'il projette d'être, choisit tout autant l'individu qu'il veut réaliser que l'humanité dans laquelle il veut vivre. C'est de la constatation du *poids* d'une telle responsabilité que naissent à la fois l'angoisse et la tentative de la fuir, c'est-à-dire la mauvaise foi.

Une tentative de fuir la liberté : la mauvaise foi

Si nous sommes totalement responsables de nos choix, comment se fait-il que nous soyons si souvent en train de nous décharger de notre responsabilité en nous excusant sans y croire, en prétendant que ce que nous avons dit n'est pas ce que nous voulions dire, en rejetant la faute sur autrui, etc. Sartre soutient que cette lâcheté surgit précisément devant le poids et l'angoisse qu'implique cette totale responsabilité. C'est ainsi que nous sommes amenés à nous mentir à nous-mêmes en prétextant que nos choix n'en étaient pas.

Thomas, par exemple, avait choisi d'aller à un spectacle la veille au lieu de travailler à sa préparation de cours. Il décide donc de s'absenter du travail plutôt que de donner une mauvaise prestation. Mais il se dit aussi que, de toute façon, avec un groupe aussi faible, rien ne réussit. L'autre jour, malgré une excellente prestation, la moitié de la classe n'avait rien compris ! Même s'il avait bien préparé son cours, les deux filles assises en arrière et qui jasent tout le temps l'auraient empêché de bien le faire. Ce n'aurait pas été de sa faute, si son cours avait été mauvais. Il finit par se convaincre à force de *se* mentir, car dans la mauvaise foi, contrairement au simple mensonge, celui que l'on trompe, c'est soi-même.

Une liberté totalement située

Si l'on peut légitimement affirmer que ma liberté et ma responsabilité sont *totales*, peut-on dire pour autant qu'elles sont *absolues* ? Pas du tout ! Que peut être une liberté absolue, sinon celle de Dieu ? Sartre soutient que le sujet n'est qu'un être en situation et que cette situation est la condition pour que *sa* liberté puisse s'exercer. Il soutient que, par exemple, durant une randonnée pédestre, les marcheurs fatigués « choisissent » leur fatigue, selon qu'ils décident de s'arrêter, de contourner la montagne ou de l'escalader. Dans tous les cas, c'est leur projet de se ménager ou de se dépasser qui donne un sens à l'obstacle qui est devant eux. L'ensemble des situations que constitue la réalité de l'existence humaine, Sartre les nomme «condition humaine» et les résume ainsi : *ma place, mon passé, mes entours, mes proches et ma mort*. Mais «condition humaine» ne veut pas dire «nature humaine», car bien que les êtres humains se trouvent toujours en situation, aucun destin universel ne les conditionne : chacun aura à décider pour lui-même ce qu'il fait de ces situations.

Qu'il s'agisse de *ma place*, de *mon passé*, de *mes «entours»* ou *des autres*, le raisonnement sartrien est toujours le même : en tant que conscience qui peut se ressaisir et néantiser ces situations, je demeure entièrement libre de leur donner un sens toujours nouveau grâce au projet qui me définit. Cette «néantisation» n'a pas pour but de nier le fait que j'ai un passé, une famille, un lieu de naissance, une profession et des amis. Au contraire, ma liberté ne peut s'exprimer que *par* ces situations :

- *Ma place* : La place que j'occupe n'est pas un obstacle à ma liberté ; elle n'existe que par le sens que lui donne mon projet d'avenir. Mon village natal a été le lieu que mes parents ont choisi pour me mettre au monde. Libre à moi d'en faire le centre de ma vie ou le lieu qu'il me faut fuir pour me réaliser.

- *Mon passé* : Mon passé non plus n'est pas un déterminisme. Sartre montre que moi seul puis décider du poids de mon passé sur mon présent. Ne dit-on pas quelques fois en vieillissant : «Comme j'étais idiot à cette époque !» Puisque ce que je faisais à cette époque était le fruit d'un projet libre, ma liberté présente peut aussi bien faire le choix de m'en détacher. Dans ce cas, mon passé continue d'être ce qu'il a été, mais ne concerne plus mon futur.

- *Mes «entours»* : Le monde des objets qui m'entoure crée aussi des situations qui peuvent atteindre ma liberté. Cette liberté qui implique que je puisse changer ne peut exister sans un milieu. À leur tour, les choses n'existent que par la signification que je leur donne. La montagne est un obstacle ou un défi, selon le but que je me donne. De même, malgré toute la publicité de notre société de consommation qui nous fait rêver de ses gadgets électroniques, c'est toujours en fonction de ce que je veux être qu'ils existent pour moi. Malgré le confort qu'offrent nos maisons climatisées, certains privilégient une existence errante ou la simplicité volontaire.

- *Les autres* : Ma situation face aux autres se distingue par le fait qu'autrui possède aussi une liberté et donc un pouvoir de me faire exister dans son monde selon un sens que ma liberté ne peut atteindre, mais qu'elle peut toutefois refuser. Sartre utilise un exemple qui le touche directement : celui de l'occupation de la France par les Allemands pendant la Deuxième Guerre mondiale. Antisémites, les nazis posent un écriteau : «Interdit aux Juifs». Sartre, qui est Juif, nous dit qu'il peut parfaitement rejeter cette étiquette que les occupants veulent lui donner. D'abord, rien ne peut l'empêcher de braver l'interdit et de pénétrer dans le lieu en question. Mais encore, il peut nier jusqu'au sens de l'interdit puisque, de son point de vue, les races n'existent pas. Reste toutefois qu'il lui est impossible d'atteindre la liberté de ceux qui l'affirment.

La seule situation qui ait un statut radicalement différent, c'est celle de ma mort. Elle est une situation limite, une situation dans laquelle je deviens complètement livré à autrui. Mais ma mort ne concerne plus mon projet, car il n'est plus, de même que ma conscience. Alors, même cette situation limite n'atteint pas ma liberté.

Deux dangers pour une totale liberté : la facticité et le pour-autrui

La facticité, le fait d'être tel que je suis, ne fait pas de moi une chose déterminée, contrairement à ce qu'en disent les matérialistes. Un individu se découvre intégré dans un monde sans l'avoir voulu. Son existence n'est pas fondée, c'est un fait. Un tel naît au milieu du XXᵉ siècle dans une région agricole du Québec au sein d'une famille pauvre. Il n'y peut rien. Ces faits définissent sa condition, mais ne sont pas déterminants pour sa liberté, il se fera un projet d'avenir qui n'a pas à tenir nécessairement compte de cette réalité. Autrement dit, la facticité n'atteint pas sa totale liberté qui semble sauve encore une fois. Mais un événement imprévu peut lui faire perdre d'un seul coup cette belle assurance : l'individu n'est pas seul, on le regarde. Il existe pour un autre selon un mode qu'il *ne contrôle pas* : le pour-autrui.

Pour Sartre, le fait que l'autre qui existe hors de moi soit aussi un être libre est problématique. Cette autre liberté peut m'attribuer des réalités qui ne m'appartiennent pas et du même coup me transformer en objet. Le sujet adhère entièrement et naturellement au savoir qu'il a de lui-même et qu'il est pour soi. Soudain, il se découvre exister, révélé à lui-même par une autre conscience ! Sartre donne l'exemple d'un homme qui se fait prendre à épier quelqu'un par le trou d'une serrure. Instantanément, il ressent de la honte. Sa liberté n'est pas niée, puisqu'il a toujours le pouvoir de refuser ce jugement, mais il doit néanmoins accepter le fait qu'autrui est libre et que, à la différence d'un objet, l'autre lui révèle une facette de lui-même qui lui échappe toujours. Même s'il prétend l'ignorer, il sait que l'autre est là et le dévoile à lui-même. Il est donc obligé de composer avec cette vérité.

On peut voir dans les émissions de téléréalité une illustration saisissante de cette analyse dans la mesure où il s'y manifeste une quête obsessionnelle du jugement d'autrui. Ce voyeurisme télévisuel constitue sans doute un excellent exemple du pour-autrui. Il est amusant de constater que le symbole d'une de ces émissions, *Loft Story*, est un œil regardant dans un trou de serrure. On peut également considérer que l'importance accordée à cette vérité de soi qui apparaît dans les jugements d'autrui est précisément ce qui motive tant de gens à se soumettre à des traitements de chirurgie esthétique, parfois au risque de leur santé. Si l'on est beau seulement dans le regard des autres, on accorde aux autres le pouvoir de définir un pan important de notre identité personnelle. Notre sentiment de liberté s'en trouve ébranlé et il se produit cette situation que l'on nomme *aliénation* : Sartre conclut son analyse en disant que cette aliénation consiste dans le fait que l'autre a fait de moi une chose dans son monde, et que ce monde m'échappera toujours.

Sartre compare ce phénomène à une saignée que je peux tenter de stopper en faisant moi aussi de l'autre un objet. D'où la fameuse phrase : « L'enfer c'est les autres. » Cette lutte inutile des consciences pour se libérer du regard de l'autre qui le constitue comme objet semble constituer un échec provisoire du projet de faire de l'être humain une totale liberté. Sartre va chercher une issue du côté d'une dimension négligée par lui jusque-là : l'action.

Les humains ne sont pas de simples consciences regardant le monde. Ils y agissent *collectivement* aussi et le transforment. Il faut bien admettre que les structures de vie collective nous précèdent toujours et qu'il existe des formes déjà organisées de collaboration au travail et dans le quotidien. Ces formes de vie sociale peuvent-elles nous sauver de l'enfer que nous fait vivre le regard de l'autre ? Comment les êtres libres, dont chacun construit pour lui-même le sens du monde, peuvent-ils arriver à *construire ensemble* ce monde dans une histoire commune ? En somme, comment une subjectivité individuelle totalement libre *en théorie* peut-elle arriver à être libre *en pratique* avec les autres ? Comment peut-elle arriver à effectuer son passage au réel, sa conversion à l'histoire[44] et à s'actualiser ? C'est avec la parution en 1960 de *La critique de la raison dialectique* que Sartre va tenter de répondre à ces questions.

---

44. Francis Jeanson, *Le problème moral dans la pensée de Sartre*, Paris, Le Seuil, 1955, p. 171.

Histoire et liberté

Se tournant vers le marxisme, Sartre va rapidement constater que les individus libres finissent pourtant par se trouver aliénés dans les structures sociales, même si ce sont eux-mêmes qui les ont créées pour se libérer. Pourront-ils, collectivement, faire advenir la liberté dans l'histoire?

De la conscience à l'agir

Pour me libérer, dans ce monde aliéné, il me faut agir. Mais qu'est-ce qu'agir? Sartre prend l'exemple d'un mineur qui fait exploser une charge de dynamite. S'il la fait sauter par accident, parce qu'il a échappé sa cigarette, il n'a pas *véritablement* agi. Mais s'il la fait sauter conformément aux ordres de son supérieur, il a bel et bien agi. Le résultat est pourtant le même: la charge a explosé. La différence, c'est que dans le deuxième cas, il y avait une *intention* ou, si l'on veut, un *motif*. Agir, pour Sartre, requiert donc la liberté au sens où l'acte est posé à partir d'un projet fixé d'avance et est une transformation du monde conformément à ce projet. Agir, c'est nécessairement passer par le champ de la matière et par les autres pour me réaliser. Il arrive cependant que les autres aient défini *pour moi* le but et le déroulement de mes actions. Il existe un mot qui définit cette situation d'un être qui doit passer par un autre pour se réaliser: *l'aliénation*. Ici, *cette aliénation n'est pas liée au regard d'autrui, mais à l'organisation matérielle des sociétés qui ont existé au cours de l'histoire.*

Matière et aliénation

La nécessité d'agir exige la transformation de la matière. Pour inscrire son projet d'action dans la réalité matérielle, l'être humain doit d'abord développer des liens de réciprocité avec les autres: il est difficile, voire impossible, de produire un outil, un meuble, une arme sans les autres. Au début, comme les rapports entre humains ne sont pas *parfaitement* réciproques, on assiste souvent à l'apparition de la violence ou de la guerre. Croire que, dans le régime de la *rareté* où se trouvent les premières sociétés, cette réciprocité a existé naturellement reviendrait à croire en un genre de paradis terrestre. Par un effort collectif pour satisfaire ses besoins et assurer sa survie, l'être humain entre dans l'histoire, c'est-à-dire qu'il met en branle un mouvement qui *consiste à créer l'humanité en transformant le monde*. Il faut donc que les êtres pour soi libres conquièrent cette réciprocité qui est leur humanité non encore réalisée. Une telle conquête va se faire, dans un premier temps, par un mouvement qui défavorise la liberté *individuelle*. C'est ce long mouvement de réalisation de soi que les individus doivent produire dans l'histoire de l'humanité que Sartre tente de reconstruire.

La nature résiste

La constitution de groupes de production et leur coopération n'éliminent pas les «contre-finalités» (aujourd'hui on dit plutôt les effets pervers) de la nature sur les projets humains ni les inégalités. Prenons l'exemple d'un paysan qui déboise une terre et tente de survivre en plantant du riz. Comme la tâche le dépasse totalement, des centaines d'autres paysans vont se regrouper avec lui, couper la forêt et irriguer les champs. Le résultat qui s'ensuit est d'abord positif, puisque la production est multipliée. Mais bientôt des inondations dues à la déforestation surviennent qui détruisent tout, ramenant tous les paysans à la rareté. À cet égard, on peut penser aux paysans brésiliens qui meurent de faim parce qu'ils sont sans terre. Ils sont amenés à couper une partie de la forêt amazonienne et à y cultiver le maïs. Mais sans les arbres, le sol se détériore rapidement et ils se retrouvent de nouveau sans terre, et en plus sans forêt.

La division du travail et la sérialité

De même, à l'intérieur des groupes, la division du travail a été organisée par ceux qui m'ont précédé. Ils ont donc constitué avant moi un sens à mon agir et je suis forcé d'intégrer ce monde déjà fait. Je fais donc partie d'un clan, d'une classe ou d'une nation et ma liberté s'en trouve largement aliénée, car je ne suis plus qu'un numéro dans un ensemble qui décide pour moi des finalités du groupe. Je suis un individu interchangeable, un point dans une série (**figure 5.13**).

Un exemple de cette «sérialité» qui me plonge dans un état de *passivité* est celui d'une file d'attente. Supposons que je projette de prendre le bus ou le métro. La réalisation de mon projet me transforme vite en sujet passif, car je suis confronté à diverses réalités: un horaire, un arrêt d'autobus, une norme de comportement à l'arrêt et dans l'autobus, un prix.

Espérant peut-être «ressaisir» son autonomie, l'individu peut choisir de quitter la file d'attente et de prendre sa propre voiture pour ne plus avoir à dépendre des autres.

Mais encore là, il subit une contre-finalité qui vient de ce que d'autres ont décidé d'en faire autant. Il en résulte un bouchon de circulation aussi lent que la file d'attente de l'autobus. De plus, les gaz que dégagent leurs voitures à tourner ainsi au ralenti affectent la qualité de l'air que tous respirent et entraînent une aliénation planétaire.

Arrivés au travail, les individus sont enfin libérés de la sérialité de l'*attente*, mais ils retombent dans celle de la *production*, car le but qu'ils poursuivent au travail leur a été fixé par le patron.

Figure 5.13 La sérialité: l'individu interchangeable.

Plus encore, il arrive que les patrons s'approprient une partie de la valeur de leur travail. Les voilà donc *totalement aliénés*, puisque tout ce qu'ils font a été complètement pensé et organisé par d'autres. Lorsqu'on analyse le résultat de cette longue lutte des êtres humains pour la satisfaction de leurs besoins, la possibilité d'une totale liberté semble véritablement compromise. Et pourtant…

Les groupes en fusion, l'apocalypse et la liberté

Pressés dans leurs derniers retranchements, les individus décident de se regrouper *activement* pour se défendre : ils forment un projet révolutionnaire et, à travers une irruption collective de la liberté que Sartre nomme « Apocalypse », ils modifient l'histoire humaine en révolutionnant la société (**figure 5.14**). Ce « groupe en fusion » qui fait irruption dans l'histoire et la transforme, c'est, par exemple, la prise de la Bastille en 1789 qui abolit la monarchie et inscrit la démocratie dans l'histoire. On peut la reconnaître aussi dans la prise du Palais d'hiver par les bolcheviques en 1917, qui instaure le premier gouvernement communiste de l'histoire, et la formation du syndicat Solidarnosc en Pologne, qui fait tomber tout le système communiste européen. Sartre pense que la Résistance durant l'occupation allemande de la France, en 1940, fut l'un de ces moments au cours desquels se réalise d'un même souffle la liberté individuelle et collective :

> Chacun de ses citoyens savait qu'il se devait à tous et qu'il ne pouvait compter que sur lui-même ; chacun d'eux réalisait, dans le délaissement le plus total, son rôle historique. Chacun d'eux, contre les oppresseurs, entreprenait d'être lui-même, irrémédiablement et en se choisissant lui-même dans sa liberté, choisissait la liberté de tous[45].

Figure 5.14 La chute du Mur de Berlin : l'irruption collective de la liberté.

---

45. Jean-Paul Sartre, *Situations III*, Paris, Gallimard, 1949, p. 11-14.

Mais très rapidement ces mouvements se transforment en institutions et créent de nouveau l'aliénation. En effet, les révolutionnaires qui se sont juré fidélité se divisent bientôt sur la façon de réaliser leur projet, que ce soit parce qu'ils jugent nécessaire de limiter les libertés individuelles, d'exécuter les collaborateurs ou de forcer les travailleurs à produire plus. Certains vont décider des orientations et les autres obéir. La mécanique implacable de l'aliénation reprend vite ses droits.

Que sera l'humanité demain, emportée par cette dialectique qui, à l'image d'une éruption volcanique, voit la liberté surgir dans l'histoire puis se figer à nouveau sous le propre poids des institutions qu'elle a elle-même créées?

Contrairement au marxisme, Sartre affirme que c'est impossible à prédire, si l'histoire est l'œuvre de la liberté. Il se contente d'affirmer que *les humains demeurent libres individuellement et collectivement, capables qu'ils sont de changer et leur existence individuelle et le cours de l'histoire qui n'est nullement déterminé bien que toujours aliéné.* Aujourd'hui encore, le combat continue, car cette rareté qui amène les humains à la violence n'est pas disparue. Bien que les pays du Nord semblent vivre dans l'abondance, «toutes les 8 secondes, un enfant crève au tiers-monde[46]» parce qu'il n'a pas accès à l'eau ou qu'elle est contaminée!

À la fin de sa vie, Sartre semble accepter de réduire la prétention de sa philosophie à une totale liberté en énonçant ce précepte qui maintient pourtant cette dualité de la liberté au niveau individuel et social: «Je crois qu'un homme peut toujours faire quelque chose de ce qu'on a fait de lui. C'est la définition que je donnerais aujourd'hui de la liberté[47].»

Cette possibilité, tant individuelle que collective, semble suffisante à Sartre pour maintenir que nous sommes condamnés à être libres. Mais elle est pourtant insuffisante aux yeux des sciences et techniques de la vie qui découvrent sans arrêt de nouveaux déterminismes dans le fonctionnement de notre cerveau et de nos gènes.

5.3.2 Le déterminisme dans les sciences

Les thèses de Sartre sur une totale liberté de la conscience et sur la liberté aliénée dans l'histoire ont-elles clos le débat opposant les tenants de la liberté à ceux du déterminisme? Il semble au contraire que les découvertes en génétique, en neurologie et en médecine, et le développement d'une technologie capable de lire et d'intervenir dans l'infiniment petit, ont poussé les sciences vers une explication plus radicalement déterministe de l'être humain que tout ce qu'on avait imaginé jusque-là.

Déterminisme et sciences humaines

Le débat concernant l'opposition du déterminisme et de la liberté, Sartre l'a surtout mené dans le cadre des sciences humaines, en particulier avec l'anthropologue Claude Lévi-Strauss. À Sartre qui affirmait que «ce que nous nommons liberté, c'est l'**irréductibilité** de l'ordre culturel à l'ordre naturel[48]» l'anthropologue Lévi-Strauss, qui rendit populaire le structuralisme par ses analyses de la parenté et des récits mythiques, répondait:

Irréductibilité: Caractère de ce qui ne peut être ramené à autre chose.

---

46. Les Cowboys fringants, *8 secondes*, «La Grand-Messe», 2004.
47. Jean-Paul Sartre, «Sartre par Sartre», dans *Situations IX*, Paris, Gallimard, 1972, p. 100.
48. *Id., Critique de la raison dialectique*, Paris, Gallimard, 1960, p. 96. C'est nous qui soulignons.

La valeur éminente de l'ethnologie est de correspondre à la première étape d'une démarche qui en comporte d'autres [...] et qui incombent aux sciences exactes et naturelles : réintégrer la culture dans la nature et, finalement, la vie dans l'ensemble de ses conditions physico-chimiques [...][49].

Cette volonté, qui trace comme programme aux sciences humaines de rechercher leur fondement dans les sciences pures, renforce le déterminisme des théories de Marx et de Freud. Comme nous l'avons vu au chapitre précédent, ceux-ci faisaient reposer l'agir des individus sur des déterminismes issus de la nature, mais laissaient ouverte la possibilité d'une libération comme transformation radicale de la situation humaine. Mais qui oserait affirmer que l'être humain peut se libérer des déterminismes chimiques ?

Skinner et le behaviorisme

La psychologie fit aussi, au milieu du XXe siècle, une contribution majeure au débat sur le déterminisme sous la figure du behaviorisme. Le psychologue états-unien B.F. Skinner (**figure 5.15**) tenta d'appliquer à l'homme les expériences de conditionnement similaires à celles que le Russe Pavlov avait réalisées sur des chiens. S'appuyant sur les formes de conditionnement qui opèrent dans la culture, il en viendra à dire que c'est l'environnement et ses stimuli qui sont responsables des comportements humains, réfutant la thèse d'un supposé sujet libre :

Figure 5.15 B.F. Skinner (1904-1990).

À mesure qu'une science du comportement adopte la stratégie de la physique et de la biologie, l'agent autonome auquel le comportement a traditionnellement été attribué est remplacé par l'environnement[50].

Il affirme même que les défenseurs de la liberté et de la dignité font courir un danger mortel à la culture occidentale en la fondant sur ces notions sans fondement réel. Ce faisant, il invalidait l'effort de ceux qui, croyant en la réelle liberté et dignité de l'homme, avaient rédigé la constitution de son propre pays[51]. Au regard de Skinner, cette opération de déconstruction des concepts erronés de liberté et de dignité du sujet vise à démontrer *la possibilité d'une manipulation* de l'individu :

Ce qu'on est en train d'abolir, c'est l'homme autonome, l'homme intérieur [...] l'homme qu'ont défendu les littératures de la liberté et de la dignité. Son abolition a été longtemps retardée. L'homme autonome est un dispositif que l'on invoque pour expliquer ce qu'on l'on ne peut expliquer autrement. À «l'Homme en tant qu'homme» nous disons sans hésiter : «Bon débarras.» Ce n'est qu'en le dépossédant que nous nous tournerons vers les véritables causes du comportement humain. *Alors seulement nous pourrons passer de l'inaccessible au manipulable*[52].

Skinner formule ici un *espoir* propre à l'attitude scientiste, c'est-à-dire la croyance, fondée dans une idéologie, que les sciences peuvent diriger les sociétés humaines en vue de modifier l'homme à partir de ses déterminismes. Sartre avait-il tort de penser que le fait de ne pas tenir compte de la conscience dans l'étude de l'homme revenait à le traiter comme un pois ou un chou-fleur ?

---

49. Claude Lévi-Strauss, *op. cit.*, p. 326.
50. Burrhus Frederic Skinner, *op. cit.*, p. 223.
51. Voir le chapitre 3.
52. Burrhus Frederic Skinner, *op. cit.*, p. 243.

Sartre s'étant essentiellement occupé de cette opposition entre la chose et la conscience humaine, il n'accordait pas d'importance particulière aux phénomènes vitaux et aux animaux, comme il le concède dans une entrevue donnée à une revue en 1975. À ceux qui lui demandent où il est question des animaux dans *L'être et le néant*, Sartre répond :

> Ils n'y sont pas. Je sais que les animaux ont une conscience […]. Quelle est leur conscience, qu'est-ce qu'une conscience qui n'a pas de langage ? Je n'en sais rien. Peut-être arrivera-t-on à déchiffrer cela plus tard[53].

Son manque d'intérêt pour les mécanismes de la conscience animale laissait, dans son œuvre, la porte ouverte à une explication naturaliste de cette conscience. Si Sartre avait eu connaissance du développement de ces théories, on peut se demander s'il aurait maintenu le statut privilégié qu'il accorde à la conscience humaine dans la *Critique de la raison dialectique*. Il y déclare en effet que l'être humain occupe dans le monde des vivants une place « privilégiée » pour deux raisons :

- L'être humain a la possibilité permanente de se vivre historiquement, c'est-à-dire de se produire lui-même à travers les changements qu'il produit.
- L'être humain est l'« existant », c'est-à-dire celui qui ne saurait être simplement un objet du savoir mais un sujet de lui-même.

Déterminisme et biologie

Sartre soulève la question de l'humanité de l'homme dans une perspective philosophique, mais la question « qu'est-ce que l'homme ? » relève désormais tout autant des sciences que de la philosophie. Les réponses des scientifiques sont souvent très influencées par l'approche de Darwin (XIXᵉ siècle) et elles provoquent en retour de puissants débats philosophiques et religieux.

Au commencement était Darwin

Lorsqu'il publia son livre *L'origine des espèces*, Charles Darwin causa ce qu'on a appelé une blessure narcissique profonde à l'humanité. Pour Darwin, l'être humain, loin d'être une créature divine, aurait *évolué* à partir d'une forme des primates. C'est pourquoi sa théorie eut à subir les procès de la religion dès sa parution en Angleterre en 1859, puis plus récemment aux États-Unis en 1925 et même encore en 2005 alors qu'elle y est toujours contestée par les fondamentalistes chrétiens. Selon la théorie de l'évolution, les espèces animales se modifient avec le temps selon deux principes : la sélection naturelle et la sélection sexuelle :

> La théorie de l'évolution repose sur le mécanisme de la sélection naturelle, qui ne permet que la survivance du plus apte, c'est-à-dire celui qui se reproduit avec le plus d'efficacité, au niveau des organismes cette efficacité reproductive […] se mesure au nombre de ses descendants[54].

Puisque Darwin présente l'être humain comme un maillon d'une chaîne en évolution, il est légitime de se demander comment la sélection naturelle s'applique à lui. Dans *La descendance de l'homme*, Darwin s'interroge sur l'évolution des fonctions organiques, des facultés mentales, des groupes humains et de leur culture, des normes de civilisation et même de la morale. Après avoir étudié diverses hypothèses sur l'origine de

---

53. Voir le *Magazine littéraire*, n° 384, février 2000, p. 45.
54. Jean-Pierre Changeux (dir.), *Fondements naturels de l'éthique*, Paris, Éditions Odile Jacob, 1993, p. 16.

l'homme, il privilégie l'hypothèse qu'il existe une seule race humaine, même si parfois il évoque l'existence de races inférieures. Il semble cependant endosser des propositions qui peuvent placer la science de l'évolution sur le terrain miné du déterminisme social. Ainsi, il écrit :

> Chez les sauvages, les individus faibles de corps ou d'esprit sont promptement éliminés, et les survivants se font ordinairement remarquer par leur vigoureux état de santé. Quant à nous, hommes civilisés, nous faisons, au contraire, tous nos efforts pour arrêter la marche de l'élimination ; nous construisons des hôpitaux pour les idiots, les infirmes et les malades ; nous faisons des lois pour venir en aide aux indigents. Les membres débiles des sociétés civilisées peuvent donc se reproduire indéfiniment. Or quiconque s'est occupé de la reproduction des animaux domestiques sait, à n'en pas douter, combien cette perpétuation des êtres débiles doit être nuisible à la race humaine[55].

Cette attitude, à la fois civilisatrice et contre nature, qui favorise la reproduction des moins aptes est cependant contrebalancée, selon Darwin, par plusieurs facteurs qui les défavorisent : pauvreté, épidémies, alcoolisme et maladie mentale. Cette thèse fut rejetée par *sir* Francis Galton, le neveu de Darwin, et plusieurs autres de ses collègues et admirateurs qui ont plutôt prôné une application sociale intégrale de la loi de l'évolution et de la sélection naturelle.

Francis Galton et Ernst Heakel : l'eugénisme

Sir Francis Galton pensait que, si l'être humain est un animal de la branche des primates, la loi de l'évolution doit être prise en compte dans l'analyse des transformations de la société humaine. Il se demande comment la société humaine sélectionne les plus aptes à survivre. Il est forcé de constater que non seulement les sociétés civilisées n'éliminent pas les plus faibles, mais elles fonctionnent exactement à contre-courant de la loi de sélection naturelle. Galton, en mathématicien, montre que, selon des études statistiques, ce sont les plus « inaptes » qui sont favorisés par la reproduction : les sociétés humaines protègent les plus faibles, les malades, les handicapés, fournissent assistance sociale et médicale à des individus toujours plus nombreux, qui, autrement, n'auraient pas survécu. Plus ou moins rapidement, ce seront eux, croyait Galton, qui auront un nombre prépondérant et qui consacreront la décadence de la civilisation. La théorie eugénique de la sélection humaine des meilleurs était née.

Galton ne fut pas le seul à défendre cette interprétation sociale du darwinisme. Dès la traduction de *L'origine des espèces* en France, Clémence Royer[56] la présentait ainsi :

> La loi de la sélection naturelle, appliquée à l'humanité, fait voir avec surprise, avec douleur, combien jusqu'ici ont été fausses nos lois politiques et civiles, de même que notre morale religieuse [...] Je veux parler de cette charité imprudente et aveugle pour les êtres mal constitués où notre ère chrétienne a toujours cherché l'idéal de la vertu sociale et que la démocratie voudrait transformer en une sorte de solidarité obligatoire [...] On arrive ainsi à sacrifier ce qui est fort à ce qui est faible, les bons aux mauvais, les êtres bien doués d'esprit et de corps aux vicieux et malingres. Que résulte-t-il de cette protection intelligente accordée exclusivement aux faibles, aux infirmes, aux incurables, aux méchants eux-mêmes, enfin à tous les disgraciés de la nature ? C'est que les maux dont ils sont atteints tendent à se perpétuer indéfiniment[57].

---

55. Charles Darwin, *La descendance de l'homme*, Paris, L'Harmattan, 2006, p. 144-145.
56. Clémence Royer (1830-1902) : féministe française, traductrice de *L'origine des espèces*, dont elle écrit la préface pour la première édition française en 1862. Elle est considérée comme une pionnière de l'eugénisme et du darwinisme social.
57. Clémence Royer, dans Charles Darwin, *L'origine des espèces*, Paris, Flammarion, 1872, p. XXXIV.

C'est donc au nom du progrès et de l'amélioration de la race humaine qu'aux États-Unis on interdisait les mariages entre les prétendues races inférieures et supérieures, qu'au Canada on a stérilisé les personnes ayant fréquenté des hôpitaux psychiatriques, qu'au Japon et en Suède on a stérilisé les handicapés mentaux. En Allemagne, le célèbre Ernst Haeckel (1834-1919), médecin et zoologiste, ami de Darwin et père du terme « écologie », fut un grand propagateur de la théorie de l'évolution. Il était moins prudent que Darwin et proposa une hiérarchie des races humaines, plaçant les Noirs tout en bas près des singes et les Indo-Germains au haut de l'échelle. Un des mouvements nés de cette conception de l'être humain est le nazisme[58] et l'on connaît le rôle funeste qu'il joua au XXᵉ siècle.

La génétique et le néodarwinisme

Toute cette barbarie commise au nom du progrès et d'une amélioration de la race humaine n'aurait peut-être pas eu lieu si seulement on avait reconnu en son temps les lois de la génétique, déjà formulées par le moine Grégor Mendel (1822-1884) depuis 1866 et confirmées par Hugo de Vries en 1900. En effet, la transmission des caractères acquis et leur modification ne dépend pas de l'individu, mais de ses gènes. De plus, la sélection peut se faire rapidement, par mutation, et non seulement par la sélection naturelle, comme le pensait Darwin. En 1953, on a découvert l'ADN, une échelle en hélice de quatre acides aminés, qui confirmait que les chromosomes étaient le vecteur de cette hérédité. La notion de sélection naturelle conservait sa valeur, mais le mécanisme s'en trouvait modifié : la mutation soudaine d'un ou de plusieurs gènes qui pouvait avoir des effets décisifs sur la lutte pour l'existence. L'importance des gènes diminue celle de l'individu comme tel. Cette découverte a encouragé les biologistes dans leur recherche qui était favorable à une conception déterministe de l'agir humain.

Henri Laborit et le système nerveux

Dans les années 1970, le professeur Henri Laborit (**figure 5.16**), chercheur émérite, découvreur des premiers antipsychotiques et candidat au prix Nobel, devint un auteur à succès grâce à ses théories sur le système nerveux. Il tirait de ses études la conclusion que la conscience n'est que l'aboutissement du fonctionnement du système nerveux, hiérarchisé autour d'un système neuronal d'une complexité extrême, le cerveau :

> Or, pendant longtemps, on n'a pu admettre que [la conscience] n'était que l'expression de la dynamique de structures vivantes complexes, et n'appartenait pas à un domaine essentiellement différent de celui de la matière tout court[59].

Laborit professe ainsi un matérialisme en parfaite contradiction avec les positions de Descartes, pour qui il existe deux substances : la matière et la pensée. Il s'oppose aussi à celles de Sartre qui faisait de la conscience un « pour-soi », un vide, un néant.

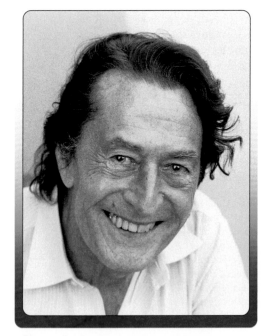

Figure 5.16 Henri Laborit (1914-1995).

---

58. Voir André Pichot, *La société pure. De Darwin à Hitler*, Paris, Flammarion, coll. Champs, 2000.
59. Henri Laborit, *La nouvelle grille*, Paris, Robert Laffont, 1974, p. 49.

Mais au nom de quoi cette réduction de la conscience à une matière se fait-elle? Au nom de cette intention scientiste, de réintégrer les sciences humaines, la politique en particulier, dans le règne de la biologie. Dans deux de ses principales œuvres[60], il est explicitement question d'une «biologie politique» et d'une «biologie du comportement social».

Dans *La nouvelle grille*, l'idée de liberté est détournée de son sens original:

> Ce que nous appelons liberté consiste en général dans la possibilité de répondre à nos pulsions primitives, lesquelles sont déjà fortement aliénées par les automatismes socioculturels, les préjugés et les jugements de valeur du groupe social et de l'époque dans lesquels nous sommes intégrés […][61].

Laborit soutient que cette liberté équivaut en fait à une obéissance aux lois de la biologie. Mais, alors que pour Rousseau la liberté était une obéissance à la loi que *l'on s'est donnée*, il s'agit plutôt chez Laborit d'une obéissance aux lois qui *nous sont données* par notre système nerveux.

> Pauvre liberté qui se satisfait de l'inconscience où nous sommes des déterminismes qui commandent à nos comportements sociaux. Avant, elle n'existe pas, car la connaissance des lois nous oblige à leur obéir. Après, elle n'existe que par l'ignorance des lois à venir […][62].

On peut se demander, en considérant cette définition presque directement tirée des textes de Spinoza, qui des deux serait le plus libre: celui qui les ignorerait, comme Rousseau, ou celui qui se soumettrait aux automatismes de la dominance sociale comme nous le propose Laborit?

> Comment être libre quand une grille implacable nous interdit de concevoir le monde d'une façon différente de celle imposée par les automatismes socioculturels qu'elle commande? Quand le prétendu choix résulte de nos pulsions instinctives, de notre recherche du plaisir par la dominance et par les automatismes socioculturels déterminés par notre niche environnementale. Que l'individu n'existe pas en dehors de sa niche environnementale à nulle autre pareille qui le conditionne entièrement à être ce qu'il est[63].

L'être libre est un être *entièrement déterminé à être ce qu'il est*. Nous voilà donc parvenus à l'antithèse même de la position de Sartre pour qui l'être humain est un être qui, à tout instant, n'est pas ce qu'il est et est ce qu'il n'est pas!

Le professeur Laborit a eu la chance de voir illustrée sa théorie de l'homme déterminé par la partie reptilienne de son cerveau dans un célèbre film d'Alain Resnais intitulé *Mon oncle d'Amérique*[64], dans lequel les acteurs portant des têtes de rats se comportent comme tels face à des situations angoissantes.

Dans ce film, l'angoisse, bien loin de faire surgir notre entière responsabilité et notre totale liberté, révèle nos pulsions instinctives auxquelles l'être humain obéit malgré lui. Ces pulsions sont aussi de puissants facteurs niant tant l'égalité que la démocratie, puisqu'elles proviennent du cerveau reptilien, la partie la plus ancienne de notre cerveau qui nous pousse essentiellement vers la gratification personnelle et la dominance

60. *Id., L'agressivité détournée. Introduction à une biologie du comportement social*, Paris, Union générale d'éditions, 1971. Henri Laborit, *L'homme imaginant. Essai de biologie politique*, Paris, Union générale d'éditions, 1970.
61. Henri Laborit, *La nouvelle grille, op. cit.*, p. 160.
62. *Ibid.*, p. 161.
63. *Ibid.*, p. 162.
64. Primé meilleur film à Cannes en 1980. Oscar du meilleur scénario à Hollywood en 1981.

sociale. La « libre » réponse aux situations conflictuelles qui se présentent à nous ne consistant en fait qu'à choisir celles qui nous assurent de monter dans la hiérarchie des fonctions sociales.

La sociobiologie ou le déterminisme du gène

Le terme même de sociobiologie est dû à Edward O. Wilson (**figure 5.17**), un professeur de zoologie à l'Université de Harvard, spécialiste des sociétés d'insectes. Dans son œuvre de 1975, *Sociobiology – The New Synthesis*, ainsi que dans celle de 1978, *L'humaine nature : essai de sociobiologie*, Wilson souhaite « [...] reformuler les fondements des sciences sociales de façon à intégrer ces sujets dans la Synthèse moderne[65] ». Par synthèse moderne de la théorie de l'évolution, il entend un évolutionnisme qui applique les schémas de fonctionnement des sociétés d'insectes aux sociétés humaines au moyen des découvertes génétiques du XXe siècle ! Il s'appuie principalement sur la découverte de l'égoïsme du gène, un mécanisme éternel par lequel le gène utilise les êtres vivants pour maximiser sa reproduction. On peut l'illustrer en disant qu'une poule n'est qu'un moyen utilisé par l'œuf pour produire un autre œuf. Cette synthèse a suscité toute une controverse, parfois violente, particulièrement lorsque Wilson l'a appliquée aux comportements humains, tels que le viol, l'homosexualité, la monogamie ou la criminalité, qu'il décrivait comme autant de nécessités génétiquement programmées.

Wilson pense que la nature humaine se conforme à cet égoïsme de nos gènes qui nous dicte les comportements permettant de réaliser les meilleures conditions de leur reproduction. Voilà ce qu'il faut comprendre de la phrase « le gène tient la culture en laisse ». À ses yeux, il détermine complètement les comportements humains. De ce concept central de la sociobiologie, un professeur émérite de l'Université d'Oxford en Grande-Bretagne, Richard Dawkins, en a fait un livre à succès : *Le gène égoïste*.

Richard Dawkins et le gène égoïste

Peut-on prêter des sentiments à des gènes ou leur attribuer une quasi-conscience sans commettre un abus de langage ? C'est la question qu'on se pose en voyant comment Richard Dawkins (**figure 5.18**) a atteint la célébrité en qualifiant le gène « d'égoïste » qui nous manipule à ses propres fins. Il prétend que nous ne sommes que des robots qui ont été programmés il y a bien longtemps par les gènes pour les transporter et les préserver du milieu naturel. Dans l'optique de la sociobiologie, si un ou des gènes avaient des buts, ce serait évidemment de nous amener à trouver les meilleures stratégies pour optimiser leur propre reproduction. Ce théoricien britannique semble inspiré des mêmes idées que celles du célèbre philosophe Thomas Hobbes. Chez Hobbes, c'est l'être humain

Figure 5.17 Edward O. Wilson (né en 1929).

Figure 5.18 Richard Dawkins (né en 1941).

---

65. Edward O. Wilson, *Sociobiology. The New Synthesis*, Cambridge, Harvard University Press, 1975, p. 4.

comme individu qui est une machine désirante égoïste. L'être humain fait tout ce que sa nature lui permet de faire et prend tout ce qu'il peut prendre pour assurer son bien-être. Mais, pour Hobbes, c'est la raison qui fixe les stratégies, alors que pour Dawkins, c'est une partie de la molécule d'ADN, cette spirale immortelle (**figure 5.19**): «L'argument de ce livre, c'est que nous, ainsi que tous les autres animaux, sommes des machines créées par nos gènes[66].» L'auteur s'empresse d'ajouter que nous ne sommes pas obligés de leur obéir, prétendant laisser ouvert le débat sur le rôle de la culture dans la nature humaine. Mais du même souffle, il écrit: «[…] quel que soit le sexe du corps dans lequel le gène se trouve, nous pouvons nous attendre qu'il fasse le meilleur usage des occasions offertes par le type de corps où il est[67]».

Dawkins insiste sur la différence existant entre l'individu et le gène comme moteur de l'évolution: l'individu ne fait

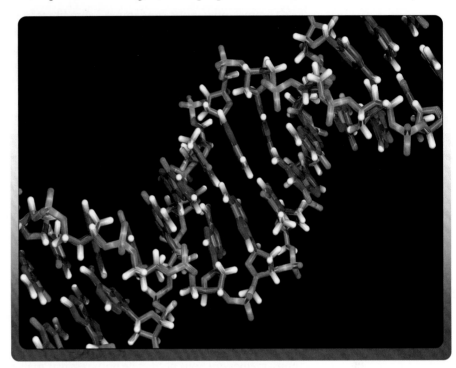

Figure 5.19 Une spirale immortelle: la molécule d'ADN.

que se reproduire; c'est le gène qui a développé ce pouvoir extraordinaire de répliquer. Il parvient donc à une conclusion identique à celle de Wilson:

> Après quatre milliards d'années, que sont devenus les anciens réplicateurs? Ils ne sont pas morts, puisqu'ils étaient passés maîtres dans l'art de la survie. Mais ne cherchez pas à les voir flotter librement dans la mer. Il y a longtemps qu'ils ont abandonné cette liberté désinvolte. Ils fourmillent aujourd'hui en grandes colonies, à l'abri de gigantesques et pesants robots, isolés du monde extérieur […] et le manipulant par commande à distance. Ils sont en vous et en moi. Ils nous ont créés, corps et âme, et *leur préservation est l'ultime raison de notre existence*. On les appelle maintenant «gènes» et nous sommes leur machine à survie[68].

Des recherches plus récentes, notamment celles de l'équipe de Jean-Pierre Changeux, en France, tentent de trouver une solution de rechange moins radicale au déterminisme biologiste. D'autre part, dans un colloque de 2001 intitulé *Gènes et culture*, des biologistes exploraient le langage et la technique comme courroies de transmission entre culture et gènes. Ils adhéraient cependant toujours à une perspective évolutionniste selon laquelle le point de départ de Sartre, à savoir l'irréductibilité de la culture à la nature, n'est plus une option pour la science.

---

66. Richard Dawkins, *Le gène égoïste*, trad. par Laura Ovion, Paris, Éditions Odile Jacob, 1996, p. 19.
67. *Ibid.*, p. 200.
68. *Ibid.*, p. 40. C'est nous qui soulignons.

5.4 ACTUALISATION DE LA QUESTION

« Sommes-nous-nous condamnés à être libres ? » Cette question que soulève la philosophie sartrienne rejoint de manière surprenante la préoccupation que partageaient les théologiens, comme nous l'avons vu au chapitre 1. En effet, le mythe d'Adam et Ève évoquait pour eux la condamnation divine à assurer seul, c'est-à-dire librement, son salut. Avec l'existentialisme athée, par contre, cette condamnation à la liberté doit se vivre ici et maintenant. En répondant affirmativement à cette question, Sartre répond aussi à notre question fondamentale, « Qu'est-ce qu'être un humain ? », puisque pour lui l'être humain *est* une liberté.

Si l'on comprend bien l'importance de ce qui est en jeu, on ne peut douter qu'il nous soit permis d'éviter cette question. Car c'est de notre humanité dont il est question. C'était du moins l'avis de Sartre, pour qui les conséquences liées à la réponse, se situant au niveau même de la structure de notre être, posaient en même temps le problème de notre responsabilité. Nous avons vu, dans ce chapitre, que le radicalisme de Sartre n'admet pas les compromis, mais impose une réponse claire et définitive : ou bien nous sommes libres, ou bien nous ne le sommes pas.

La position sartrienne fait de la conscience de soi une ouverture sur le réel qui rend possible une liberté défiant tout déterminisme enclin à réduire le phénomène de la conscience à sa dimension psychologique, sociologique ou biologique (topiques freudiennes, sociobiologie génétique). Contre toutes ces prétentions, Sartre a toujours maintenu que la conscience n'est pas une chose, mais bien une distance par rapport à nous-mêmes qui nous permet de nous ressaisir malgré ce que les théories déterministes veulent faire de nous. Il a affirmé clairement que l'être humain ne « s'explique » pas, mais qu'il est le résultat de ses propres choix. Accepter cette conclusion, c'est aussi accepter la totale responsabilité de ce que sera notre projet de vie, c'est faire de chacun de nos gestes un engagement.

Tant qu'existera cette volonté de la science de recréer l'homme ou de modifier l'espèce, il sera pertinent de se demander si ce qui fait qu'un être humain est humain repose dans la structure physico-chimique de notre être ou – et c'était la dernière définition que Sartre donnait de la liberté – dans la possibilité de « faire de nous autre chose que ce que l'on a voulu faire de nous », ce qui est une autre façon de dire notre entière liberté. Par exemple, les récentes avancées technologiques dans les domaines du traçage génétique et de la **génomique**, qui nous ont permis de mieux connaître le génome humain, rendent peut-être plus que jamais actuelle la nécessité de répondre à la question « Sommes-nous condamnés à être libres ? », car maintenant nous disposons des moyens de modifier ce que nous sommes, sans parler de cette ultime possibilité : repousser les lois naturelles et nous reproduire en plusieurs exemplaires par clonage.

Génomique :
Biotechnologie qui a pour objet l'étude des génomes, c'est-à-dire l'ensemble des gènes portés par un être vivant, au moyen notamment des techniques de séquençage des chromosomes.

Que sais-je?

Vérifiez vos connaissances

Ces questions vous permettront de savoir si vous avez retenu l'essentiel du chapitre.

1. Dans ce chapitre, nous nous sommes attardés à la remise en question des principes de la modernité. Donnez un exemple de cette remise en question en ce qui concerne l'idée de progrès.

2. Quelle a été la situation de l'Amérique en regard de la modernité au XXᵉ siècle?

3. Pouvez-vous nommer trois types d'événements destructeurs dont a été témoin le XXᵉ siècle?

4. Quelles sont les deux tendances du courant existentialiste?

5. Nommez deux caractéristiques du courant existentialiste.

6. Sartre divise les êtres en deux groupes opposés. Nommez-les.

7. Quels sont les deux obstacles à une conception ouverte de l'existence humaine?

8. Selon Sartre, deux dangers menacent la conception d'une liberté humaine totale. Quels sont-ils?

9. Qu'est-ce que l'eugénisme?

10. Quels sont les buts de la sociobiologie?

Vérifiez votre compréhension

Si vous pouvez répondre à ces questions, vous saurez que vous avez une bonne compréhension du chapitre.

1. Au XXᵉ siècle, la raison devient instrumentale. Expliquez.

2. Dans la section «La raison remise en question», des philosophes font de la rationalité un projet de domination de la vie et de la nature. Expliquez.

3. Expliquez l'opposition de l'antihumanisme à l'humanisme.

4. Que veut dire Sartre quand il affirme que nous ne pouvons jamais être ce que nous sommes?

5. Sartre décrit l'existant humain au moyen de quatre qualificatifs. Pouvez-vous en expliquer deux?

6. Que veut dire l'expression «mauvaise foi» dans la philosophie sartrienne?

7. En quoi les autres sont-ils un danger pour ma liberté d'après Sartre?

8. Pouvez-vous décrire les mécanismes de l'aliénation dans la philosophie de Sartre?

9. Comment Sartre définit-il la liberté?

10. Quel est le projet du déterminisme scientiste?

11. Quel est le rôle du gène dans la sociobiologie?

Exercices

Les exercices suivants visent à vous exercer à caractériser des conceptions de l'être humain, à situer de façon significative des idées dans leur contexte et à maîtriser l'analyse comparative, qui consiste à dégager les ressemblances et les différences entre deux conceptions. Également, ils ont pour but de vous amener à réfléchir sur vos croyances et votre manière d'agir.

1. Caractériser des conceptions de l'être humain.
   a) Nommez les concepts clés des conceptions de l'être humain de Sartre et du déterminisme.
   b) Expliquez le rôle que jouent ces deux concepts de base de la philosophie sartrienne : la conscience et l'action.

2. Situer de façon significative des idées dans leur contexte.
   Dans ce cinquième chapitre, il est question de la *remise en question* de la modernité. Situez la conception de l'être humain de Sartre et celle du déterminisme par rapport à chacun des trois principes actifs de la modernité (la remise en question du sujet, la remise en question de la rationalité, la remise en question du progrès). Faites de même avec l'existentialisme.

3. Comparer des conceptions.
   Comparez les conceptions de la liberté de Sartre et de Laborit. Indiquez quelles en sont les ressemblances et les différences. Quelles conséquences sur votre pensée en tirez-vous ?

4. Développez un argument critique à l'égard de la conception de la liberté de Sartre et un autre à l'endroit de celle du déterminisme.

Conclusion

UN ÊTRE EN QUESTION DANS LA MODERNITÉ

Mesurons le chemin parcouru au terme de notre réflexion sur l'humanité de l'être humain. Tout au long des cinq siècles qui nous ont menés de la Renaissance à l'époque contemporaine, nous avons assisté à l'éclosion d'une civilisation originale qui a progressivement remis en question une série de croyances immémoriales concernant la nature même de l'être humain. Depuis le XVIe siècle, s'est mise en marche cette révolution culturelle que nous avons nommée modernité et qui s'est construite sur trois bases : la rupture avec la tradition et le monde du sacré, l'affirmation d'un sujet libre et la confiance dans une nouvelle rationalité. D'un chapitre à l'autre, nous avons tenté d'en traduire l'évolution au moyen de dénominations significatives : l'éclosion de la modernité, sa naissance, son triomphe ; puis, finalement, nous avons assisté à sa mise en doute et à sa remise en question. Selon le mot de Descartes, la liberté du sujet et sa puissance rationnelle permettaient d'envisager le jour où nous serions « maîtres et possesseurs de la nature ». Rationalité et liberté, voilà donc les deux forces jumelles qui devaient baliser la voie de cette modernité, mais dont les routes ont peu à peu divergé. Résumons le parcours de chacune d'elles.

La rationalité

Considérons premièrement ce qu'il est advenu de la rationalité. À mesure qu'elle devenait science, elle s'érigeait en critère de vérité et même en juge suprême des changements sociaux. Hegel, un philosophe allemand dont nous avons parlé au chapitre 4, en fait même un absolu en affirmant, dans une formule devenue célèbre, que *tout ce qui est réel est rationnel et que tout ce qui est rationnel est réel.* La « raisonnabilité » tant vantée par John Locke finit par devenir le critère même de la vie en commun inscrite dans nos constitutions politiques et dans nos codes de droit. Critère également de l'organisation de l'État et des gouvernements, assurant ainsi une pacification de la vie sociale qui devint bientôt régulation, réglementation, bureaucratisation. De réprimée qu'elle était par les sociétés traditionnelles et autoritaires, la raison devint le principe dominateur des sociétés modernes. Évidemment, ce ne fut pas sans luttes que la modernité imposa ses principes. Les forces traditionnelles et réactionnaires lui opposèrent leur puissance, et ce quelquefois avec succès. Pensons à l'Église catholique et à l'Inquisition, aux monarchies absolues qui se prétendaient de droit divin, aux dictatures militaires et aux régimes fascistes.

Par ailleurs, la raison, en tant que principe dominateur, ne s'est pas imposée sans entraîner divers problèmes. La science est devenue au XXe siècle, par certains aspects, l'auxiliaire des forces destructrices par sa participation active à l'élaboration d'armes de destruction massive lors des deux guerres mondiales (gaz mortels de l'armée allemande, bombe atomique états-unienne). C'est ainsi qu'au XXe siècle plusieurs philosophes accusèrent la modernité de s'être retournée contre elle-même et d'avoir ruiné son projet en produisant des moyens de contrôle et de destruction en lieu et place de ce qui devait favoriser l'émancipation et le bonheur des humains. La technologie produisit également un « arraisonnement » (une mise sous tutelle) de la nature, selon le mot de Heidegger, qui imposa à la vie les normes de la rationalité humaine. D'où ce sentiment contemporain d'« épuisement » de la force première de la modernité : « La force principale de la modernité, force d'ouverture d'un monde qui était clos, s'épuise à mesure que les échanges s'intensifient et qu'augmente la densité en hommes, en capitaux, en biens de consommation, en instruments de contrôle social et en armes[1]. »

La raison élevée au rang de valeur s'est transformée en une multitude d'applications dont nous faisons usage de façon inconsidérée. Nous ne nous contentons plus d'interpréter rationnellement le monde, nous le transformons souvent sans connaître les conséquences de nos actes. Parmi les plus récentes de ces applications, certaines permettent même de remodeler les composantes fondamentales de la vie grâce à notre connaissance sans cesse approfondie du génome animal et humain. On peut se demander si nous, les modernes, n'avons pas suffisamment transformé le monde et s'il ne serait pas temps de commencer à l'*épargner*. Tâche colossale en ces temps de changements climatiques, de disparition de milliers d'espèces animales et de manipulations génétiques qui se font en fonction d'une société de consommation insatiable.

La liberté

Considérons maintenant ce que nous avons observé des développements du second principe de la modernité : la liberté.

De Descartes à Sartre, en passant par Spinoza, Locke et Rousseau, tout un pan de la philosophie moderne a insisté sur la relation essentielle existant entre la notion de sujet et celle de liberté. Autrement dit, pas de liberté sans « sujet » qui la fonde. Et ce sujet n'est pas le moi de l'individu. La philosophie moderne eut donc à se demander quelle était la nature de cette subjectivité fondatrice ; nous l'avons vu, les réponses ont été multiples.

Descartes, le premier, affirma que la nature de cette subjectivité était d'être une « chose qui pense », autrement dit une substance rationnelle. Tout en lui enlevant son statut de « chose qui pense » pour en faire la conscience du corps, Spinoza fut inspiré par le rationalisme cartésien et affirma que plus on est rationnel, plus la pensée est claire, plus on est libéré de la conscience floue qui règne spontanément. Ici, la liberté pourrait ouvrir la voie à la sagesse conquise à force d'autonomie.

Hobbes, Locke et Rousseau virent plutôt la liberté du sujet comme une capacité de faire, un acte de résistance à la nature et aux forces politiques oppressives visant à fonder un ordre démocratique qui permettrait à chacun d'exercer réellement une liberté naturelle.

Les critiques que Marx et Freud adressèrent à cette conception de la liberté consistèrent à la ramener à ses conditions matérielles d'existence, sans lesquelles elle ne serait qu'une illusion de la conscience.

Finalement, Sartre refusa d'accepter leur point de vue naturaliste et s'attela à la tâche de fonder la possibilité d'une totale liberté. Il la situa dans l'être même de l'être humain, qu'il voyait de plus en plus réduit à l'état d'objet par les analyses de la démarche scientifique et les différents matérialismes. Sa théorie consiste à n'affirmer rien d'autre que ceci : être un humain, c'est être libre, ou plutôt c'est *être* une liberté.

---

1. Alain Touraine, *Critique de la modernité*, Paris, Fayard, 1992, p. 121.

Si la liberté est une *résistance* à la nature ou à soi, ou encore un *projet* à faire de soi quelque chose d'autre que ce que l'on a voulu faire de nous, celle-ci peut-elle survivre ou même simplement s'exercer dans un monde aussi paradoxal que le nôtre? Que reste-t-il de la *résistance* dans ce monde de démocratie molle, de narcissisme accompli où les individus se photographient eux-mêmes sur leur portable afin de mettre en ligne leur image pour éventuellement se vendre, où la dictature du «sexy» fait de la beauté, de la minceur, du «cool», de l'hyperconsommation et de l'hypersexualisation des valeurs cardinales? Le «Je pense, donc je suis» de Descartes serait-il devenu un «Je dépense, donc je suis»? Comment les îlots que sont devenus les individus peuvent-ils résister à toute cette séduction des gadgets électroniques qui leur offrent une puissance de communication jamais égalée dans l'histoire de l'humanité? En créant des communautés virtuelles? Que reste-t-il de la liberté du «sujet» hors de ce principe de résistance? Peut-être une liberté qui ressemble à ce «laissez aller, laissez passer» qu'énoncent les lois de l'économie néolibérale mondialisée. Le sujet, principe de résistance face aux pressions sociales, se serait mis au service de l'individu devenu centre d'intégration des valeurs:

> Lorsque la possibilité même d'une référence à des valeurs communes s'efface, et que l'imaginaire social ne peut plus se nourrir de perspectives partagées qui seules permettent de vivre avec un horizon de sens, fondateur de tout projet, on entre dans l'âge de «l'individualisme post-social» caractérisé par la multiplication d'êtres qui se ressemblent tous sans le savoir, soumis à leurs pulsions, conduits par leur désir de consommer, motivés par la volonté de paraître dont la quête éperdue de reconnaissance médiatique n'est que l'indice le plus visible. *L'hyper-individualisation est une déshumanisation paradoxale, en ce qu'elle constitue une contrefaçon de l'autonomisation humanisante*[2].

N'est-ce pas la réalisation parfaite du rêve de Skinner de créer une culture d'où les contraintes négatives ont disparu et dans laquelle le conditionnement opérant s'effectue grâce à la séduction et à la satisfaction des désirs de tous genres? Une telle culture sans douleur, «cool», pourrait-elle remplacer une liberté devenue gênante parce que cause d'anxiété et de remise en question? Si la liberté était, comme le suggérait la pensée marxiste, le pouvoir de se libérer des oppressions concrètes liées à un moment précis de l'histoire, est-ce que cela voudrait dire que le néolibéralisme et la mondialisation auraient su aliéner les individus au point que ceux-ci ne désireraient même pas se reprendre en main? L'aliénation peut-elle être subtile au point de faire voir la liberté comme une illusion? On peut penser, du moins, à la manière de Sartre, que tant que l'être humain sera un humain, c'est-à-dire une liberté, l'histoire ne sera pas «totalisée» et demeurera donc ouverte aux changements que nous ne saurions prédire. Devant cette incertitude, certains qualifient notre époque de *postmoderne*, tandis que d'autres en parlent plutôt comme d'une époque *hypermoderne*.

POSTMODERNITÉ OU HYPERMODERNITÉ?

Certains philosophes considèrent que l'ère qui s'ouvre devant nous constitue une nouvelle chance pour l'humanité. Ils en ont surtout contre cette volonté d'universaliser la modernité européenne à l'ensemble de la planète, effaçant ainsi les différences essentielles entre les cultures, et contre la destruction de la nature qui va de pair avec

---

2. Pierre-André Taguieff, *Le sens du progrès. Une approche historique et philosophique*, Paris, Flammarion, 2004, p. 327. C'est nous qui soulignons.

les progrès technologiques de la modernité. Cette perte de confiance dans les valeurs universelles qui ont accompagné le triomphe de la modernité se double d'un relativisme qui serait plus respectueux des différences, qu'elles soient culturelles ou individuelles. Gianni Vattimo[3], dans un ouvrage intitulé *La fin de la modernité*, qualifie la période que nous vivons de postmoderne et il la décrit comme l'ère qui sonne le glas de la croyance en une fin de l'histoire guidée par la raison et toujours en progrès. Aujourd'hui, les images du passé et du présent s'entremêlent, des traditions réapparaissent au sein de la modernité, et il devient illusoire de penser que l'histoire peut se totaliser à partir d'un point de vue englobant, le nôtre. Au lieu du *dépassement* constant et de la dictature de la nouveauté que proposait la modernité, la postmodernité offrirait le « surmontement », comme on surmonte une maladie pour en sortir guéri. Ce glas n'a donc rien de triste. On pourrait presque évoquer une nouvelle « Renaissance », une philosophie de la jouissance naissant de cette guérison et qui s'oppose à cette philosophie de la vaillance et de l'héroïsme qui aurait été propre à la modernité.

Pour Michel Maffesoli[4], la postmodernité déploierait une logique du vivre au quotidien. D'où une perte d'intérêt des individus à l'égard des projets de société et un appétit insatiable pour les biens de consommation. Le nouvel espoir de l'humanité, dans une société postindustrielle, résiderait-il dans le fait que chaque individu doive faire ce qu'il faut pour réussir sa vie, ici et maintenant ?

Gilles Lipovetsky, réfléchissant sur l'époque que nous vivons, a défendu l'idée que la démocratie n'est pas mise en jeu par la postmodernité, puisque l'individu postmoderne, s'il n'est plus le militant des droits et libertés, demeure par sa fragilité « […] un individu allergique à la violence et à l'autoritarisme, tolérant et avide de changements fréquents mais sans risque majeur[5] ». Malgré que le militantisme soit en chute libre et que la politique ait plutôt l'air d'un spectacle, l'attachement des citoyens à la démocratie demeurerait aussi profond qu'à l'époque de la modernité triomphante. Dans le même temps qu'il se désengage du militantisme politique et qu'il se réfugie dans une culture « cool », l'individu postmoderne se rattacherait à des réseaux de communication et d'appartenance qui n'ont plus comme référence la nation ou l'État, mais plutôt ses goûts personnels et ses modes de vie ; phénomène accéléré par l'apparition de cette technologie transfigurante qu'est Internet et son monde virtuel. La grande opposition tradition-modernité s'effondrerait au profit du respect des différences et de l'intégration de modes de vie opposés. On peut penser ici aux demandes d'accommodements religieux que les groupes minoritaires de nos sociétés multiethniques réclament tout en s'intégrant dans la vie des majorités. La logique des oppositions de classes des sociétés industrielles disparaîtrait dans le postmodernisme pour laisser la place au *paradigme individualiste*, qui ne serait pas une perte en soi, mais une figure historique nouvelle de la vie en commun.

Dans un essai plus récent intitulé *Les temps hypermodernes*[6], Gilles Lipovetsky et Sébastien Charles remettent en cause l'idée même de postmodernité au profit de celle d'*hypermodernité*. Ils considèrent que les grands récits fondateurs ne se sont pas effondrés et que la modernité s'est même accélérée. Si la modernité signifiait liberté et nouveauté, alors la culture actuelle aurait poussé à l'extrême ces deux principes. Tout

3. Gianni Vattimo, *La fin de la modernité*, Paris, Seuil, 1987.
4. Michel Maffesoli, *Le temps des tribus*, Paris, Méridien, 1988.
5. Gilles Lipovetsky, *L'ère du vide*, dans Yves Boivert, Le monde postmoderne, Paris, L'Harmattan, 1996, p. 119.
6. Gilles Lipovetsky et Sébastien Charles, *Les temps hypermodernes*, Paris, Grasset, 2004.

en vivant une existence au quotidien et dans des liens sociaux éclatés, l'individu hyper-moderne aurait conservé en lui les idéaux de la démocratie et des droits de l'homme. Même s'il ne s'affiche plus en groupe dans les rues pour les défendre, il adopte des pratiques de solidarité, d'équité et d'humanitarisme plus globales que ceux de la modernité, qui héroïsait la démocratie et les droits de l'homme tout en pratiquant le colonialisme et l'interventionnisme militaire. Ce qui aurait créé le tourbillon hypermoderne, c'est *l'extension du principe de la mode à l'ensemble de la vie sociale*. Tous les secteurs de la vie, tant sociale qu'intérieure, seraient devenus « mode », c'est-à-dire se donneraient à voir comme « look » superficiel, « look » lui-même rapidement interchangeable : hyperconsommation, hypersexualité, hyperperformance ; tout s'accélère, tout se donne à être vu et consommé rapidement. Paradoxalement, ces auteurs croient que ce « bougisme » incessant crée des individus fragiles et anxieux qui sentent le besoin de maintenir les acquis des démocraties et même de certaines traditions afin de s'équilibrer. C'est ce paradoxe qui définirait le mieux notre nouvelle culture hypermoderne :

> Suractif, l'individu hypermoderne est également prudentiel, affectuel et relationnel : l'accélération des vitesses n'a aboli ni la sensibilité à l'autre, ni les passions du qualitatif, ni les aspirations à une vie « équilibrée » et sentimentale. [...] Les films pornos se louent en libre-service, mais la vie libidinale est loin d'avoir basculé dans l'orgie et l'échangisme généralisé. La publicité peut glorifier les jouissances marchandes, c'est la relation à autrui (enfant, amour, amitié) qui fait la qualité de vie du plus grand nombre. [...] partout les logiques d'excès s'accompagnent de crans d'arrêt et de contre-tendances. Travaillée par des normes antinomiques, la société ultramoderne n'est pas unidimensionnelle : elle ressemble à un chaos paradoxal, un désordre organisateur[7].

Cette controverse à propos de l'époque actuelle nous concerne au plus haut point. Si le fait de situer les idées des grands philosophes dans le contexte qui les a fait naître est une méthode qui en favorise la compréhension, alors il serait peut-être important de mieux situer notre époque pour mieux nous comprendre. Le monde dans lequel nous vivons est-il moderne, hypermoderne ou bien postmoderne ? Si nous sommes à l'aube d'une nouvelle crise de civilisation, cela signifie-t-il qu'il faille revoir ce que c'est qu'être un humain postmoderne ou hypermoderne ? Est-ce que les principes de liberté et de rationalité que les modernes ont mis au centre de leurs conceptions de l'être humain seraient en train de disparaître ou de se modifier profondément avec cette nouvelle crise de civilisation ? Quelles seront les valeurs dominantes de demain dans ce « désordre organisateur » ? Il semble bien qu'une éthique d'un au-delà de la modernité sera tout aussi nécessaire que difficile à bâtir. Et que les philosophes contemporains qui voudront y parvenir devront tenir compte de cette crise.

---

7. *Ibid.*, p. 119.

Bibliographie

ADORNO, Theodor et Max HORKHEIMER, *La dialectique de la raison*, trad. par Éliane Kaufholz, Paris, Gallimard, 1974.

ALQUIÉ, Ferdinand, « Descartes », dans *Dictionnaire des philosophes*, Paris, Encyclopædia Universalis et Albin Michel, 1998.

ARON, Raymond, *Les désillusions du progrès. Essai sur la dialectique de la modernité*, Paris, Calmann-Lévy, 1969.

BEAUVOIR, Simone de, *Le deuxième sexe*, tome 1, Paris, Gallimard, 1949.

BLANCHÉ, Robert, *La méthode expérimentale et la philosophie de la physique*, Paris, Armand Colin, coll. U, 1969.

BLOCH, Ernst, *Droit naturel et dignité humaine*, Paris, Payot, coll. Critique de la politique, 1976.

BOSSUET, *Traité du libre arbitre*, Houilles, Éd. Manucius, coll. Le Philosophe, 2006.

BOUCHILLOUX, Hélène, *La question de la liberté chez Descartes. Libre arbitre, liberté et indifférence*, Paris, Honoré Champion éditeur, coll. Travaux de philosophie, 2003.

BOULAD-AYOUB, Josiane et François BLANCHARD (dir.), *Les grandes figures du monde moderne*, Québec, Presses de l'Université Laval, 2001.

BRULEY, Yves, *L'histoire du catholicisme*, Paris, P.U.F., coll. Que sais-je ?, no 365, 2004.

CAMUS, Albert, *Combat*, éditorial, 8 août 1945.

CHANGEUX, Jean-Pierre (dir.), *Fondements naturels de l'éthique*, Paris, Odile Jacob, 1993.

COLLIN, Denis, « Le déterminisme, Marx et les sciences sociales » (consulté le 31 décembre 2007), www.pagesperso-orange.fr/denis.collin/determinisme.html.

_____ *Comprendre Marx*, Paris, Armand Colin, coll. Cursus Philosophie, 2006.

DANTON, Georges Jacques, « Créer la paix » (consulté le 24 novembre 2007), www.creerlapaix.com/temoignages/danton.php.

DARWIN, Charles, *La descendance de l'homme*, Paris, L'Harmattan, 2006.

DAWKINS, Richard, *Le gène égoïste*, trad. par Laura Ovion, Paris, Odile Jacob, 1996.

DERATHÉ, Robert, *J.-J. Rousseau et la science politique de son temps*, Paris, Vrin, Bibliothèque d'histoire de la philosophie, 1995.

DESCARTES, René, *Discours de la méthode*, dans *Œuvres et lettres*, Paris, Gallimard, NRF, Bibliothèque de la Pléiade, 1953.

_____ *Méditations métaphysiques*, dans *Œuvres et lettres*, Paris, Gallimard, NRF, Bibliothèque de la Pléiade, 1953.

_____ *Principes de la philosophie*, dans *Œuvres et lettres*, Paris, Gallimard, NRF, Bibliothèque de la Pléiade, 1953.

_____ *Règles pour la direction de l'esprit*, dans *Œuvres et lettres*, Paris, Gallimard, NRF, Bibliothèque de la Pléiade, 1953.

Dictionnaire des philosophes, Paris, Encyclopædia Universalis et Albin Michel, 1998.

DREYFUS, François-G., *Histoire des Allemagnes*, Paris, Armand Colin, coll. U, 1970.

FANON, Frantz, *Les damnés de la Terre*, Paris, Maspero, 1961.

FOUCAULT, Michel, « Qu'est-ce que les Lumières ? », cours inédit, dans *Le Magazine littéraire*, no 309, avril 1993.

_____ *Les mots et les choses*, Paris, Gallimard, 1966.

FREUD, Sigmund, *Cinq leçons sur la psychanalyse*, Paris, Payot, 1965.

_____ *Essais de psychanalyse appliquée*, trad. par Marie Bonaparte, Paris, Gallimard, 1971.

_____ *L'avenir d'une illusion*, trad. par Marie Bonaparte, Paris, P.U.F., 1971.

_____ *Malaise dans la civilisation*, trad. par C. et J. Odier, Paris, P.U.F., 1971.

_____ *Métapsychologie*, Paris, Gallimard, 1968.

_____ *Nouvelles conférences sur la psychanalyse*, trad. par Anne Berman, Paris, Gallimard, 1936.

_____ *Psychopathologie de la vie quotidienne*, trad. par S. Jankélévitch, Paris, Payot, 1968.

GEYMONAT, Ludovico, *Galilée*, Paris, Le Seuil, coll. Points, 1992.

GOUGES, Olympe de, *Déclaration des droits de la femme et de la citoyenne*, Paris, Mille et une nuits, 2003.

GUILLEBAUD, Jean-Claude, *La refondation du monde*, Paris, Le Seuil, 1999.

HARNECKER, Marta, *Les concepts élémentaires du matérialisme historique*, Bruxelles, Contradictions, 1974.

HATZENBERGER, Antoine, *La liberté. Textes choisis*, Paris, Flammarion, coll. Corpus, nº 3023, 1999.

HEIDEGGER, Martin, *Chemins qui ne mènent nulle part*, trad. par W. Brokmeier, Paris, Gallimard, 1962.

_____ *Introduction à la métaphysique*, trad. par Gilbert Kahn, Paris, Gallimard, 1977.

HERSCH, Jeanne, *Textes fondateurs*, «Déclaration des droits – *Bill of Rights*» (consulté le 28 décembre 2007), www.aidh.org/Biblio/Text_fondat/GB_04.htm.

_____ *Textes fondateurs*, «La déclaration d'indépendance américaine» (consulté le 24 novembre 2007), www.aidh.org/Biblio/Text_fondat/US_03.htm.

HOBBES, Thomas, *Le citoyen ou les fondements de la politique*, trad. par Samuel Sorbière, Paris, Flammarion, 1982.

HOTTOIS, Gilbert, *De la Renaissance à la postmodernité. Une histoire de la philosophie moderne et contemporaine*, 3ᵉ éd., Bruxelles, De Boeck Université, coll. Le point philosophique, 2002.

HUISMANN, Denis, et André VERGEZ, *Philosophie*, tome 1: «L'action», Paris, Marabout, coll. Marabout Savoir, 1994.

HUME, David, *Enquête sur l'entendement humain*, trad. par André Leroy, Paris, Aubier, 1972.

JEANSON, Francis, *Le problème moral dans la pensée de Sartre*, Paris, Le Seuil, 1955.

JOLIVET, Régis, *Les doctrines existentialistes*, Paris, Éd. de Fontenelle, 1948.

JÜNGER, Ernst, *Sur les falaises de marbre*, trad. par Henri Thomas, Paris, Gallimard, coll. L'Imaginaire, nº 47.

KANT, Emmanuel, «Qu'est-ce que les Lumières?», dans *Œuvres*, tome II, Paris, Gallimard, Bibliothèque de la Pléiade, 1985.

KIERKEGAARD, Sören, *Le concept de l'angoisse*, trad. par Knud Ferlov et Jean-J. Gateau, Paris, Gallimard, coll. Idées, 1969.

LABICA, Georges (dir.), *Dictionnaire critique du marxisme*, Paris, P.U.F., 1982.

LABORIT, Henri, *La nouvelle grille*, Paris, Robert Laffont, 1974.

_____ *L'agressivité détournée. Introduction à une biologie du comportement social*, Paris, Union générale d'éditions, 1971.

_____ *L'homme imaginant. Essai de biologie politique*, Paris, Union générale d'éditions, 1970.

LALANDE, André, *Vocabulaire technique et critique de la philosophie*, vol. 1, Paris, P.U.F., 1999.

LAPLANCHE, Jean et Jean-Bertrand PONTALIS, *Vocabulaire de la psychanalyse*, Paris, P.U.F, 1968.

Le Petit Robert. Dictionnaire de la langue française, cédérom, version 1.2.

LEFEBVRE, Henri, *Descartes*, Paris, Éd. Hier et Aujourd'hui, 1947.

LÉVI-STRAUSS, Claude, *La pensée sauvage*, Paris, Plon, 1962.

LIMOGES, Camille, *La sélection naturelle*, Paris, P.U.F., coll. Galien, 1970.

LIPOVETSKY, Gilles, et Sébastien CHARLES, *Les temps hypermodernes*, Paris, Grasset, 2004.

LIPOVETSKY, Gilles, *L'ère du vide*, dans Yves BOIVERT, *Le monde postmoderne*, Paris, L'Harmattan, 1996.

LIVET, Georges, «Guerre des paysans», dans *Encyclopædia Universalis*, cédérom, version 9.

LOCKE, John, *Deuxième traité du gouvernement civil*, trad. par Bernard Gilson, Paris, Vrin, 1985.

_____ *Essai sur l'entendement humain*, trad. par M. Coste, Paris, Vrin, 1998.

_____ *Quelques pensées sur l'éducation*, trad. par G. Compayré, Paris, Vrin, 1966.

LUTHER, Martin, *Du serf arbitre*, suivi de D. Érasme, *Diatribe : Du libre arbitre*, Paris, Gallimard, coll. Folio essais, 2001.

MAFFESOLI, Michel, *Le temps des tribus*, Paris, Méridien, 1988.

MARGOLIN, Jean-Claude, «Humanisme», dans *Encyclopædia Universalis*, cédérom, version 9.

MARX, Karl, *Contribution à la critique de l'économie politique*, trad. par R.P.M. Husson et G. Badia, Paris, Éditions sociales, 1972.

_____ *La question juive. 1843*, tome I, trad. par M. Simon, Paris, Aubier, 1971.

_____ *Le capital*, dans *Œuvres*, trad. par Maximilien Rubel, Paris, Gallimard, Bibliothèque de la Pléiade, 1963.

_____ *Le capital*, Paris, Éditions sociales, 8 tomes.

_____ *Œuvres choisies 1*, Paris, Gallimard, NRF, coll. Idées, n° 41, 1963.

MARX, Karl et Friedrich ENGELS, *L'idéologie allemande*, trad. par R. Cartelle et G. Badia, Paris, Éditions sociales, coll. Classiques du marxisme, 1970.

MÉCHOULAN, Henry, *Amsterdam au temps de Spinoza. Argent et liberté*, Paris, P.U.F., coll. Questions, 1990.

MISRAHI, Robert, *100 mots sur l'Éthique de Spinoza*, Paris, Le Seuil, coll. Les empêcheurs de penser en rond, 2005.

_____ *Spinoza et le spinozisme*, Paris, Éditons Armand Colin, coll. Synthèse, série Philosophie, n° 5, 1998.

MOUNIER, Emmanuel, *Introduction aux existentialismes*, Paris, Gallimard, 1962.

NADLER, Steven, *Spinoza, une vie*, Paris, Bayard, coll. Biographie, 2003.

NIETZSCHE, Friedrich, *Sur l'histoire. Seconde considération inactuelle : Utilité et inconvénient de la connaissance historique pour la vie*, trad. par François Guéry, Paris, Hachette, 1996.

_____ *Le gai savoir*, trad. par Alexandre Vialatte, Paris, Gallimard, 1950.

_____ *L'antéchrist*, trad. et présentation par Dominique Tassel, Paris, Union générale d'éditions, 1967.

PARADIS, Robert, Bernard OUELLET et Pierre BORDELEAU, *Philosophie et rationalité. De la certitude au doute*, Saint-Laurent, ERPI, coll. Philosophie, 2001.

PICHOT, André, *La société pure. De Darwin à Hitler*, Paris, Flammarion, coll. Champs, 2000.

POPKIN, Richard H., *Histoire du scepticisme d'Érasme à Spinoza*, Paris, P.U.F., coll. Léviathan, 1995.

PRÉPOSIET, Jean, *Spinoza et la liberté des hommes*, Paris, Gallimard, 1967.

RIMBEAU, Arthur, *Lettre à George Izambard*, 13 mai 1871, dans *Œuvres complètes*, Gallimard, Bibliothèque de la Pléiade, 1963.

ROBESPIERRE, Maximilien, *Discours du 17 Pluviose an II*, dans *Robespierre, textes choisis*, tome 1, Paris, Éditions sociales, 1974.

ROUSSEAU, Jean-Jacques, *Discours sur l'origine et les fondements de l'inégalité parmi les hommes*, Paris, Gallimard, 1965.

_____ *Du Contrat social*, Paris, Aubier-Montaigne, 1943.

_____ *Émile ou De l'éducation*, Paris, Flammarion, 1966.

_____ *Les Confessions*, livre VIII, Paris, Gallimard, 1995.

_____ *Lettres écrites de la montagne*, Huitième Lettre, dans *Œuvres complètes*, tome III, Paris, Bibliothèque de la Pléiade, 1964.

_____ *Œuvres complètes*, tome III, Paris, Gallimard, Bibliothèque de la Pléiade, 1964.

ROYER, Clémence, préface de DARWIN, Charles, *L'origine des espèces*, trad. par Clémence Royer, Paris, Flammarion, 1872.

RUSSEL, Bertrand, *Essais sceptiques*, Paris, Éditions Rombaldi, coll. Des prix Nobel de littérature, 1950.

SARTRE, Jean-Paul, « Sartre par Sartre », dans *Situations IX*, Paris, Gallimard, 1972.

_____ *Critique de la raison dialectique*, Paris, Gallimard, 1960.

_____ *L'être et le néant*, Paris, Gallimard, 1943.

_____ *L'existentialisme est un humanisme*, Paris, Gallimard, 1996.

_____ *La nausée*, Paris, Gallimard, 1938.

_____ *Situations III*, Paris, Gallimard, 1949.

SIMARD, Marc et Christian LAVILLE, *Histoire de la civilisation occidentale. Une perspective mondiale*, 2e éd., Saint-Laurent, ERPI, 2005.

SKINNER, Burrhus Frederic, *Par delà la liberté et la dignité*, trad. par Anne-Marie et Marc Richelle, Paris, Robert Laffont, 1971.

SPENGLER, Oswald, *L'homme et la technique*, trad. par Anatole Petrowsky, Paris, Gallimard, 1958.

SPINOZA, Baruch, *Lettre à Schuller*, dans *Œuvres*, tome 4, Paris, Garnier-Flammarion, 1955.

_____ *Œuvres III – Éthique*, Paris, GF Flammarion, 1965.

TAGUIEFF, Pierre-André, *Le sens du progrès. Une approche historique et philosophique*, Paris, Flammarion, 2004.

TERREL, Jean, *Hobbes. Matérialisme et politique*, Paris, Vrin, Bibliothèque d'histoire de la philosophie, 1994.

THIS, Bernard, « Freud. L'émergence de l'inconscient », dans *Pour la science*, mai-août 2003.

TOURAINE, Alain, *Critique de la modernité*, Paris, Fayard, 1998.

VATTIMO, Gianni, *La fin de la modernité*, Paris, Seuil, 1987.

VOLTAIRE, *Lettres philosophiques*, Paris, Gallimard, 1986.

_____ *Traité de métaphysique*, dans *Œuvres complètes*, vol. 22, Paris, Garnier Frères, 1879.

WILSON, Edward O., *Sociobiology. The New Synthesis*, Cambridge, Harvard University Press, 1975.

Sources des images

Chapitre 1

Page 3, fig. 1.1 : *Adam et Ève chassés du Paradis terrestre* (huile sur toile), Giuseppe Cesari (1568-1640), Galleria Sabauda, Turin, Italie/Alinari/The Bridgeman Art Library. Page 5, fig. 1.2 : Atelier d'imprimerie (enluminure), 1490, Bibliothèque nationale de France, Paris, France/agk-images/Visioars. Page 5, fig. 1.3 : Codex sur papier parchemin relatant l'histoire de la ville de Berlin (1272-1489), Stadtarchiv, Berlin, Allemagne/agk-images. Page 6, fig. 1.4 : *La création d'Adam*, détail du retable de Grabow (tempera sur bois), Maître Bertram de Minden (v. 1345-1415), Kunsthalle, Hambourg, Allemagne/The Bridgeman Art Library. Page 6, fig. 1.5 : *La création d'Adam*, détail du plafond de la chapelle Sixtine, 1511 (fresque) (avant la restauration), Michel-Ange (1475-1564), Musées et galeries du Vatican, Cité du Vatican, Italie/The Bridgeman Art Library. Page 7, fig. 1.6 : *Schéma de proportions du corps humain d'après Vitruve* (plume et encre légèrement aquarellée sur papier blanc), vers 1490, Léonard de Vinci (1452-1519), Galleria dell'Accademia, Venise, Italie/Image Club Graphics. Page 8, fig. 1.7 : *La dernière Cène* (fresque) (après la restauration), Léonard de Vinci (1452-1519), Santa Maria della Grazie, Milan, Italie/The Bridgeman Art Library. Page 8, fig. 1.8 : *Statue de Nicolas Copernic,* 1823, Bertel Thorvaldesen et Bronislav Koniuszy, Planétarium Adler, Parc Burnham, Varsovie, Pologne/Laurent Dambies/iStock. Page 9, fig. 1.9 : *Le système vasculaire* (gravure sur bois), 1543, Jan Stephan von Calcr (1499-1546/50) (d'après le dessin de Vésale, décembre 1537 à Padoue, copié du *Vitus Tritonius Athesinus.* In: Andreas Vesalius (1514-1564), *De humani corporis fabrica,* Bâle (Joh. Oporinus), 1543/agk-images. Page 10, fig. 1.10 : *Portrait de Pico della Mirandola,* Cristofano dell'Altissimo (v. 1525-1605), Gabinetto dei Disegni e delle Stampe degli Uffizi, Florence, Italie/Scala/Art Resource, NY. Page 11, fig. 1.11 : Bettmann/Corbis. Page 12, fig. 1.12 : *Scène de l'Inquisition* (huile sur toile), Francisco Jose de Goya y Lucientes (1746-1828), Real Academia de Bellas Artes de San Fernando, Madrid, Espagne/The Bridgeman Art Library. Page 15, fig. 1.13 : *Érasme écrivant* (huile sur bois), Hans Holbein le Jeune (1497-1543), Musée du Louvre, Paris, France/The Bridgeman Art Library. Page 17, fig. 1.14 : *Portrait de Jean Calvin* (gravure), Ary Scheffer (1795-1858), Museo del Castello Sforzesco, Milan, Italie/The Bridgeman Art Library.

Chapitre 2

Page 23, fig. 2.1 : Statue de Giordano Bruno (bois), Piazza Navona, Rome, Italie/Bettmann/Corbis. Page 24, fig. 2.2 : Portrait de Galilée (huile sur toile), Justus Sustermans (1597-1681), Galleria degli Uffizi, Florence, Italie/The Bridgeman Art Library. Page 24, fig. 2.3 : Bettmann/Corbis. Page 31 : *René Descartes (1596-1650), philosophe* (huile sur toile), v. 1640, d'après Frans Hals (l'Ancien) (1581/85-1666), Musée du Louvre, Paris, France/Archivo Iconografico, S.A./Corbis. Page 41 : Bettmann/Corbis. Page 46, fig. 2.6 : Maartje van Caspel/iStock. Page 48, fig. 2.7 : *Duel à coups de bâtons* (Technique mixte, peinture murale transférée sur toile), 1821-1823, Francisco Jose de Goya y Lucientes (1746-1828), Museo Nacional del Prado, Madrid, Espagne/Archivo Iconografico, S.A./Corbis. Page 49, fig. 2.8 : Collection privée/The Bridgeman Art Library. Page 51 : *Portrait de Baruch de Spinoza (1632-1677)* (Huile sur toile), École hollandaise (17e siècle), Herzog August Bibliothek, Wolfenbuttel, Allemagne/The Bridgeman Art Library.

Chapitre 3

Page 66, fig. 1.1 : *La Liberté armée du sceptre de la raison foudroie l'Ignorance et le Fanatisme* (gravure), 1793, J. B. Chapuis d'après Simon Louis Boizot (1743-1809), Musée de la Ville de Paris, Musée Carnavalet, Paris, France/The Bridgeman Art Library. Page 68, fig. 3.2 : *Signature de la déclaration d'indépendance, le 4 juillet 1776* (huile sur toile), John Trumbull (1756-1843), Yale University Art Gallery, New Haven, États-Unis/The Bridgeman Art Library. Page 69, fig. 3.3 : *La prise de la Bastille, le 14 juillet 1789* (huile sur toile), Musée de la Ville de Paris, Musée Carnavalet, Paris, France/The Bridgeman Art Library. Page 70, fig. 3.4 : *Madame Aubry dite Olympe de Gouges (1784-1793)* (aquarelle), 1784, École française (18e siècle), Musée de la Ville de Paris, Musée Carnavalet, Paris, France. Page 73, fig. 3.5 : Bibliothèque nationale de France/The Bridgeman Art Library. Page 73, fig. 3.6 : *Denis Diderot (1715-1784)* (huile sur toile), 1828-1829, Dmitri Grigorievitch Levitski (1735-1822), Musée d'art et d'histoire, Genève, Suisse/Giraudon/The Bridgeman Art Library. Page 76 : *Portrait de John Locke (1632-1704)* (huile sur toile), d'après Sir Godfrey Kneller (1649-1723), © Collection privée/© Philip Mould Ltd., Londres/The Bridgeman Art Library. Page 79, fig. 3.7 : Robin Hanbury-Tenison/Robert Harding World Imagery/Corbis. Page 85 : *Portrait de Jean-Jacques Rousseau (1712-1778),* Maurice Quentin de la Tour (1704-1788), Collection privée/The Bridgeman Art Library. Page 88, fig. 3.8 : Bibliothèque Sainte-Geneviève, Paris, France/Archives Charmet/The Bridgeman Art Library. Page 89, fig. 3.9 : *Le chasseur et le pêcheur indien* (huile sur toile), 1741, Musée des Beaux-Arts, Marseille, France/Giraudon/The Bridgeman Art Library.

Chapitre 4

Page 100, fig. 4.1 : *Sacre de l'Empereur Napoléon et Couronnement de l'Impératrice Joséphine à Notre-Dame le 2 décembre 1804* (détail du panneau central) (huile sur toile), 1806-1807, Jacques-Louis David (1748-1825), Musée du Louvre, Paris, France/The Bridgeman Art Library. Page 101, fig. 4.2 : *Une forge* (huile sur toile), 1893, Fernand Cormon (1854-1924), Musée d'Orsay, Paris, France/Giraudon/The Bridgeman Art Library. Page 102, fig. 4.3 : agk-images. Page 103, fig. 4.4 : *La chute de la colonne Vendôme* (gravure sur bois coloriée postérieurement), 1872, Archiv für Kunst und Geschichte, Berlin, Allemagne/agk-images. Page 105, fig. 4.5 : agk-images. Page 107, fig. 4.6 : *Buste de Friedrich Nietzsche* (sculpture) 1904, Max Klinger (1857-1920)/agk-images. Page 111 : agk-images. Page 114, fig. 4.8 : *L'homme du siècle,* 1890, Albert Hahn/agk-images. Page 118, fig. 4.12 : agk-images. Page 120 : agk-images. Page 124, fig. 4.13 : *Charcot à la Salpêtrière,* 1887, André Brouillet (1857-?)/agk-images.

Chapitre 5

Page 142, fig. 5.1 : Bettmann/Corbis. Page 143, fig. 5.2 : © Michael Nicholson/Corbis. Page 145, fig. 5.4 : Bettmann/Corbis. Page 146, fig. 5.5 : TW Photo/Corbis. Page 148, fig. 5.6 : © Joel W. Rogers/Corbis. Page 150, fig. 5.7 : © Éditions Denoël, 1947, 1981 ; figure tirée de Emmanuel Mounier, *Introduction aux existentialismes,* Gallimard, Collection Idées (no 14), p. 12. Page 151, fig. 5.8 : agk-images. Page 153 : Daniel Frasnay/agk images. Page 153, fig. 5.9 : Denise Bellon/agk-images. Page 162, fig. 5.13 : Sion Touhig/Corbis. Page 163, fig. 5.14 : Reuters/Corbis. Page 165, fig. 5.15 : Bettmann/Corbis. Page 168, fig. 5.16 : Sophie Bassouls/Sygma/Corbis. Page 170, fig. 5.17 : Lynn Goldsmith/Corbis. Page 170, fig. 5.18 : Colin McPherson/Corbis. Page 171, fig. 5.19 : Alfred Pasieka/SPL/Publiphoto.

Index

A

absurdisme, 150
action, 160
Adam et Ève, 2-3
ADN, 138, 143, 168, 171
ADORNO, Theodor, 143
agir, 161
agnosticisme, 13
ALEMBERT, Jean le Rond d', 73
aliénation, 117, 161, 163, 164
Allemagne, 142, 145
almageste, 7
âme, 38, 39, 50, 53
Amérique, 67-69
amour de soi, 87
amour-propre, 89
Angleterre, 28, 29, 64, 70, 77
animal, 166
    doué de raison, 43-44
    rationnel et politique, 50
    sensible, 86-87
    sociable, 80
anthropomorphisme, 50
antihumanisme, 140, 149-150
apocalypse, 163-164
appareil psychique, 126-128
ARON, Raymond, 141
arraisonnement de la nature, 148-149
ASHLEY, *lord*, 76
athéisme, 13, 43
attribut, 53

B

BACON, Francis, 13-14, 24, 74
BEAUVOIR, Simone de, 153
behaviorisme, 138, 165-166
Bible, 2-3, 13-14, 17, 52, 77-78
biologie, 166-168
BLANQUI, Louis Auguste, 109
bombe atomique, 143
BONAPARTE, Napoléon, 100-101
Bosnie, 143
bourgeoisie, 113-114
BREUER, Josef, 120, 125
BRUNO, Giordano, 23

C

ça, 126-127, 130
CALVIN, Jean, 14, 17-18
Cambodge, 145
CAMUS, Albert, 144
capitalisme, 112, 113, 141-142
cartésianisme, 30, 31-40, 50, 157
catholicisme, 4-5, 11-12, 28
cens, 11
cercle vicieux, 32

cerveau, 168
CHARCOT, Jean Martin, 121, 123-124
CHARLES IER, 29
CHARLES QUINT, 28
christianisme, 3, 151
chute des corps, 27
codex, 5
cogito, 35-36, 157
colonialisme, 103
Commonwealth, 42
communautarisme, 143
Commune de Paris, 103-104
communisme, 112
complexe d'Œdipe, 123, 127
COMTE, Auguste, 109
Concile de Trente, 11-12
condition humaine, 159
connaissance
    adéquate, 56
    scientifique, 13-14
conscience, 152-154, 157, 161, 166, 168
    écologique, 149
Constantinople, 4, 9
contrat social, 40-41, 48-49, 82-83, 92-93
contre-finalité, 161
Contre-Réforme, 11-12
COPERNIC, Nicolas, 7, 23
corps, 38, 39, 53
création, 2-3
créationnisme, 2-3
CROMWELL, Olivier, 29, 66
curie romaine, 25

D

DANTON, Georges Jacques, 70
DARWIN, Charles, 98, 105, 166-167
DAWKINS, Richard, 170-171
Déclaration des droits de l'homme et du citoyen,
    69-70, 117
Déclaration des droits de la femme et de la citoyenne, 71
Déclaration d'indépendance, 67-69
décolonisation, 144-146
déconstruction, 138-139
démocratie(s), 58, 65-66
    chute des –, 142-143, 144
    directe, 93
    parlementaire, 93
dépression de 1929-1939, 141
DESCARTES, René, 14, 22, 29, 30, 31-40, 50, 157, 176
désir, 55
despote, 64
destruction créatrice, 141
déterminisme, 17, 56, 98, 115-119, 123-126, 131-132,
    138-171
dialectique, 106-107, 155
dictature, 142, 143
DIDEROT, Denis, 72, 73, 84

Dieu, 2-3, 36-37, 42-43, 46, 50, 52-53, 66, 77, 78, 155-156
    mort de –, 151-152
dîme, 11
division du travail, 162-163
dogme, 72
dominance sociale, 169-170
DOSTOÏEVSKI, Fedor, 152
doute
    hyperbolique, 35
    méthodique, 33-37
droit(s), 47, 66-67
    de l'homme, 69-70, 117, 119
    de résistance, 83-84
    naturel, 82
dualisme, 37-40, 128-129

E

École de Francfort, 146-147
éducation, 88
effet pervers, 161
égalitarisme, 141
égalité, 44, 49, 84, 99, 101, 104, 141, 143
Église catholique, 4-5, 11-12
Églises protestantes, 10-12
égoïsme, 170-171
EINSTEIN, Albert, 143
émanation, 53
empirisme, 74-75
Encyclopédie, 73, 84
ENGELS, Friedrich, 110, 114, 115
en-soi, 152-154
ÉRASME, Didier, 14-16
erreur, 55
Espagne, 28, 29, 143
esprit, 38, 39
estime de soi, 89
état de nature, 42, 45, 47, 57, 78-80
état de société, 48-49, 82-83
États-Unis, 145
étendue, 42, 53, 54
éthique, 50
eugénisme, 167-168
évidence, 33
évolution, 105, 166-167
existence, 154-157
existentialisme, 150-157
exploitation, 118

F

facticité, 159-160
FANON, Frantz, 145
fascisme, 142
fatalisme, 98
femme, 70
foi, 16-17, 30
fondations nouvelles, 4
force de travail, 113, 117
FOUCAULT, Michel, 149-150
France, 29, 69-70, 100
Francfort, École de –, 146-147
FRANCO BAHAMONDE, Francisco, 143
Frankenstein, 138

FRANKLIN, Benjamin, 71
FREUD, Sigmund, 98, 99, 108, 119-133, 176

G

GALIEN, 8
GALILÉE, 24-27
GALTON, sir Francis, 167-168
GASSENDI, Pierre Gassend, dit, 40
gène, 170-171
Genèse, 2-3
génétique, 138, 168-171
génocide, 144-146
génomique, 172
gouvernement civil, 77
grâce divine, 2-3, 10, 15, 30
Grande Rébellion, 29
groupe en fusion, 163-164
guerre, 47
    des paysans, 11
    froide, 144-146
    Première – mondiale, 143-144
    Seconde – mondiale, 143-144
GUILLAUME D'ORANGE, 28, 66-67

H

HAECKEL, Ernst, 168
HEGEL, Georg Wilhelm Friedrich, 106-107, 175
HEIDEGGER, Martin, 148-149, 176
héliocentrisme, 7-8
HELVÉTIUS, Claude Adrien, 72
Hiroshima, 144
histoire, 104-108, 110-114, 161-164
    antiquaire, 107, 108
    critique, 107, 108
    monumentale, 107-108
historicisme, 108-110
HITLER, Adolf, 142
HOBBES, Thomas, 22, 29, 30, 31, 40-50, 75, 78, 92, 170-171, 176
HOLBACH, Paul Henri, baron d', 72
holocauste, 143
homme
    de l'homme, 88, 89-90
    de proie, 147
    naturel, 86-90
humanisme, 9-10, 149-150
HUME, David, 74-75
HUXLEY, Aldous, 138
hypermodernité, 177-179
hypnose, 123-124, 125

I

idéalisme, 31, 106
idée, 53
    de sensation, 74
idéologie, 72
illusion, 55
    de la liberté, 98-133
impression, 74-75
imprimerie, 5
inconscient, 121
indépendance, 88, 90-91
Index, 12
indulgence, 10

industrialisation, 101-102
Inquisition, 12
instances psychiques, 126-128
internationale, 104
irréductibilité, 164-165
Italie, 142

J

Jésus-Christ, 151
Jeudi noir, 142
JÜNGER, Ernst, 143
justice divine, 16, 17

K

KANT, Emmanuel, 72
KIERKEGAARD, Sören, 151

L

LABORIT, Henri, 168-179
LA METTRIE, Julien OFFROY de, 72
LAVOISIER, Antoine Laurent de, 71
LÉONARD DE VINCI, 6-7
Léviathan, 42-43, 48-49, 75
LÉVIS-STRAUSS, Claude, 164-165
libéralisme économique, 108
libération, 119, 132-133, 145
liberté, 2-19, 22-60, 64-95, 138-171, 176-177
    critique de la –, 98-133
    de choix, 91
    de faire, 45-49
    fausse –, 46-47
    formelle, 119
    politique, 57-58
    réelle, 119
    -sagesse, 55-57
    -volonté, 31-40
libido, 129
libre arbitre, 15-17, 39, 55-56
libre échange, 79
LINNÉ, Carl von, 72
LOCKE, John, 74, 75-84, 92, 175, 176
loi(s)
    de la nature, 44-45
    naturelle, 44, 77-78, 82
LOUIS XIV, 29
Lumières, 64, 72-73
LUTHER, Martin, 10-11, 14, 16-17
luthérianisme, 10-11
lutte
    des classes, 112, 113-115
    des contraires, 106-107, 115

M

machine, 101
manipulation de l'individu, 165
MARX, Karl, 98-99, 106-107, 110-119, 129, 176
matérialisme, 31, 41-43, 106-107, 156, 168
    dialectique, 107
    historique, 111-114
matière, 53, 54, 161
MAURICE DE NASSAU, 28, 31
médecine, 76-77
MENDEL, Gregor, 168
métaphysique, 34-37

méthode, 33-34
    expérimentale, 26
MICHEL-ANGE, 6
miséricorde, 15
mode, 53
modernisme, 141
modernité, 4-12, 23-31, 65-72, 109, 140, 177-179
moi, 127, 130
monarchie, 29
    mixte, 84
    parlementaire, 77
mondialisation, 103
monisme, 22-23, 52
MONTAIGNE, Michel EYQUEM de, 30
MOUNIER, Emmanuel, 150
mouvement, 42
MUSSOLINI, Benito, 142
mutation, 168

N

nationalisme, 142
nature, 52-53, 77-80, 86, 161
    arraisonnement de la –, 148-149
    domination de la –, 149
    humaine, 64-95
nausée, 154, 157
nazisme, 142, 143, 168
néant, 156, 159
néantisation, 156, 159
néodarwinisme, 168-171
NEWTON, Isaac, 70-71
NIETZSCHE, Friedrich, 107-108, 151-152

O

objectivité, 107
OLYMPE DE GOUGES, 70
omnipotence divine, 14, 16
omniscience divine, 14
ontologie, 155
ouvrier, 102-104

P

pacte social, 40-41, 48-49, 82-83, 92-93
panthéisme, 53
paradigme, 8
paradis terrestre, 2-3
paradoxe, 3, 75
paupérisation, 102
PAVLOV, Ivan Petrovitch, 138, 165
Pays-Bas, 28
péché, 15, 17
péché originel, 2-3, 17
pensée, 53, 54
perfectibilité, 88, 108
PHILIPPE II, 28
philosophes des Lumières, 64-65
philosophie première, 34-37
PIC DE LA MIRANDOLE, 9-10, 14, 149
pitié, 87
plaisir, principe de –, 129, 130
PLATON, 30
plus-value, 118

positivisme, 109
postmodernité, 177-178
postulat, 32
pour-autrui, 159-160
pour-soi, 154-155
prédestination, 17-18
preuve scientifique, 28
principe
    de plaisir, 129, 130
    de réalité, 129
progrès, 72-73, 100-104, 106, 108-110, 140-146
prolétariat, 113-114
propriété privée, 117
protestantisme, 10-12, 14-17, 28
Providence divine, 2-19
Prusse, 103
psychanalyse, 99, 119-133
psychologie, 165
pulsion, 169
Pythagore, théorème de –, 54-55

 Q-R

quantité, 42
racisme, 142
raison, 22-60, 146-149, 175-176
    dans l'histoire, 104-108
rationalisme, 6-9, 22-60, 175-176
rationalité, 26-29, 175-176
    instrumentale, 146-147
réalisation de soi, 161
réel, 155
refondation, 90
Réforme protestante, 10-11, 28
relativisme, 32
religion, 52, 121, 130
Renaissance, 4-19
république, 29, 66, 69
résistance
    droit de –, 83-84
    psychanalytique, 120
révolution, 99
    démocratique, 65-66
    industrielle, 101-104
Révolution américaine, 67-69
Révolution anglaise, 66-67
Révolution bolchevique, 142
Révolution française, 69-70, 100
Révolution, Glorieuse –, 66-67
ROUSSEAU, Jean-Jacques, 65, 75, 84-93, 176
rupture rationaliste, 27-29
Rwanda, 145

S

Saint-Empire, 28
Saint-Office, 25

SARTRE, Jean-Paul, 139, 140, 149, 150-164, 176
scepticisme, 13, 28, 30, 32
schéma dialectique du réel, 155
science(s), 6-9, 13-14, 24, 72, 98, 164-171, 175-176
    de l'histoire, 110-114
    humaines, 164-166
scientisme, 138, 165
scolastique, 5, 13-14
sécularisation, 26
sédentarisation, 89
sélection naturelle, 105, 166
séparation de l'Église et de l'État, 104
serf arbitre, 16-17
sérialité, 162-163
servitude, 90
SHELLEY, Mary, 138
siècle des Lumières, 65-66
SKINNER, Burrhus Frederic, 138, 165-166
socialisme, 104
sociobiologie, 170
soupçon, 140
souveraineté limitée, 83-84
SPENGLER, Oswald, 141, 147
SPINOZA, Baruch de, 22, 29, 30, 31, 50-58, 176
structuralisme, 164-165
sublimation, 128
substance, 52-53
Substance-Dieu-Nature, 52-53
sujet, 149-150, 156
    libre, 139, 165
surmoi, 127
syndicalisme, 104

 T

tentation, 2-3
Terreur, 70
théologie, 14
théorème de Pythagore, 54-55
tradition, 4
traitement mathématique, 26, 27
transcendance, 77
travail, division du –, 162-163
Turquie, 145

U-V-W

Union soviétique, 144-145
VÉSALE, André, 8-9
vie en commun, 64-95
volonté générale, 92-93
volonté humaine, 16
volonté, libre –, 31-40, 47, 50
VOLTAIRE, François, 64-65, 72
WILSON, Edward O., 170